Sammlung
Außerdeutscher Strafgesetzbücher

Herausgegeben im Auftrag der Schriftleitungen

der Zeitschrift für die gesamte Strafrechtswissenschaft und der Mitteilungen der Internationalen Kriminalistischen Vereinigung

von

Professor Dr. E. Kohlrausch

XLVIII.

Italien: Vorentwurf zu einem neuen Strafgesetzbuch
(Progetto di un nuovo codice penale)

Berlin und Leipzig 1928

Walter de Gruyter & Co.

**vormals G. J. Göschen'sche Verlagshandlung — J. Guttentag, Verlagsbuchhandlung
Georg Reimer — Karl J. Trübner — Veit & Comp.**

Italienischer Vorentwurf zu einem neuen Strafgesetzbuch

(Progetto di un nuovo codice penale)

In deutscher Übersetzung

von

Dr. K. Bunge,
Landgerichtsrat in Berlin.

Berlin und Leipzig 1928

Walter de Gruyter & Co.

vormals G. J. Göschen'sche Verlagshandlung — J. Guttentag, Verlagsbuchhandlung
Georg Reimer — Karl J. Trübner — Veit & Comp.

Druck von Walter de Gruyter & Co., Berlin W 10

Vorwort.

Die nachstehende Übertragung gibt den Text des italienischen Vorentwurfs zu einem neuen Strafgesetzbuch in deutscher Sprache wieder. Die dabei befolgte Terminologie bedarf einer kurzen Erläuterung.

In der Hauptsache erforderten die begrifflichen Unterscheidungen bei strafbaren Handlungen und Strafen eine scharfe Abgrenzung. Bei der Zweiteilung für erstere im italienischen Recht ergaben sich unschwer die Bezeichnungen Verbrechen für delitti, Übertretungen für contravvenzioni. Der allgemeinere Begriff reato selbst ist mit Strafbare Handlung oder auch, namentlich in Fällen sprachlich unschöner Häufung von Beiworten, kürzer mit Vergehen wiedergegeben. Da der Vorentwurf die Zahl der Freiheitsstrafen einschränkt, so die detenzione des bisherigen Rechts in Wegfall kommen soll, wurde die Bezeichung Gefängnis für die Übertragung gewissermaßen frei. Sie wurde im Gegensatz zu dem Dauerzuchthaus (ergastolo) für reclusione, die allgemeinste Freiheitsstrafe bei Verbrechen, gewählt. Der Ausdruck Einschließung, der sich hierfür in der Teichmannschen Übersetzung des geltenden italienischen Strafgesetzbuches (Zeitschr. f. d. ges. Strafrechtswissenschaft Bd. 10) findet, mußte schon wegen der Verwendung in ganz anderem Sinne in unserem heutigen Strafgesetzentwurf vermieden werden. Die Bezeichnung der übrigen Strafen gibt zu Zweifeln keinen Anlaß.

Daß bei manchen Begriffen und Redewendungen der fremden Sprache nur eine möglichste Anpassung erzielt werden kann, sollte als selbstverständlich gelten. Wo dies angängig schien, sind die fremden Rechtsbegriffe mit den entsprechenden deutschen wiedergegeben, selbst wenn geringe sprachliche Abarten vorliegen. Doch traten hier häufiger Schwierigkeiten hervor. So kann etwa das Wort offesa — Beleidigung — in allgemeinerem Sinne als Verletzung oder gar Angriff auftauchen. Hier mußte mit der deutschen Ausdrucksweise entsprechend gewechselt werden. Auch der Begriff autorità tritt bald rein als Behörde, bald mehr als Gewalt, Gewaltbefugnis, Obrigkeit, Staatsgewalt in Erscheinung; in der Übersetzung ist meist erstere Bezeichnung gewählt, wobei aber Behörde oft als Ausdruck einer übergeordneten Gewalt verstanden werden muß. Die Beispiele ließen sich vermehren. Wenn es so mehrfach nicht vermeidbar war, gleiche Worte, je in der Verbindung, in der sie gebraucht sind, verschieden wiederzugeben, so glaubt der Übersetzer eine Rechtfertigung auch darin zu finden, daß der italienische Vorentwurf selbst nicht streng an einem bestimmten Wortlaut haftet, vielmehr dem gleichen Inhalt nicht selten eine mehr oder weniger abweichende Fassung leiht.

Von dem Gebrauch von Fremdworten ist, entsprechend dem Bestreben des deutschen Entwurfs, nach Möglichkeit abgesehen; doch ist er keineswegs ganz vermieden, namentlich dann nicht, wenn das Wort in einen Zusammenhang gestellt ist, der auch in der deutschen Sprachverbindung eine treffendere und genauere Ausdrucksweise ermöglicht.

Ersetzt eine Übersetzung rein wissenschaftlich auch niemals den Urtext, so muß sie doch der schnellen und sachlich richtigen Orientierung dienen. Es darf der Hoffnung Ausdruck gegeben werden, daß die nachstehende Übertragung diesem Zweck gerecht wird.

Berlin, im Dezember 1927.

Dr. K. Bunge.

Hauptübersicht.

Drittes Buch.

Die einzelnen Übertretungen.

Inhalt.

Erstes Buch.

Die strafbaren Handlungen im allgemeinen.

Erster Titel. Das Strafgesetz.

Zweiter Titel. Die Strafen.

Kapitel I. Die Hauptstrafen.

Kapitel II. Die Nebenstrafen.

Dritter Titel. Die strafbare Handlung.

Kapitel I. Das vollendete und das versuchte Vergehen.

Kapitel II. Die Tatumstände der strafbaren Handlung.

Kapitel III. Mitwirkung mehrerer Personen bei der strafbaren Handlung.

Kapitel IV. Der durch die strafbare Handlung Verletzte.

Fünfter Titel. Strafbemessung, Anwendung und Vollstreckung der Strafen.

Kapitel I. Strafbemessung und Strafanwendung.

Kapitel II. Vollstreckung der Strafe.

Sechster Titel. Erlöschen der strafbaren Handlung und der Strafe.

Kapitel I. Erlöschen der strafbaren Handlung.

Kapitel II. Erlöschen der Strafe

2. Abschnitt. Besondere Bestimmungen.

§ 1. Persönliche Sicherungsmaßnahmen.

§ 2. Vermögensrechtliche Sicherungsmaßnahmen.

Zweites Buch.

Die einzelnen Verbrechen.

Erster Titel. Verbrechen gegen das Wesen des Staates.

Kapitel I. Verbrechen gegen den Staat als Glied der Völkergemeinschaft.

Kapitel II. Verbrechen gegen das innere Staatswesen.

Kapitel III. Verbrechen gegen die politischen Rechte des Staatsangehörigen.

Kapitel IV. Verbrechen gegen die ausländischen Staaten, ihre Oberhäupter und ihre Vertreter.

Kapitel V. Allgemeine und den vorstehenden Kapiteln gemeinsame Bestimmungen.

Zweiter Titel. Verbrechen gegen die öffentliche Verwaltung.

Kapitel I. Verbrechen der öffentlichen Beamten gegen die öffentliche Verwaltung.

Kapitel II. Verbrechen Privater gegen die öffentliche Verwaltung.

Kapitel III. Eigenmächtiger Schutz privater Rechte.

Vierter Titel. Verbrechen gegen die öffentliche Ordnung.

Kapitel I. Verbrechen gegen die Gesetze der öffentlichen Ordnung.

Kapitel II. Verbrechen gegen die Sicherheitspolizei.

Fünfter Titel. Verbrechen gegen die öffentliche Unversehrtheit.

Kapitel I. Gemeingefährliche Gewaltverbrechen.

Kapitel II. Gemeingefährliche Betrugsverbrechen.

Kapitel III. Gemeinsame Bestimmungen für die vorigen Kapitel.

Sechster Titel. Verbrechen gegen den öffentlichen Glauben.

Kapitel I. Falschmünzerei, Fälschung von Staatsschuldpapieren und Stempelwerten.

Kapitel II. Fälschung bei Siegeln, Werkzeugen oder Stempeln für Beglaubigung, Bestätigung oder Anerkennung.

Kapitel III. Urkundenfälschung.

Kapitel IV. Personenfälschung.

Siebenter Titel. Verbrechen gegen die öffentliche Wirtschaft, Industrie und Handel.

Kapitel I. Verbrechen gegen die öffentliche Wirtschaft.

Kapitel II. Verbrechen gegen Industrie und Handel.

Kapitel III. Gemeinsame Bestimmung für die vorigen Kapitel.

Achter Titel. Verbrechen gegen die öffentliche Moral und die gute Sitte.

Kapitel I. Verbrechen gegen die geschlechtliche Freiheit.

Kapitel II. Angriffe auf die Scham und die geschlechtliche Ehre.

Kapitel III. Gemeinsame Bestimmungen für die vorigen Kapitel.

Neunter Titel. Verbrechen gegen die Religionsgemeinschaften und das religiöse Gefühl.

Kapitel I. Verbrechen gegen die Religionsgemeinschaften.

Kapitel II. Verbrechen gegen das religiöse Gefühl.

Zehnter Titel. Verbrechen gegen die Familie.

Kapitel I. Verbrechen gegen die Ehe.

Kapitel II. Verbrechen gegen die Familiensitten.

Kapitel III. Verbrechen gegen den Familienstand.

Kapitel IV. Verbrechen gegen den Schutz der Familie.

Elfter Titel. Verbrechen gegen die Person.

Kapitel I. Verbrechen gegen das Leben und die persönliche Unversehrtheit.

5. Abschnitt. Verbrechen gegen die Unverletzlichkeit der Geheimnisse.

Kapitel IV. Gemeinsame Bestimmungen für Kapitel I und III

Zwölfter Titel. Verbrechen gegen das Eigentum.

Kapitel I. Verbrechen gegen das Eigentum mittels Gewalt an Sachen oder Personen.

Kapitel II. Täuschungsverbrechen gegen das Eigentum.

§ 4. Überwachung der Hausiergewerbe und Vorbeugung gegen Bettelei.

2. Abschnitt. Übertretungen betr. die öffentliche Unversehrtheit.

§ 1. Unversehrtheit der Personen an Plätzen öffentlichen Durchgangsverkehrs oder in Wohnungen.

§ 2. Vorbeugung gegen Unglücksfälle in gewerblichen Unternehmungen oder bei der Aufsicht über Explosivstoffe.

3. Abschnitt. Übertretungen betr. die Vorbeugung gegen bestimmte Arten von strafbaren Handlungen

§ 1. Vorbeugender Schutz der Geheimnisse.

§ 2. Vorbeugung gegen Trunksucht und gegen Verbrechen im Zustande der Trunkenheit.

§ 3. Vorbeugung bei Verbrechen gegen den öffentlichen Glauben.

§ 4. Vorbeugung bei Verbrechen gegen das Leben und die persönliche Unversehrtheit.

§ 5. Vorbeugung bei Verbrechen gegen das Eigentum.

§ 6. Nichtbefolgung freiheitsentziehender Sicherungsmaßnahmen und Aufsicht über Geisteskranke.

Kapitel II. Übertretungen betr. die soziale Verwaltungspolizei.

1. Abschnitt. Übertretungen betr. die Sittenpolizei.

Erstes Buch.

Die strafbaren Handlungen im allgemeinen.

Erster Titel.

Das Strafgesetz.

Art. 1.

(Strafbare Handlungen und Strafen: ausdrückliche Gesetzesbestimmung.)

Niemand kann wegen einer Tat, die nicht ausdrücklich durch das Gesetz als strafbare Handlung vorgesehen ist, bestraft noch mit Strafen belegt werden, die nicht vom Gesetz festgesetzt sind.

Art. 2.

(Zeitfolge von Strafgesetzen.)

Niemand kann wegen einer Tat bestraft werden, die nach dem zur Zeit der Begehung geltenden Gesetz keine strafbare Handlung darstellte.

Niemand kann wegen einer Tat bestraft werden, die nach einem späteren Gesetz keine strafbare Handlung darstellt; ist bereits Verurteilung erfolgt, entfallen die Vollstreckung und die Wirkungen der Strafe.

Weichen das zur Zeit der Begehung der strafbaren Handlung geltende Gesetz und das spätere Gesetz voneinander ab, so kommt dasjenige zur Anwendung, dessen Bestimmungen für den Täter am günstigsten sind, außer wenn ein rechtskräftig gewordenes Urteil vorliegt.

Die Bestimmungen dieses Artikels finden auch in den Fällen des Wegfalls oder des Unterbleibens der Verlautbarung eines Gesetzesdekrets Anwendung.

Bei Ausnahmegesetzen oder nur auf Zeit geltenden Gesetzen kommen die Bestimmungen der vorstehenden Absätze nicht zur Anwendung.

Art. 3.

(Territorialität des italienischen Strafgesetzes. Unkenntnis.)

Das italienische Strafgesetz bindet alle, Staatsangehörige oder Fremde, die sich im Inlande befinden, vorbehaltlich der vom Staats- oder Völkerrecht bestimmten Ausnahmen.

Das italienische Strafgesetz bindet auch alle diejenigen, Staatsangehörige oder Fremde, die sich im Auslande befinden, unter Beschränkung auf die vom Gesetz selbst bestimmten Fälle.

Niemand kann sich zu seiner Rechtfertigung auf Unkenntnis des Strafgesetzes berufen.

Art. 4.

(Italienischer Staatsangehöriger. Inland.)

Im Rahmen des Strafgesetzes gelten als italienische Staatsangehörige diejenigen, welche im Besitz der Staatsangehörigkeit der Kolonien sind, die Kolonialuntertanen, diejenigen, welche durch Abstammung oder aus freier Entschließung zu den der Souveränität des Staates unterstehenden Orten gehören, und die im Inland wohnenden Staatenlosen.

Inland ist das Gebiet des Königreiches und der Kolonien und jeder andere Ort, welcher der Souveränität des Staates untersteht. Die italienischen Schiffe und Luftschiffe gelten als Inland, gleichgültig, wo sie sich befinden, außer wenn sie nach dem Völkerrecht den Gesetzen eines fremden Gebietes unterworfen sind.

Art. 5.

(Strafbare Handlung im Inland.)

Wer eine strafbare Handlung im Inland begeht, wird nach dem italienischen Strafgesetz bestraft.

Die strafbare Handlung gilt als im Inland begangen, wenn daselbst ganz oder zum Teil die Handlung oder Unterlassung, welche sie bildet, vorgefallen ist, oder wenn dort der von ihr bestimmte Erfolg eingetreten ist.

Art. 6.

(Strafbare Handlungen im Ausland.)

Der Bestrafung nach dem italienischen Gesetz unterliegt der Staatsangehörige oder Fremde, der im Auslande eine der folgenden strafbaren Handlungen begeht:

1. Verbrechen gegen das Wesen des Staates;
2. Verbrechen der Fälschung des Staatssiegels;
3. Verbrechen der Fälschung an Geld, das im Inlande gesetzlichen Kurs hat, an Stempelwerten, oder an italienischen Staatsschuldpapieren;
4. vorsätzliche Verbrechen, die zum Schaden eines italienischen Staatsangehörigen mit Explosivstoffen oder mit Stoffen von Erblindungs- oder Erstickungswirkung begangen sind;
5. Verbrechen gegen die menschliche Persönlichkeit, wenn sie gegen einen italienischen Staatsangehörigen begangen sind;
6. Verbrechen betr. den Frauenhandel und den Handel mit Minder-

jährigen, wenn sie gegen einen italienischen Staatsangehörigen begangen sind;

7. Verbrechen, die von öffentlichen Beamten im Staatsdienst unter Mißbrauch ihrer Befugnisse begangen sind;
8. jede andere im Ausland von einem Staatsangehörigen oder Fremden begangene strafbare Handlung, für welche besondere Gesetzesbestimmungen oder internationale Übereinkommen die Anwendbarkeit des italienischen Strafgesetzes festsetzen.

Art. 7.

(Politisches Verbrechen im Ausland.)

Der Bestrafung nach dem italienischen Gesetz unterliegt der Staatsangehörige oder Fremde, der im Auslande ein politisches Verbrechen, abweichend von den in Ziffer 1 des vorigen Artikels bezeichneten, begeht.

Im Rahmen dieser Bestimmung ist politisches Verbrechen jedes Verbrechen, das ein politisches Recht oder Interesse des Staates oder ein politisches Recht des Staatsangehörigen verletzt. Als politisches Verbrechen gilt auch das allgemeine Verbrechen, das ganz oder zum Teil von politischen oder sozialen Beweggründen bestimmt ist.

Die Strafverfolgung tritt nur auf Ersuchen des Justizministers ein. Handelt es sich aber um ein nur auf Antrag der Partei verfolgbares Verbrechen, so bedarf es außer diesem Ersuchen auch des Antrags des Verletzten.

Art. 8.

(Allgemeines Verbrechen des Staatsangehörigen im Ausland.)

Der Staatsangehörige, der — abgesehen von den in den beiden vorigen Artikeln bezeichneten Fällen — im Auslande ein Verbrechen begeht, für welches das italienische Gesetz die Todesstrafe oder Dauerzuchthaus oder Gefängnis nicht unter drei Jahren festsetzt, wird nach diesem Gesetz bestraft, wenn er sich im Inlande befindet.

Handelt es sich um ein Verbrechen, für das eine die persönliche Freiheit beschränkende Strafe von geringerer Dauer festgesetzt ist, tritt die Strafverfolgung nur auf Ersuchen des Justizministers oder auf Ersuchen oder Antrag des Verletzten ein.

Als italienischer Staatsangehöriger gilt auch derjenige, welcher die italienische Staatsangehörigkeit durch strafgerichtliche Verurteilung oder durch Verfügung der Verwaltungsbehörden verloren hat.

Art. 9.

(Allgemeines Verbrechen des Staatsfremden im Ausland.)

Der Fremde, welcher — außer den Fällen der Art. 6 und 7 — im Auslande zum Schaden des Staates oder eines Staatsangehörigen ein Verbrechen begeht, für welches das italienische Gesetz die Todesstrafe oder Dauerzuchthaus oder Gefängnis nicht unter einem Jahre festsetzt, wird nach diesem Gesetz bestraft, wenn er sich im Inlande befindet.

Die Strafverfolgung tritt nur auf Ersuchen des Justizministers oder auf Ersuchen oder Antrag des Verletzten ein.

Ist das Verbrechen zum Schaden eines ausländischen Staates oder eines Fremden begangen, wird der Schuldige auf Ersuchen des Justizministers nach dem italienischen Gesetz bestraft, unter der Voraussetzung, daß:

1. er sich im Inland befindet;
2. es sich um ein Verbrechen handelt, für welches die Todesstrafe oder Dauerzuchthaus oder Gefängnis nicht unter drei Jahren festgesetzt ist;
3. seine Auslieferung nicht von der Regierung des Orts, an dem er das Verbrechen begangen hat, oder von dem Staate, welchem er angehört, nachgesucht oder angenommen ist.

Art. 10.

(Erneute Anhängigmachung des Verfahrens.)

In den Fällen der Art. 6 bis 9 wird der Staatsangehörige oder Fremde, der im Auslande abgeurteilt worden ist, erneut zur Aburteilung vor die inländischen Gerichte gebracht, wenn der Justizminister darum nachsucht.

Art. 11.

(Anerkennung der fremden Strafurteile.)

Dem wegen eines Verbrechens erlassenen fremden Strafurteil kann Anerkennung zuteil werden:

1. zwecks Feststellung des Rückfalls oder einer anderen Strafwirkung der Verurteilung, oder zwecks Feststellung der Gewohnheitsmäßigkeit oder Gewerbsmäßigkeit einer strafbaren Handlung oder des Hangs zum Verbrechen;
2. wenn die gegen den Staatsangehörigen ausgesprochene Verurteilung nach dem italienischen Gesetz eine Nebenstrafe nach sich zieht;
3. wenn nach dem italienischen Gesetz der sich im Inlande befindende Verurteilte oder Freigesprochene Sicherungsmaßnahmen unterstellt werden muß;
4. wenn das fremde Urteil die Verurteilung zu Rückerstattungen oder Schadenersatz ausspricht, oder irgendwie im Inlande zu Zwecken von Rückerstattungen oder Schadenersatz oder zu anderen bürgerlich-rechtlichen Zwecken vor Gericht herangezogen werden muß.

Wenn die Anerkennung erfolgen soll, muß das Urteil von den Gerichtsbehörden eines ausländischen Staates, mit dem ein Auslieferungsvertrag besteht, erlassen worden sein. Trifft diese Voraussetzung nicht zu, kann das ausländische Urteil gleichermaßen im Inlande zur Anerkennung gebracht werden, wenn der Justizminister darum nachsucht. Dieses Ersuchens bedarf es nicht, wenn Klage auf Anerkennung zu den in Ziffer 4 bezeichneten Zwecken erhoben wird.

Art. 12.

(Auslieferung.)

Die Auslieferung bestimmt sich nach dem italienischen Gesetz und nach den internationalen Übereinkommen und Gebräuchen.

Die Auslieferung ist nicht zulässig, wenn die Tat ,welche Gegenstand des Auslieferungsersuchens bildet, vom italienischen Gesetz und von dem fremden Gesetz nicht als strafbare Handlung vorgesehen ist.

Die Auslieferung kann auch für strafbare Handlungen, die in den internationalen Übereinkommen nicht vorgesehen sind, sofern diese kein ausdrückliches Verbot enthalten, gewährt oder angeboten werden.

Unzulässig ist die Auslieferung des Staatsangehörigen, außer wenn sie in den internationalen Übereinkommen ausdrücklich zugebilligt ist.

Art. 13.

(Lauf und Berechnung von Fristen.)

Wenn das Strafgesetz eine Rechtswirkung von dem Ablauf der Zeit abhängig macht, kommt für die Zeitberechnung der allgemeine Kalender zur Anwendung.

In den Fällen, in welchen das italienische Gesetz für den Eintritt einer Rechtswirkung eine Frist festsetzt, wird der Tag, von dem an die Frist läuft, in diese nicht eingerechnet.

Art. 14.

(Rechtsgebiete, über die mehrere Strafgesetze oder mehrere Vorschriften des gleichen Strafgesetzes Bestimmung treffen.)

Regeln mehrere Strafgesetze oder mehrere Vorschriften des gleichen Strafgesetzes gleichzeitig oder nacheinander dasselbe Gebiet, geht das Sondergesetz oder die Vorschrift des Sondergesetzes dem allgemeinen Gesetz oder der Vorschrift des allgemeinen Gesetzes vor, vorbehaltlich abweichender Bestimmung.

Art. 15.

(Aufhebung und Abänderung. Besondere Strafgesetze.)

Die Vorschriften dieses Gesetzbuchs finden auch für die Gebiete, welche in anderen Strafgesetzen geregelt sind, sofern nicht diese Gesetze eine abweichende Bestimmung treffen, Anwendung.

Die Vorschriften des ersten Buches dieses Gesetzbuchs können von späteren Gesetzen nur durch ausdrückliche Erklärung des Gesetzgebers aufgehoben oder abgeändert werden.

Zweiter Titel.

Die Strafen.

Kapitel I.

Die Hauptstrafen.

Art. 16.

(Unterscheidung zwischen Haupt- und Nebenstrafen.)

Die Strafen scheiden sich in Haupt- und Nebenstrafen. Hauptstrafen sind diejenigen, die vom Richter durch Strafurteil auferlegt werden; Nebenstrafen diejenigen, welche von Rechtswegen der Verurteilung, als Strafwirkungen derselben, folgen.

Art. 17.

(Hauptstrafen: Arten.)

Die für Verbrechen bestimmten Hauptstrafen sind:
1. Tod;
2. Dauerzuchthaus;
3. Gefängnis;
4. Geldstrafe.

Die für Übertretungen bestimmten Hauptstrafen sind:
1. Haft;
2. Geldbuße.

Art. 18.

(Benennung und Einreihung.)

Unter der Bezeichnung Freiheitsstrafen oder die persönliche Freiheit beschränkende Strafen begreift das Gesetz: Dauerzuchthaus, Gefängnis und Haft.

Unter der Bezeichnung Vermögensstrafen begreift das Gesetz: Geldstrafe und Geldbuße.

Art. 19.

(Todesstrafe.)

Die Todesstrafe wird durch Erschießung im Innern einer Strafanstalt oder an einem andern vom Richter bestimmten Orte vollstreckt.

Die Vollstreckung ist nicht öffentlich, vorbehaltlich einer abweichenden Anordnung des Richters im Urteil.

Art. 20.

(Dauerzuchthaus.)

Die Strafe des Dauerzuchthauses ist lebenslänglich und wird in einer dazu bestimmten Anstalt verbüßt, mit Abschließung bei Nacht und Verpflichtung zur Arbeit.

Der Richter kann in dem Strafurteil außerdem die Abschließung auch bei Tage für einen Zeitraum von nicht weniger als sechs Monaten und nicht mehr als zwei Jahren anordnen.

Der zu Dauerzuchthaus Verurteilte, der wenigstens drei Jahre der Strafe verbüßt hat, kann zur Arbeit im Freien zugelassen werden.

Je nach der Art des Verbrechens und der Persönlichkeit des Schuldigen kann angeordnet werden, daß die Vollstreckung der Strafe in einer Kolonie oder in einer anderen überseeischen Besitzung stattfindet. In diesem Falle kann der Verurteilte zur Arbeit im Freien auch vor Ablauf der im vorigen Absatz bestimmten Frist zugelassen werden.

Art. 21.

(Gefängnis.)

Die Strafe des Gefängnisses beträgt einen Monat bis vierundzwanzig Jahre und wird in einer dazu bestimmten Anstalt verbüßt, mit Verpflichtung zur Arbeit und Abschließung bei Nacht.

Der Richter kann in dem Strafurteil außerdem die Abschließung auch bei Tage für einen Zeitraum von nicht weniger als drei Monaten und nicht mehr als einem Jahre anordnen.

Der zu Gefängnis Verurteilte, der wenigstens ein Jahr der Strafe verbüßt hat, kann zur Arbeit im Freien zugelassen werden.

Die Vorschrift des letzten Absatzes des vorigen Artikels findet Anwendung.

Art. 22.

(Geldstrafe.)

Die Geldstrafe besteht in der Zahlung einer Summe von nicht unter hundert Lire und nicht über hunderttausend Lire an den Staat.

Wenn anzunehmen ist, daß nach den wirtschaftlichen Verhältnissen des Täters die vom Gesetz bestimmte Geldstrafe, wenn auch im Höchstbetrage angewendet, unwirksam bleibt, hat der Richter die Befugnis, sie bis auf das Doppelte zu erhöhen.

Bei den durch Gewinnsucht bestimmten Verbrechen kann der Richter, wenn das Gesetz nur Gefängnisstrafe festsetzt, eine Geldstrafe bis zu hunderttausend Lire hinzufügen.

Unterbleibt die Zahlung der Geldstrafe, und ist der Verurteilte zahlungsunfähig, tritt an die Stelle der Geldstrafe Gefängnis nicht über drei Jahre.

Der Verurteilte kann jederzeit den Abbruch der Ersatzstrafe herbeiführen, wenn er die Geldstrafe bezahlt, wobei die Summe, welche der Dauer der verbüßten Gefängnisstrafe entspricht, in Abzug zu bringen ist.

Art. 23.

(Haft.)

Die Haftstrafe beträgt zehn Tage bis drei Jahre. Sie wird in dazu bestimmten Anstalten oder in besonderen Abteilungen der Gefängnisse verbüßt, mit Abschließung bei Nacht und Verpflichtung zur Arbeit.

Der zur Haft Verurteilte kann auch zu anderen Arbeiten als den in der Anstalt eingerichteten herangezogen werden, je nach seinen Anlagen und seinen früheren Beschäftigungen.

Art. 24.

(Geldbuße.)

Die Strafe der Geldbuße besteht in der Zahlung einer Summe von nicht unter dreißig Lire und nicht über zwanzigtausend Lire an den Staat.

Wenn anzunehmen ist, daß nach den wirtschaftlichen Verhältnissen des Täters die vom Gesetz bestimmte Strafe, wenn auch im Höchstbetrage angewendet, unwirksam bleibt, hat der Richter die Befugnis, sie bis auf das Doppelte zu erhöhen.

Unterbleibt die Zahlung, und ist der Verurteilte zahlungsunfähig, tritt an die Stelle der Geldbuße Haft nicht über zwei Jahre.

Der Verurteilte kann jederzeit den Abbruch der Ersatzstrafe herbeiführen, wenn er die Geldbuße bezahlt, wobei die Summe, welche der Dauer der verbüßten Haftstrafe entspricht, in Abzug zu bringen ist.

Art. 25.

(Feste oder verhältnismäßige Vermögensstrafen.)

Das Gesetz bestimmt die Fälle, in welchen die Vermögensstrafen fest oder verhältnismäßig sind. Die verhältnismäßigen Vermögensstrafen haben keine Höchstgrenze.

Kapitel II.

Die Nebenstrafen.

Art. 26.

(Arten.)

Die Nebenstrafen für Verbrechen sind:

1. Verlust der Staatsangehörigkeit;
2. allgemeine Einziehung des Vermögens des Verurteilten oder der Einkünfte;
3. Verbot der Bekleidung öffentlicher Ämter;
4. Verbot eines Berufes oder eines Gewerbes;
5. gesetzliche Entmündigung;
6. Verlust der Fähigkeit zur Errichtung eines Testaments und Nichtigkeit des vor der Verurteilung errichteten Testaments;

7. Verlust oder Enthebung von der Ausübung der väterlichen oder ehemännlichen Gewalt.

Nebenstrafe für Übertretungen ist die Enthebung von der Ausübung eines Berufes oder eines Gewerbes.

Allgemeine Nebenstrafe bei Verbrechen und Übertretungen ist die besondere Veröffentlichung des auf Strafe lautenden Urteils.

Das Strafgesetz bestimmt die Fälle, in welchen die Verurteilung wegen Übertretung eine der für Verbrechen bestimmten Nebenstrafen nach sich zieht, und die Fälle, in denen, als Folge der Verurteilung wegen Verbrechens oder Übertretung, von Rechts wegen andere in diesem Artikel nicht aufgeführte Rechtsverluste eintreten.

Art. 27.

(Verlust der Staatsangehörigkeit.)

Der Verlust der Staatsangehörigkeit schließt, mit allen Wirkungen, das dauernde Verbot der Bekleidung öffentlicher Ämter ein.

Er hat keinen Einfluß auf den Stand der Staatangehörigkeit des Ehegatten und der Kinder des Verurteilten.

Die durch strafgerichtliche Verurteilung verlorene Staatsangehörigkeit kann nur im Wege der Wiedereinsetzung in die früheren Rechte, nach Maßgabe des Art. 178, zurückerworben werden.

Art. 28.

(Allgemeine Einziehung des Vermögens des Verurteilten oder der Einkünfte.)

Die allgemeine Vermögenseinziehung hat den Heimfall des gesamten gegenwärtigen und zukünftigen Vermögens des Verurteilten an den Staat zur Folge.

Die allgemeine Einziehung der Einkünfte hat den Heimfall der Einkünfte aus dem erwähnten Vermögen während des Lebens des Verurteilten an den Staat zur Folge.

Im Falle der Einziehung nur der Einkünfte wird das Vermögen des Verurteilten der Beschlagnahme unterworfen.

Art. 29.

(Unterstützung zugunsten des Ehegatten, der Verwandten aufsteigender Linie oder der Abkömmlinge des Verurteilten.)

Aus den eingezogenen Gegenständen kann der Richter dem Ehegatten, den Verwandten aufsteigender Linie und den Abkömmlingen des Verurteilten eine jährliche Unterstützung anweisen, sofern sie nicht an der strafbaren Handlung teilgenommen haben und festgestellt wird, daß sie nach ihren wirtschaftlichen Verhältnissen dessen bedürftig sind.

Art. 30.

(Handlungen des Schuldigen zur Umgehung des Gesetzes.)

Die Bestimmungen der Art. 194, 195 und 196 kommen auch im Falle der allgemeinen Einziehung des Vermögens oder der Einkünfte zur Anwendung.

Art. 31.

(Verbot der Bekleidung öffentlicher Ämter.)

Das Verbot der Bekleidung öffentlicher Ämter ist dauernd oder zeitig.

Das dauernde Verbot bewirkt, vorbehaltlich abweichender Bestimmung des Gesetzes, die Entziehung:

1. des aktiven oder passiven Wahlrechts bei jeder Art Wahlhandlung, und jeden anderen politischen Rechts;
2. jeden öffentlichen Amtes, jeden öffentlichen nicht verbindlichen Dienstes und der Eigenschaft eines öffentlichen Beamten oder mit einer öffentlichen Dienstleistung Beauftragten;
3. des Amts als Vormund oder Pfleger, wenn auch nur vorläufig bestellt, und jeden anderen zu der Vormundschaft oder Pflegschaft gehörigen Amtes;
4. der akademischen Grade und Würden, der Titel, Auszeichnungen oder anderer öffentlicher Ehrenzeichen;
5. jeden mit Entgelt verbundenen oder ehrenamtlichen Rechtes, das zu einem der in den vorigen Ziffern bezeichneten Ämter, Dienstleistungen, Grade oder Titel gehört, und der Eigenschaften, Würden und Auszeichnungen sowie der kirchlichen Pfründe, mit der der Verurteilte beliehen ist;
6. der Fähigkeit zur Übernahme oder zum Erwerb irgendeines in den vorigen Ziffern bezeichneten Rechtes, Amtes, Eigenschaft, Grades, Titels, Würde, Auszeichnung und Ehrenzeichens.

Das zeitige Verbot bewirkt die Unfähigkeit des Verurteilten während des Verbots zum Erwerb oder zur Ausübung der vorgenannten Rechte, Ämter, Dienstleistungen, Eigenschaften, Grade, Titel und Ehren.

Die Dauer des Verbots kann nicht weniger als ein Jahr und nicht mehr als fünf Jahre betragen.

Das Gesetz bestimmt die Fälle, in welchen das Verbot der Bekleidung öffentlicher Ämter auf einige von diesen beschränkt ist.

Wenn es sich um eine öffentliche Dienstleistung handelt, welche dem Privaten in Konzession gegeben ist, bewirkt das Verbot, sei es auch nur zeitig, überdies den Wegfall der Konzession.

Art. 32.

(Verbot eines Berufes oder eines Gewerbes.)

Das Verbot eines Berufes oder eines Gewerbes bewirkt die Unfähigkeit des Verurteilten während des Verbots zur Ausübung oder zum Erwerb des Rechts der Ausübung eines Berufes, Gewerbes, gewerblichen Unternehmens, Handelsgewerbes oder Handwerks, für welche eine besondere Befähigung, Ermächtigung, Bewilligung oder Erlaubnis der Behörde erforderlich ist.

Das Verbot bestimmt den Wegfall der erwähnten Befähigung, Ermächtigung, Bewilligung oder Erlaubnis.

Bei jedem anderen Berufe, Gewerbe, gewerblichen Unternehmen und bei jedem anderen Handelsgewerbe oder Handwerk beschränkt sich das Verbot nur auf die Ausübung.

Die Dauer des Verbotes eines Berufes oder eines Gewerbes kann nicht weniger als einen Monat und nicht mehr als fünf Jahre betragen.

Das Gesetz bestimmt die Fälle, in denen das Verbot eine längere Dauer als die im vorigen Absatz bezeichnete Höchstgrenze hat, oder aber dauernd ist.

Art. 33.

(Fälle, in denen die Verurteilung das Verbot der Bekleidung öffentlicher Ämter nach sich zieht.)

Die Verurteilung zu Dauerzuchthaus und zu Gefängnis von mindestens fünf Jahren hat für den Verurteilten das dauernde Verbot der Bekleidung öffentlicher Ämter und die Verurteilung zu Gefängnis von mindestens drei Jahren das Verbot für eine Zeitdauer gleich dem Doppelten der Gefängnisstrafe zur Folge.

Das Urteil, welches bei dem Verbrechen Gewohnheitsmäßigkeit oder Gewerbsmäßigkeit oder verbrecherischen Hang feststellt, hat das dauernde Verbot der Bekleidung öffentlicher Ämter zur Folge.

Art. 34.

(Verurteilung wegen Verbrechen, die unter Mißbrauch eines öffentlichen Amtes oder eines Berufes oder Gewerbes begangen sind. Verbot.)

Jede Verurteilung wegen Verbrechen, die unter Mißbrauch der Eigenschaften oder Befugnisse oder unter Verletzung der mit einem öffentlichen Amte oder einer öffentlichen Dienstleistung oder einer der in Ziffer 3 des Art. 31 bezeichneten Ämter verbundenen Pflichten, oder unter Mißbrauch eines Berufes, gewerblichen Unternehmens, Gewerbes oder Handelsgewerbes oder Handwerks oder unter Verletzung der damit verbundenen Pflichten begangen sind, hat das Verbot der Bekleidung öffentlicher Ämter oder des Berufes oder Gewerbes zur Folge.

Art. 35.

(Gesetzliche Entmündigung.)

Der zu Dauerzuchthaus Verurteilte ist im Zustande gesetzlicher Entmündigung; hinsichtlich der Verfügungsfähigkeit und der Verwaltung seines Vermögens und der Vertretung bei den darauf bezüglichen Rechtshandlungen kommen die Bestimmungen des Zivilrechts über die gerichtliche Entmündigung zur Anwendung.

Die Verurteilung zu Dauerzuchthaus hat auch den Verlust der väterlichen und ehemännlichen Gewalt und der Fähigkeit zur Errichtung eines Testaments zur Folge und macht das vor der Verurteilung errichtete Testament nichtig.

Der zu Gefängnis nicht unter fünf Jahren Verurteilte ist während der Strafe im Zustande gesetzlicher Entmündigung; die Verurteilung bewirkt überdies während der Strafe die Enthebung von der Ausübung der väterlichen und ehemännlichen Gewalt, vorbehaltlich abweichender Anordnung des Richters.

Art. 36.

(Verurteilung wegen fahrlässigen Verbrechens.)

Die Vorschriften des Art. 33 und des letzten Absatzes des vorigen Artikels finden im Falle der Verurteilung wegen fahrlässigen Verbrechens keine Anwendung.

Die Vorschriften des Art. 34 finden im Falle der Verurteilung wegen fahrlässigen Verbrechens keine Anwendung, wenn die auferlegte Strafe unter drei Jahren Gefängnis beträgt oder nur auf eine Vermögensstrafe erkannt ist.

Art. 37.

(Juristische Stellung des zum Tode Verurteilten.)

Der zum Tode Verurteilte wird dem zu Dauerzuchthaus Verurteilten, was seine juristische Stellung betrifft, gleichgeachtet.

Art. 38.

(Verlust der väterlichen oder ehemännlichen Gewalt oder Enthebung von der Ausübung derselben.)

Das Gesetz bestimmt die Fälle, in denen die Verurteilung den Verlust der väterlichen oder ehemännlichen Gewalt nach sich zieht.

Die Verurteilung wegen Verbrechen, die unter Mißbrauch der väterlichen oder ehemännlichen Gewalt begangen sind, hat die Enthebung von der Ausübung derselben für eine Zeit gleich dem Doppelten der erkannten Strafe zur Folge.

Der Verlust der väterlichen oder ehemännlichen Gewalt schließt auch die Entziehung jeden Rechts ein, das dem Vater oder dem Ehemann kraft der väterlichen oder ehemännlichen Gewalt am Vermögen des Kindes oder der Ehefrau zusteht.

Die Enthebung von der Ausübung der väterlichen oder ehemännlichen Gewalt schließt während der Enthebung die Unfähigkeit zur Ausübung irgendwelchen Rechts ein, das dem Vater oder dem Ehemann kraft der väterlichen oder ehemännlichen Gewalt an dem Vermögen des Kindes oder der Ehefrau zusteht.

Art. 39.

(Enthebung von der Ausübung eines Berufes oder Gewerbes.)

Die Enthebung von der Ausübung eines Berufes oder Gewerbes bewirkt die Unfähigkeit des Verurteilten zur Ausübung eines bestimmten Berufes, Gewerbes, gewerblichen Unternehmens, Handelsgewerbes oder Handwerks.

Die Dauer kann nicht weniger als vierzehn Tage und nicht mehr als zwei Jahre betragen.

Die Enthebung von der Ausübung eines Berufes oder eines Gewerbes tritt auch bei jeder Verurteilung wegen einer Übertretung, die unter Mißbrauch des Berufes, Gewerbes, gewerblichen Unternehmens, Handelsgewerbes oder Handwerks begangen ist, wenn die auferlegte Strafe nicht weniger als drei Jahre Haft beträgt, ein.

Art. 40.

(Besondere Veröffentlichung des auf Strafe lautenden Urteils.)

Die Verurteilung zur Todesstrafe oder zu Dauerzuchthaus hat die auszugsweise Veröffentlichung und den Anschlag des Urteils in der Gemeinde, wo es verkündet ist, ferner in derjenigen, wo das Verbrechen begangen wurde, und in der Gemeinde, wo der Verurteilte den letzten Wohnort hatte, zur Folge.

Das auf Strafe lautende Urteil wird außerdem einmal in einer oder mehreren vom Richter bestimmten Zeitungen bekannt gemacht.

Das Gesetz bestimmt die anderen Fälle, in denen die Verurteilung die Veröffentlichung des Urteils zur Folge hat. In diesen Fällen erfolgt die Veröffentlichung in der im vorigen Absatz bestimmten Art.

Die besondere Veröffentlichung des auf Strafe lautenden Urteils erfolgt von Amts wegen und auf Kosten des Verurteilten.

Art. 41.

(Zeitige Nebenstrafen. Dauer.)

Wenn das Gesetz anordnet, daß die Verurteilung eine zeitige Nebenstrafe zur Folge hat, und die Dauer derselben nicht ausdrücklich bestimmt ist, ist die Dauer der auferlegten Hauptstrafe oder der Strafe, die bei Zahlungsunfähigkeit des Verurteilten zu verbüßen wäre, gleich. Sie kann indessen in keinem Falle die Mindest- und Höchstgrenzen, die für die einzelnen Nebenstrafen bestimmt sind, übersteigen.

Dritter Titel.

Die strafbare Handlung.

Kapitel I.

Das vollendete und das versuchte Vergehen.

Art. 42.

(Strafbare Handlung: Unterscheidung zwischen Verbrechen und Übertretungen.)

Die strafbaren Handlungen scheiden sich in Verbrechen und Übertretungen, je nach der verschiedenen Art der für sie durch dieses Gesetzbuch festgesetzten Strafen.

Art. 43.

(Kausalzusammenhang.)

Niemand kann wegen einer Tat bestraft werden, die vom Gesetz als strafbare Handlung vorgesehen ist, wenn der schädigende oder gefährliche Erfolg, von dem das Bestehen der strafbaren Handlung abhängt, nicht Folge seiner Handlung oder Unterlassung ist.

Einen Erfolg nicht verhindern, wenn Verpflichtung zur Verhinderung besteht, kommt der Verursachung gleich.

Art. 44.

(Nebenursachen.)

Das Zusammentreffen von vorherbestehenden oder später hinzugetretenen Ursachen, wenn auch unabhängig von der Handlung oder Unterlassung des Schuldigen, schließt den Kausalzusammenhang zwischen der Handlung oder Unterlassung und dem Erfolg nicht aus.

Die später hinzugetretenen Ursachen schließen den Kausalzusammenhang nur dann aus, wenn sie für sich allein zur Bestimmung des Erfolges ausreichend sind. In diesem Falle kommt, wenn die vorher begangene Tat für sich eine strafbare Handlung bildet, die für diese festgesetzte Strafe zur Anwendung.

Die vorstehenden Bestimmungen finden auch dann Anwendung, wenn die später hinzugetretene Ursache in der unerlaubten Handlung eines andern, sei sie vorsätzlich oder fahrlässig, besteht.

Art. 45.

(Haftung für Vorsatz oder Fahrlässigkeit oder für das unbeabsichtigte Verbrechen.[1]) Objektive Verantwortlichkeit.)

Niemand kann wegen einer Handlung oder Unterlassung, die vom

[1]) Ital.: „delitto preterintenzionale" = etwa „das über die Absicht hinausgehende Verbrechen."

Gesetz als strafbare Handlung vorgesehen ist, bestraft werden, wenn er sie nicht mit Wissen und Wollen begangen hat.

Niemand kann wegen eines Verbrechens bestraft werden, wenn er es nicht mit Vorsatz begangen hat, vorbehaltlich der vom Gesetz ausdrücklich vorgesehenen Fälle des unbeabsichtigten oder fahrlässigen Verbrechens.

Das Gesetz bestimmt die Fälle, in denen der Erfolg anderweit zu Lasten des Täters, als Folge seiner Handlung oder Unterlassung, gelegt wird.

Bei den Übertretungen ist jeder für seine bewußte und gewollte Handlung oder Unterlassung, seien sie vorsätzlich oder fahrlässig, verantwortlich.

Art. 46.

(Psychologische Grundlage der strafbaren Handlung.)

Die strafbare Handlung:

ist vorsätzlich oder absichtlich, wenn der schädigende oder gefährliche Erfolg, der das Ergebnis der Handlung oder Unterlassung ist und von dem das Gesetz das Bestehen der strafbaren Handlung abhängig macht, vom Täter als Folge seiner Handlung oder Unterlassung vorausgesehen und gewollt ist;

ist unbeabsichtigt oder über die Absicht hinausgehend, wenn durch die Handlung oder Unterlassung ein schwererer schädigender oder gefährlicher Erfolg als der vom Täter gewollte eintritt.

ist fahrlässig oder gegen die Absicht, wenn der Erfolg, mag er auch vorausgesehen sein, vom Täter nicht gewollt ist, und infolge von Nachlässigkeit, Unvorsichtigkeit, Unerfahrenheit oder auch Nichtbeachtung von Gesetzen, Anordnungen, Befehlen oder Regeln eintritt.

Art. 47.

(Objektive Bedingung der Strafbarkeit.)

Wenn das Gesetz für das Bestehen der strafbaren Handlung oder für ihre Strafbarkeit den Eintritt einer Bedingung fordert, ist der Schuldige für die Handlung verantwortlich, wenn auch der Erfolg, von dem der Eintritt der Bedingung abhängt, nicht von ihm gewollt ist.

Art. 48.

(Zufall oder höhere Gewalt.)

Straflos bleibt, wer die Handlung durch Zufall oder höhere Gewalt begangen hat.

Art. 49.

(Physischer oder physiologischer Zwang.)

Straflos bleibt, wer die Tat begangen hat, weil er dazu von anderer Seite mittels physischer Gewalt, der er nicht widerstehen und sich nicht entziehen konnte, gezwungen war.

In diesem Falle ist für die seitens der genötigten Person begangene Handlung derjenige verantwortlich, der sie mittels Gewalt zum Handeln gezwungen hat.

Wenn der Zwang durch hypnotische Suggestion oder Suggestion im Wachzustande oder durch den Gebrauch alkoholischer oder betäubender Stoffe ausgeübt wird, kommt die Bestimmung des Art. 82 zur Anwendung.

Art. 50.

(Tatirrtum.)

Der Irrtum über die Tat, welche die strafbare Handlung bildet, schließt die Strafbarkeit des Täters aus. Handelt es sich indessen um einen fahrlässig bestimmten Irrtum, so ist die Strafbarkeit nicht ausgeschlossen, wenn die Tat vom Gesetz als fahrlässiges Verbrechen vorgesehen ist.

Der Irrtum über die Tatbestandsmerkmale einer bestimmten strafbaren Handlung schließt die Strafbarkeit wegen einer anderen strafbaren Handlung nicht aus.

Der Irrtum über ein anderes Gesetz als das Strafgesetz schließt die Strafbarkeit nur dann aus, wenn er einen Irrtum über die Tat, welche die strafbare Handlung bildet, verursacht hat.

Art. 51.

(Durch Täuschung anderer hervorgerufener Irrtum.)

Die Bestimmungen des vorigen Artikels kommen auch dann zur Anwendung, wenn der Irrtum über die Tat, welche die strafbare Handlung bildet, durch Täuschung anderer hervorgerufen ist; doch ist in diesem Falle für die von der getäuschten Person begangene Tat derjenige verantwortlich, der sie durch Täuschung zum Handeln verleitet hat.

Art. 52.

(Irrtümliche Annahme eines Vergehens und unmögliches Vergehen.)

Straflos bleibt, wer eine Tat, die keine strafbare Handlung bildet, in der irrtümlichen Annahme, daß sie eine solche bilde, begeht.

Eine strafbare Handlung liegt nicht vor, wenn infolge Nichttauglichkeit der Handlung oder Nichtbestehens des Gegenstandes derselben der schädigende oder gefährliche Erfolg objektiv unmöglich ist.

Wenn bei der Tat die Tatbestandsmerkmale einer anderen strafbaren Handlung als der vom Täter irrtümlich angenommenen vorliegen, kommt die für die wirklich begangene Handlung festgesetzte Strafe zur Anwendung.

Im Falle des ersten Absatzes dieses Artikels kann der Richter, wenn der Täter infolge eines Tatirrtums geglaubt hat, eine strafbare Handlung zu begehen, anordnen, daß er einer Sicherungsmaßnahme unterstellt wird.

In den Fällen des zweiten Absatzes kann der Richter stets anordnen, daß der freigesprochene Angeklagte einer Sicherungsmaßnahme unterstellt wird.

Art. 53.

(Ausübung eines Rechts oder Erfüllung einer Pflicht.)

Die Ausübung eines Rechts oder die Erfüllung einer durch eine Rechtsvorschrift oder eine gesetzmäßige Anordnung der öffentlichen Gewalt auferlegten Pflicht schließt die strafbare Handlung aus.

Wenn eine Tat, die eine strafbare Handlung bildet, auf behördliche Anordnung begangen ist, trifft die Verantwortlichkeit dafür immer den öffentlichen Beamten, welcher die Anordnung gegeben hat, und es kommt die Bestimmung des Art. 109 Ziff. 4 zur Anwendung.

Für die strafbare Handlung ist überdies derjenige verantwortlich, welcher den Befehl ausgeführt hat, außer wenn er infolge Tatirrtums angenommen hat, einer gesetzmäßigen Anordnung zu gehorchen. Es kommt indessen die Bestimmung des Art. 110 zur Anwendung.

Eine strafbare Handlung begeht nicht, wer die ungesetzmäßige Anordnung ausführt, wenn das Gesetz ihm keine Nachprüfung über die Rechtmäßigkeit derselben zubilligt.

Art. 54.

(Notwehr.)

Straflos bleibt, wer die Tat begangen hat, weil er dazu durch die Notwendigkeit gezwungen war, sein oder eines anderen Recht gegen die gegenwärtige Gefahr eines schweren, rechtswidrigen Angriffs zu verteidigen.

Art. 55.

(Berechtigter Gebrauch von Waffen.)

Unbeschadet der Bestimmungen der beiden vorigen Artikel ist der öffentliche Beamte nicht strafbar, welcher zur Erfüllung einer Pflicht seines Amtes von Waffen oder von einem anderen Mittel physischen Zwangs Gebrauch macht oder Gebrauch machen läßt, wenn er dazu durch die Notwendigkeit gezwungen ist, eine Gewalt abzuwehren oder einen Widerstand gegen die Staatsgewalt zu überwinden.

Diese Bestimmung findet auf jedermann Anwendung, der dem öffentlichen Beamten, von diesem gesetzmäßig dazu aufgefordert, Beistand leistet.

Das Gesetz bestimmt die weiteren Fälle, in welchen der Gebrauch von Waffen oder eines anderen Mittels physischen Zwangs erlaubt ist.

Art. 56.

(Notstand.)

Straflos bleibt, wer die Tat begangen hat, weil er dazu durch die Notwendigkeit gezwungen war, sich oder andere aus einer gegenwärtigen Gefahr eines schweren Nachteils der Person, zu dem er nicht von sich aus Anlaß gegeben hatte, und dem er anderweit nicht entgehen konnte, zu retten.

Diese Bestimmung kommt auf denjenigen, welcher eine besondere Rechtspflicht, der Gefahr sich auszusetzen, hat, nicht zur Anwendung.

Die Bestimmung des ersten Absatzes dieses Artikels findet auch dann Anwendung, wenn der Notstand durch eine Drohung anderer hervorgerufen ist; doch ist in diesem Falle für die von der genötigten Person begangene Tat derjenige verantwortlich, der sie durch die Drohung zum Handeln gezwungen hat.

Art. 57.

(Fahrlässiges Übermaß.)

Sind bei Begehung einer der in den Art. 53 bis 56 vorgesehenen Taten die gesetzlich oder durch Anordnung der Behörde oder durch die Notwendigkeit gebotenen Grenzen fahrlässig überschritten worden, so kommen die Bestimmungen über fahrlässige Verbrechen zur Anwendung, wenn die Tat vom Gesetz als fahrlässiges Verbrechen vorgesehen ist.

Art. 58.

(Versuchtes Verbrechen.)

Wer geeignete Handlungen begeht, die auf die Begehung eines Verbrechens abzielen, ist für den Versuch eines Verbrechens verantwortlich, wenn die Handlung nicht durchgeführt wird, oder der Erfolg nicht eintritt.

Der wegen versuchten Verbrechens Schuldige wird bestraft: mit Gefängnis von vierundzwanzig bis zu dreißig Jahren, wenn vom Gesetz für das Verbrechen die Todesstrafe bestimmt ist; mit Gefängnis nicht unter zehn Jahren, wenn die Strafe Dauerzuchthaus ist; in den anderen Fällen mit der für das Verbrechen bestimmten Strafe, unter Ermäßigung bis auf ein Drittel.

Steht der Schuldige aus eigenem Entschluß von der Handlung ab, unterliegt er nur der Strafe für die durchgeführten Handlungen, wenn diese für sich eine andere strafbare Handlung bilden.

Verhindert er aus eigenem Entschluß den Erfolg, so unterliegt er der für das versuchte Verbrechen bestimmten Strafe, unter Herabsetzung von einem Drittel bis zur Hälfte.

Art. 59.

(Verantwortlichkeit für strafbare Handlungen, die durch die Presse begangen sind.)

Für die durch die Presse begangenen strafbaren Handlungen gelten die folgenden Bestimmungen:

1. wenn es sich um eine periodische Druckschrift handelt, ist derjenige, welcher die Eigenschaft als Direktor oder verantwortlicher Redakteur bekleidet, um dieses Umstandes allein für die strafbare Handlung verantwortlich, unbeschadet der Verantwortlichkeit des Verfassers der Veröffentlichung;

2. wenn es sich um eine nicht periodische Druckschrift handelt, ist für die strafbare Handlung der Verfasser der Veröffentlichung oder, wenn dieser unbekannt oder nicht zurechnungsfähig ist, der Herausgeber, oder wenn auch dieser unbekannt oder nicht zurechnungsfähig ist, der Drucker verantwortlich.

Kapitel II.

Die Tatumstände der strafbaren Handlung.

Art. 60.

(Unterscheidungen.)

Die Tatumstände der strafbaren Handlung verschärfen oder vermindern die Strafe oder schließen sie aus; sie sind objektiv oder subjektiv.

Die objektiven Umstände betreffen die Natur, die Art, die Mittel, die Modalitäten und jeden anderen Umstand der Handlung, die Schwere des Schadens oder der Gefahr oder die persönlichen Verhältnisse oder Eigenschaften des Verletzten.

Die subjektiven Umstände betreffen die Stärke des Vorsatzes oder den Grad der Schuld, die persönlichen Verhältnisse oder Eigenschaften des Schuldigen oder die Beziehungen zwischen dem Schuldigen und dem Verletzten, oder sie sind mit der Person des Schuldigen verbunden.

Die mit der Person des Schuldigen verbundenen Umstände betreffen die Zurechnungsfähigkeit, den Rückfall und den verbrecherischen Hang.

Art. 61.

(Nicht bekannte oder irrtümlich angenommene Umstände.)

Vorbehaltlich anderer Bestimmung werden die strafschärfenden oder -mildernden Umstände zulasten oder zugunsten des Schuldigen gerechnet, auch wenn sie ihm nicht bekannt sind.

Nimmt der Täter irrtümlich das Bestehen strafschärfender oder -mildernder Umstände an, so werden diese nicht gegen oder für ihn gerechnet.

Umstände, welche die Strafe ausschließen, werden zugunsten des Täters gerechnet, auch wenn sie ihm nicht bekannt sind. Der Richter kann indessen eine Sicherungsmaßnahme anordnen.

Nimmt der Täter irrtümlich das Bestehen von strafausschließenden Umständen an, werden diese stets zu seinen Gunsten gerechnet.

Art. 62.

(Allgemeine strafschärfende Umstände.)

Folgende Umstände verschärfen, sofern sie nicht Tatbestandsmerkmale oder besondere schärfende Umstände sind, die strafbare Handlung:

1. das Handeln aus verwerflichen, verderbten oder leichtfertigen Beweggründen;

2. das Verüben von Gewalttätigkeiten oder das Handeln mit Grausamkeit oder Gewalt gegen die Person, oder mit Drohung oder Täuschung;
3. die Ausnutzung von Unglücksfällen, Notständen oder öffentlichen Unruhen, oder von privatem Unglück oder Mißgeschick oder auch des Irrtums oder des Zustandes der Hinfälligkeit oder Bedürftigkeit oder allgemein der physischen oder psychischen Minderwertigkeit des Verletzten oder anderer Personen, oder, überhaupt, die Ausnützung solcher Umstände, welche der öffentlichen oder privaten Abwehr hinderlich sind;
4. die Begehung der strafbaren Handlung zur Ausführung oder Verbergung einer anderen oder bei Gelegenheit derselben, oder auch zur Erlangung oder Sicherung des Ertrags, Nutzens oder Preises oder der Straflosigkeit wegen eines anderen Vergehens, für sich oder andere;
5. die Verursachung eines Schadens oder der Gefahr eines Schadens am Vermögen von erheblichem Umfang;
6. die Verschärfung oder der Versuch einer Verschärfung der Folgen des Verbrechens;
7. der Umstand, daß der Schuldige sich während des Verfahrens aus eigenem Entschluß der Vollstreckung eines Festnahme- oder Haftbefehls entzogen oder, abgesehen von dem Falle der Ziff. 3 des Art. 95, die strafbare Handlung während einer Zeit begangen hat, in der er sich aus eigenem Entschluß der Vollstreckung eines wegen eines früheren Vergehens ausgefertigten Festnahme- oder Haftbefehls entzogen hat.

Art. 63.

(Allgemeine strafschärfende Umstände.)

Die strafbare Handlung verschärfen ferner, sofern sie nicht Tatbestandsmerkmale oder besondere schärfende Umstände sind, die folgenden Umstände:

1. die Begehung der Tat unter Mißbrauch der Eigenschaft eines öffentlichen Beamten oder eines mit einer öffentlichen Dienstleistung Beauftragten oder des Dieners einer im Staate zugelassenen Religionsgemeinschaft, oder unter Mißbrauch der Befugnisse oder Verletzung der Pflichten, die mit diesen Eigenschaften verbunden sind;
2. die Begehung der Tat gegen einen öffentlichen Beamten oder mit einer öffentlichen Dienstleistung Beauftragten oder gegen eine Person, die mit der Eigenschaft als Diener einer im Staate zugelassenen Religionsgemeinschaft beliehen ist, oder gegen einen diplomatischen Vertreter oder Konsul eines ausländischen Staates bei Anlaß oder im Augenblick der Erfüllung der Amtsverrichtungen oder Dienstleistungen;

3. die Begehung der Tat an Gegenständen in öffentlichen Ämtern oder Anstalten, an der Beschlagnahme oder der Pfändung unterworfenen Sachen, an Sachen, die notwendigerweise, gewohnheitsgemäß oder bestimmungsgemäß der öffentlichen Obhut anvertraut sind, oder an Sachen, die für den öffentlichen Dienst oder Nutzen, die öffentliche Abwehr oder Verehrung bestimmt sind.
4. die Begehung der Tat unter Mißbrauch der Gewalt oder häuslicher Beziehungen, amtlicher Beziehungen, Arbeitsleistungen, des Beisammenwohnens oder überhaupt unter Verletzung der mit dem eigenen Stand, Amt oder Beruf verbundenen Pflichten.

Art. 64.

(Allgemeine strafmildernde Umstände.)

Folgende Umstände mildern, sofern sie nicht Tatbestandsmerkmale oder besondere strafmildernde Umstände sind, die strafbare Handlung:
1. das Handeln aus Gründen der Ehre oder aus anderen Beweggründen von besonderem moralischem oder sozialem Wert;
2. das Handeln unter dem Einfluß des Zorns, hervorgerufen durch rechtswidriges Tun anderer, oder die Begehung der strafbaren Handlung im Zustande starker Erregung, hervorgerufen durch schweres Unglück;
3. das Handeln infolge Massensuggestion bei Aufruhr, wenn es sich nicht um gesetzlich oder von der Behörde verbotene Versammlungen oder Zusammenkünfte handelt, und der Schuldige nicht gewohnheits- oder gewerbsmäßig Verbrechen oder Übertretungen verübt oder Verbrecher aus Hang ist;
4. die Verursachung eines Schadens oder der Gefahr eines Schadens am Vermögen von besonderer Geringfügigkeit;
5. die vollständige Wiedergutmachung des Schadens vor dem Verfahren durch entsprechende Entschädigung und, wenn möglich, durch Rückgabe des Entzogenen; oder die Vornahme, vor dem Verfahren und abgesehen von dem Falle des letzten Absatzes des Art. 58, freiwilliger und wirksamer Handlungen, um die schädigenden oder gefährlichen Folgen der strafbaren Handlung auszuschalten oder abzuschwächen;
6. das volle Eingeständnis des Verbrechens und die Enthüllung der Schuldigen vor der Entdeckung des einen oder der anderen, oder auch vor dem ersten Verhör des Richters, wenn das Geständnis und die Enthüllung durch aufrichtige Reue bestimmt sind.

Art. 65.

(Erhöhung der Strafe im Falle nur eines strafschärfenden Umstandes.)

Bei Vorliegen eines strafschärfenden Umstandes wird die für das Vergehen zu verhängende Strafe, wenn die Erhöhung nicht gesetzlich bestimmt ist, bis zu zwei Dritteln erhöht.

Indessen kann die infolge der Erhöhung anzuwendende Strafe nicht überschreiten:

1. dreißig Jahre, wenn es sich um Gefängnis handelt;
2. vier Jahre, wenn es sich um Haft handelt;
3. hundertfünfzigtausend Lire bzw. dreißigtausend Lire, wenn es sich um Geldstrafe oder Geldbuße handelt; oder dreihunderttausend Lire bzw. sechzigtausend Lire, wenn der Richter von der Befugnis der Art. 22 Abs. 2 und 24 Abs. 2 Gebrauch macht.

Art. 66.

(Verminderung der Strafe bei nur einem strafmilderndem Umstand.)

Bei Vorliegen eines strafmildernden Umstandes gelten, wenn die Strafminderung nicht gesetzlich bestimmt ist, folgende Vorschriften:

1. an die Stelle der Todesstrafe tritt Gefängnis von vierundzwanzig bis zu dreißig Jahren;
2. an die Stelle des Dauerzuchthauses tritt Gefängnis nicht unter zehn Jahren;
3. die anderen Strafen werden bis zu zwei Dritteln vermindert.

Art. 67.

(Anwendung der Straferhöhungen und -minderungen.)

Wenn das Gesetz anordnet, daß die Strafe innerhalb bestimmter Grenzen erhöht oder vermindert wird, tritt die Erhöhung oder Verminderung bei dem Strafmaß ein, welches der Richter zur Anwendung bringen würde, wenn nicht der strafschärfende oder strafmildernde Umstand vorläge.

Treffen mehrere strafschärfende oder strafmildernde Umstände zusammen, tritt die Erhöhung oder Verminderung der Strafe bei dem Strafmaß ein, das sich aus der vorstehenden Erhöhung oder Verminderung ergibt. Wenn infolge eines dieser Umstände das Gesetz eine unabhängige oder eine andere Strafe als die ordentliche Strafe des Vergehens festsetzt, tritt die Erhöhung oder Verminderung hinsichtlich der anderen Umstände nicht bei der ordentlichen Strafe des Vergehens sondern bei der infolge des erwähnten Umstandes festgesetzten Strafe ein.

Art. 68.

(Grenzen der Straferhöhungen bei Zusammentreffen mehrerer strafschärfender Umstände.)

Bei Zusammentreffen mehrerer strafschärfender Umstände kann die infolge der Erhöhung anzuwendende Strafe nicht übersteigen:

1. dreißig Jahre, wenn es sich um Gefängnis handelt;
2. fünf Jahre, wenn es sich um Haft handelt;
3. zweihunderttausend bzw. vierzigtausend Lire, wenn es sich um

Geldstrafe oder -buße handelt; oder vierhunderttausend bzw. achtzigtausend Lire, wenn der Richter von der Befugnis der Art. 22 Abs. 2 und 24 Abs. 2 Gebrauch macht.

Bestimmt das Gesetz für das Verbrechen Gefängnis nicht unter zwanzig Jahren, tritt an die Stelle dieser Strafe Dauerzuchthaus.

Art. 69.

(Grenzen der Strafverminderungen bei Zusammentreffen mehrerer strafmildernder Umstände.)

Bei Zusammentreffen mehrerer strafmildernder Umstände kann die infolge der Verminderungen anzuwendende Strafe nicht weniger betragen als:

1. fünfzehn Jahre Gefängnis, wenn das Gesetz für das Verbrechen die Todesstrafe festsetzt;
2. sechs Jahre Gefängnis, wenn für das Verbrechen Dauerzuchthaus festgesetzt ist.

Die anderen Strafen sind in der Weise anzuwenden, daß sie nicht weniger als ein Sechstel betragen.

Art. 70.

(Zusammenhang strafschärfender oder -mildernder Umstände.)

Begreift ein strafschärfender Umstand in sich einen andern strafschärfenden Umstand bzw. ein strafmildernder einen andern strafmildernden Umstand, so wird zulasten oder zugunsten des Schuldigen nur der strafschärfende bzw. -mildernde Umstand gerechnet, der die größere Erhöhung bzw. erheblichere Verminderung der Strafe herbeiführt.

Bewirken die strafschärfenden oder -mildernden Umstände die gleiche Erhöhung oder Verminderung, kommt nur eine Erhöhung bzw. Verminderung zur Anwendung.

Art. 71.

(Zusammentreffen strafschärfender und -mildernder Umstände.)

Wenn strafschärfende und -mildernde Umstände zusammentreffen und erstere vom Richter als überwiegend angesehen werden, ist der Strafverminderungen, die für die mildernden Umstände festgesetzt sind, nicht Rechnung zu tragen; es treten nur die Erhöhungen der Strafe ein, die für die schärfenden Umstände festgesetzt sind.

Werden die mildernden Umstände gegenüber den schärfenden Umständen für überwiegend gehalten, ist der für diese letzteren bestimmten Straferhöhungen nicht Rechnung zu tragen; es treten nur die Verminderungen der Strafe ein, die für die mildernden Umstände festgesetzt sind.

Besteht nach dem Urteil des Richters zwischen den strafschärfenden und -mildernden Umständen Gleichheit, kommt die ohne das Vorliegen dieser Umstände aufzuerlegende Strafe zur Anwendung.

Die vorstehenden Bestimmungen finden hinsichtlich der Umstände, für welche das Gesetz eine unabhängige oder eine andere als die ordentliche Strafe festsetzt, und der mit der Person des Schuldigen verbundenen Umstände keine Anwendung. In diesen Fällen treten die Erhöhungen und Verminderungen nach Maßgabe des Art. 67 ein, wobei in erster Linie unter den mit der Person des Schuldigen verbundenen Umständen die strafschärfenden gerechnet werden.

Kapitel III.

Das Zusammentreffen von strafbaren Handlungen.

Art. 72.

(Verurteilung wegen mehrerer strafbarer Handlungen im gleichen Urteil oder Strafbefehl.)

Wenn in einem Urteil oder Strafbefehl Verurteilung wegen mehrerer strafbarer Handlungen gegen die gleiche Person auszusprechen ist, kommen die Bestimmungen über das Zusammentreffen der Strafen in den folgenden Artikeln zur Anwendung.

Art. 73.

(Zusammentreffen von strafbaren Handlungen, die Dauerzuchthaus und zeitliche Freiheitsstrafen verwirken.)

Wenn der Täter zweier Verbrechen schuldig ist, für welch jedes Dauerzuchthaus aufzuerlegen ist, kommt die Todesstrafe zur Anwendung.

Bei Zusammentreffen eines Verbrechens, das die Strafe des Dauerzuchthauses nach sich zieht, mit einem oder mehreren Verbrechen, die zeitige Freiheitsstrafen verwirken, kommt die Strafe des Dauerzuchthauses zur Anwendung, und es wird außerdem die Abschließung bei Tage für einen Zeitraum von nicht weniger als sechs Monaten und nicht mehr als vier Jahren angeordnet.

Art. 74.

(Zusammentreffen von zeitigen Freiheitsstrafen oder von Vermögensstrafen der gleichen Art.)

Wenn mehrere strafbare Handlungen zeitige Freiheitsstrafen der gleichen Art verwirken, kommt nur eine Strafe für eine Zeit gleich der Gesamtdauer der Strafen, die für die einzelnen Straftaten aufzuerlegen wären, zur Anwendung.

Die Vermögensstrafen der gleichen Art kommen alle unverkürzt zur Anwendung.

Art. 75.

(Zusammentreffen zeitiger Freiheitsstrafen oder von Vermögensstrafen verschiedener Art.)

Wenn mehrere strafbare Handlungen zeitige Freiheitsstrafen verschiedener Art verwirken, kommt die schwerste Strafart für eine Zeit gleich der Gesamtdauer der verschiedenen Strafen zur Anwendung.

Wenn unter mehreren strafbaren Handlungen einige die Geldstrafe und andere Geldbuße verwirken, kommt die Geldstrafe zum Gesamtbetrage der verschiedenen Strafen zur Anwendung.

Art. 76.

(Bestimmung der Nebenstrafen.)

Zur Bestimmung der Nebenstrafen und jeder anderen Strafwirkung der Verurteilung ist auf die einzelnen Straftaten, deretwegen die Verurteilung erfolgt, und auf die Hauptstrafen, die ohne das Zusammentreffen von strafbaren Handlungen für jede von ihnen aufzuerlegen wären, Rücksicht zu nehmen.

Bei Zusammentreffen von Nebenstrafen der gleichen Art kommen alle unverkürzt zur Anwendung.

Art. 77.

(Grenzen der Straferhöhungen bei Zusammentreffen von strafbaren Handlungen.)

Bei Anwendung der sich aus dem Zusammentreffen von strafbaren Handlungen nach Maßgabe der vorstehenden Artikel ergebenden Strafen können folgende Grenzen nicht überschritten werden:

1. dreißig Jahre bei Gefängnis;
2. sechs Jahre bei Haft;
3. zweihunderttausend Lire bei Geldstrafe und vierzigtausend Lire bei Geldbuße; oder vierhunderttausend Lire bei Geldstrafe und achtzigtausend Lire bei Geldbuße, wenn der Richter von der Befugnis der Art. 22 Abs. 2 und 24 Abs. 2 Gebrauch macht.

Ist die Vermögensstrafe wegen Zahlungsunfähigkeit des Verurteilten in Freiheitsstrafe umzuwandeln, so kann die Gesamtdauer dieser Strafe vier Jahre bei Gefängnis und drei Jahre bei Haft nicht überschreiten.

Die Höchstdauer der zeitigen Nebenstrafen darf in der Gesamtheit folgende Grenzen nicht überschreiten:

1. zehn Jahre, wenn es sich um Verbot der Bekleidung öffentlicher Ämter, oder um Verbot eines Berufes oder Gewerbes handelt;
2. fünf Jahre, wenn es sich um die Enthebung von der Ausübung eines Berufes oder Gewerbes handelt.

Treffen mehrere Verbrechen zusammen, für welch jedes Gefängnisstrafe nicht unter zwanzig Jahren aufzuerlegen ist, kommt Dauerzuchthaus zur Anwendung.

Art. 78.

(Zusammentreffen von Strafen, die durch verschiedene Urteile oder Strafbefehle auferlegt sind.)

Die Bestimmungen der vorstehenden Artikel kommen auch dann zur Anwendung, wenn, nach einem auf Strafe lautenden Urteil oder Strafbefehl, dieselbe Person wegen einer anderen vor oder nach der Verurteilung begangenen strafbaren Handlung abgeurteilt werden muß, oder wenn gegen dieselbe Person mehrere auf Strafe lautende Urteile oder Strafbefehle zu vollstrecken sind.

Art. 79.

(Mehrere Verletzungen einer oder verschiedener Gesetzesvorschriften durch eine oder mehrere Handlungen.)

Wer durch eine Handlung oder Unterlassung verschiedene Gesetzesvorschriften verletzt oder mehrere Verletzungen der gleichen Gesetzesvorschrift begeht, wird nach Maßgabe der vorstehenden Artikel, vorbehaltlich der Bestimmung des Art. 14, bestraft.

Nach Maßgabe der vorstehenden Artikel wird auch derjenige bestraft, der durch mehrere Handlungen oder Unterlassungen, die sich als Ausführung ein- und desselben verbrecherischen Entschlusses darstellen, mehrere Verletzungen derselben Gesetzesvorschrift, selbst zu verschiedenen Zeiten, begeht. Indessen kann der Richter, unter Berücksichtigung der in Art. 134 bezeichneten Umstände, die aus dem Zusammentreffen der strafbaren Handlungen sich ergebende Strafe bis auf ein Drittel ermäßigen.

Die Bestimmung des vorigen Absatzes kommt nicht zur Anwendung, wenn festgestellt wird, daß der Verurteilte gewohnheitsmäßig oder gewerbsmäßig Verbrechen oder Übertretungen verübt oder Verbrecher aus Hang ist.

Art. 80.

(Zusammengesetzte strafbare Handlungen.)

Die Bestimmungen der vorstehenden Artikel kommen nicht zur Anwendung, wenn das Gesetz Tatsachen, die für sich allein eine strafbare Handlung darstellen würden, als Tatbestandsmerkmale oder als strafschärfende Umstände einer einzigen strafbaren Handlung ansieht.

Wenn das Gesetz, bei Bestimmung der Strafe für die zusammengesetzte strafbare Handlung, auf die Strafen für die einzelnen sie bildenden Vergehen verweist, dürfen die Höchstgrenzen des Art. 77 nicht überschritten werden.

Vierter Titel.

Der Täter und der Verletzte der strafbaren Handlung.

Kapitel I.

Die Zurechnungsfähigkeit.

Art. 81.

(Einsichts- und Willensfähigkeit.)

Niemand kann wegen einer vom Gesetz als strafbare Handlung vorgesehenen Tat bestraft werden, wenn er im Augenblick des Begehens derselben nicht zurechnungsfähig war.

Zurechnungsfähig ist, wer die Einsichts- und Willensfähigkeit hat.

Art. 82.

(Herbeiführung des Zustandes der Unfähigkeit in anderen zu Zwecken der Begehung einer strafbaren Handlung.)

Wenn jemand in anderen den Zustand der Einsichts- oder Willensunfähigkeit, um für sich eine strafbare Handlung begehen zu lassen oder eine Rechtfertigung vorzubereiten, verursacht, ist für die von der unfähig gemachten Person begangene strafbare Handlung derjenige verantwortlich, der den Zustand der Unfähigkeit verursacht hat; die Strafe wird erhöht.

Art. 83.

(Selbst hervorgerufener oder vorberechneter Zustand der Einsichts- oder Willensunfähigkeit.)

Die Bestimmung des Art. 81 Abs. 1 kommt auf denjenigen, welcher sich, sei es auch nur fahrlässig, in den Zustand der Einsichts- oder Willensunfähigkeit versetzt hat, nicht zur Anwendung.

Ist der Zustand der Unfähigkeit zu Zwecken der Begehung der strafbaren Handlung oder zur Vorbereitung einer Rechtfertigung hervorgerufen worden, wird die Strafe erhöht.

Art. 84.

(Völlige Geisteszerrüttung.)

Nicht zurechnungsfähig ist, wer sich im Augenblick der Begehung der Tat infolge physischer oder psychischer Erkrankung in einem solchen Geisteszustand befand, daß die Einsichts- oder Willensfähigkeit ausgeschlossen war.

Art. 85.

(Teilweise Geisteszerrüttung.)

Wer sich im Augenblick der Begehung der Tat infolge physischer oder psychischer Erkrankung in einem solchen Geisteszustande befand, daß die Zurechnungsfähigkeit erheblich herabgesetzt, jedoch nicht ausgeschlossen war, ist für die begangene strafbare Handlung verantwortlich; doch wird die Strafe vermindert.

Art. 86.

(Erregungs- oder Leidenschaftszustände.)

Die Erregungs- oder Leidenschaftszustände bewirken weder Ausschluß noch Verminderung der Zurechnungsfähigkeit nach Maßgabe der beiden vorstehenden Artikel.

Art. 87.

(Trunkenheit durch Zufall oder durch höhere Gewalt.)

Nicht zurechnungsfähig ist, wer im Augenblick der Begehung der Tat aus Anlaß völliger Trunkenheit, die durch Zufall oder höhere Gewalt hervorgerufen ist, nicht einsichts- oder willensfähig war.

War die Trunkenheit nicht vollständig, immerhin jedoch derart, daß sie die Zurechnungsfähigkeit erheblich herabsetzte, ohne sie auszuschließen, so wird die Strafe vermindert.

Art. 88.

(Selbst hervorgerufene, fahrlässige oder vorberechnete Trunkenheit.)

Die nicht aus Zufall oder höherer Gewalt herrührende Trunkenheit bewirkt weder Ausschluß noch Verminderung der Zurechnungsfähigkeit.

Ist die Trunkenheit zu Zwecken der Begehung der strafbaren Handlung oder zur Vorbereitung einer Rechtfertigung vorberechnet, wird die Strafe erhöht.

Art. 89.

(Begehung einer Tat unter dem Einfluß betäubender Stoffe.)

Die Bestimmungen der beiden vorigen Artikel kommen auch zur Anwendung, wenn die Tat unter dem Einfluß betäubender Stoffe begangen ist.

Art. 90.

(Gewohnheitsmäßige Trunkenheit.)

Ist die strafbare Handlung im Zustande der Trunkenheit begangen und ist diese gewohnheitsgemäß, wird die Strafe erhöht.

Im Rahmen des Strafgesetzes gilt als Gewohnheitstrinker, wer dem Genuß alkoholischer Getränke ergeben ist und sich in regelmäßig wiederkehrendem und häufigem Zustande der Trunkenheit befindet.

Die Verschärfung der Strafe gemäß Abs. 1 dieses Artikels kommt auch zur Anwendung, wenn die strafbare Handlung unter dem Einfluß betäubender Stoffe von jemand begangen wurde, der dem Genuß dieser Stoffe ergeben ist.

Art. 91.

(Chronische Vergiftung mit Alkohol oder mit betäubenden Stoffen.)

Bei den im Zustande chronischer Vergiftung, hervorgerufen durch Alkohol oder durch betäubende Stoffe, begangenen Taten finden die Bestimmungen der Art. 84 und 85 Anwendung.

Art. 92.

(Taubstummheit.)

Nicht zurechnungsfähig ist, wer im Augenblick der Begehung der Tat infolge von Taubstummheit nicht einsichts- oder willensfähig war.

Wenn die Zurechnungsfähigkeit erheblich herabgesetzt, jedoch nicht ausgeschlossen war, wird die Strafe vermindert.

Art. 93.

(Minderjähriger unter vierzehn Jahren.)

Nicht zurechnungsfähig ist, wer im Augenblick der Begehung der Tat vierzehn Jahre nicht vollendet hatte.

Art. 94.

(Minderjähriger unter achtzehn Jahren.)

Gegenüber demjenigen, welcher im Augenblick der Begehung der Tat vierzehn Jahre, aber noch nicht achtzehn Jahre vollendet hatte, bringt der Richter die Strafe oder eine Sicherungsmaßnahme zur Anwendung, je nachdem ob der Minderjährige zurechnungsfähig ist oder nicht.

Ist er zurechnungsfähig, wird die Strafe nach Maßgabe des Art. 66 vermindert.

Wenn die auferlegte Freiheitsstrafe weniger als fünf Jahre beträgt, oder es sich um Vermögensstrafe handelt, hat die Verurteilung in keinem Falle Nebenstrafen zur Folge. Wenn es sich um eine schwerere Strafe handelt, hat die Verurteilung nur das Verbot der Bekleidung öffentlicher Ämter für nicht mehr als fünf Jahre und, in den gesetzlich bestimmten Fällen, die Enthebung von der Ausübung der väterlichen oder ehemännlichen Gewalt zur Folge.

Kapitel II.

Rückfall, Gewohnheitsmäßigkeit und Gewerbsmäßigkeit bei der strafbaren Handlung und verbrecherischer Hang.

Art. 95.

(Rückfall: Voraussetzungen: Straferhöhung.)

Wer nach Verurteilung wegen einer strafbaren Handlung eine andere begeht, unterliegt einer Erhöhung der Strafe, die bei dem neuen Vergehen bis zur Hälfte aufzuerlegen ist.

Die Strafe wird bis zu zwei Dritteln erhöht:

1. wenn das neue Vergehen von der gleichen Art ist;
2. wenn das neue Vergehen nicht mehr als fünf Jahre seit der früheren Verurteilung begangen ist;
3. wenn das neue Vergehen während oder nach Vollstreckung der Strafe oder auch während der Zeit, in welcher der Verurteilte sich aus eigenem Entschluß der Strafvollstreckung entzieht, begangen ist.

Treffen mehrere der in den vorstehenden Ziffern bezeichneten Umstände zusammen, so beträgt die Straferhöhung immer zwei Drittel.

Wenn der Rückfällige eine weitere strafbare Handlung begeht, beträgt die Straferhöhung im Falle des Abs. 1 dieses Artikels immer die Hälfte und in den Fällen der anderen Absätze zwei Drittel bis zum Doppelten.

Art. 96.

(Fakultative Strafverschärfung.)

Bei Rückfall zwischen Verbrechen und Übertretungen oder zwischen vorsätzlichen oder unbeabsichtigten und fahrlässigen Verbrechen oder zwischen Übertretungen, die nicht von gleicher Art sind, hat der Richter die Möglichkeit, von den Strafverschärfungen des vorigen Artikels Abstand zu nehmen.

Art. 97.

(Strafbare Handlungen gleicher Art.)

Im Rahmen des Strafgesetzes gelten als strafbare Handlungen gleicher Art nicht nur diejenigen, welche die gleiche Gesetzesvorschrift verletzen, sondern auch diejenigen, die, wenn auch in verschiedenen Bestimmungen des Gesetzbuches oder in verschiedenen Gesetzen vorgesehen, nach der Natur der Tatbestandsmerkmale oder der sie bestimmenden Beweggründe im konkreten Falle gemeinsame Grundmerkmale aufweisen.

Art. 98.

(Gewohnheitsverbrecher.)

Zum Gewohnheitsverbrecher wird erklärt, wer, nachdem er wegen drei nicht fahrlässiger Verbrechen der gleichen Art, die innerhalb eines Zeitraumes von weniger als zehn Jahren und unabhängig voneinander begangen sind, zu Gefängnis von insgesamt mehr als fünf Jahren verurteilt ist, eine andere Verurteilung wegen eines nicht fahrlässigen Verbrechens, das ebenfalls gleicher Art ist, erleidet.

In die in der vorstehenden Bestimmung bezeichnete Frist von zehn Jahren wird die Zeit nicht eingerechnet, in welcher der Verurteilte Freiheitsstrafen verbüßt hat oder seine freie Bewegung hindernden Sicherungsmaßnahmen unterstellt gewesen ist.

Art. 99.

(Annahme der Gewohnheitsmäßigkeit durch den Richter.)

Abgesehen von dem Falle des vorigen Artikels wird die Feststellung der Gewohnheitsmäßigkeit bei dem Verbrechen auch gegen denjenigen getroffen, der nach Verurteilung wegen zwei nicht fahrlässiger Verbrechen eine weitere Verurteilung wegen nicht fahrlässigen Verbrechens erleidet, wenn der Richter, unter Berücksichtigung der Natur der strafbaren Handlungen, des Verhaltens und der Lebensführung des Schuldigen und der anderen in Art. 134 Abs. 3 bezeichneten Umstände annimmt, daß der Schuldige dem Verbrechen zuneigt.

Art. 100.

(Gewohnheitsmäßiges Handeln bei Übertretungen.)

Die Feststellung des gewohnheitsmäßigen Handelns bei Übertretungen ist gegen denjenigen zu treffen, welcher nach Verurteilung zur Strafe der Haft wegen drei Übertretungen der gleichen Art Verurteilung wegen einer weiteren Übertretung, die ebenfalls der gleichen Art ist, erleidet, wenn der Richter, unter Berücksichtigung des Verhaltens und der Lebensführung des Schuldigen und der anderen in Art. 134 Abs. 3 bezeichneten Umstände annimmt, daß der Schuldige der strafbaren Handlung zuneigt.

Art. 101.

(Gewerbsmäßiges Handeln bei Verbrechen oder Übertretungen.)

Die Feststellung des gewerbsmäßigen Handelns bei Verbrechen oder Übertretungen ist gegen denjenigen, welcher bei Vorliegen der Voraussetzungen zur Feststellung der Gewohnheitsmäßigkeit Verurteilung wegen einer anderen strafbaren Handlung erleidet, zu treffen, wenn je nach der Natur der strafbaren Handlung oder nach dem Verhalten und der Lebensführung des Schuldigen oder den anderen in Art. 134 Abs. 3 bezeichneten Umständen anzunehmen ist, daß er gewohnheitsmäßig, wenn auch nur zum Teil, von den Erträgen der strafbaren Handlung lebt.

Art. 102.

(Erlöschen der früher auferlegten Strafen.)

Zum Zwecke des Rückfalls und der Feststellung der Gewohnheitsmäßigkeit oder der Gewerbsmäßigkeit bei der strafbaren Handlung ist auch der Verurteilung Rechnung zu tragen, hinsichtlich derer ein Grund zum Erlöschen der strafbaren Handlung oder der Strafe eingetreten ist.

Art. 103.

(Verurteilung wegen verschiedener strafbarer Handlungen durch ein Urteil.)

Die Bestimmungen über die Feststellung der Gewohnheitsmäßigkeit oder Gewerbsmäßigkeit bei der strafbaren Handlung kommen auch dann zur Anwendung, wenn bei den verschiedenen Straftaten Verurteilung nicht in getrennten Urteilen erfolgt.

Art. 104.

(Verbrecher aus Hang.)

Wer, obgleich nicht rückfällig oder gewohnheits- oder gewerbsmäßiger Verbrecher, ein nicht fahrlässiges Verbrechen begeht, das in sich oder in Verbindung mit einem der im letzten Abs. des Art. 134 bezeichneten Umstände bei dem Schuldigen einen naturhaften Hang zum Verbrechen offenbart, wird zum Verbrecher aus Hang erklärt.

Beträgt die für das begangene Verbrechen aufzuerlegende Strafe mehr als fünfzehn Jahre Gefängnis, so tritt an deren Stelle Dauerzuchthaus. Die anderen Strafen werden verdoppelt, unter Ausschluß der Straferhöhungen bei Rückfall.

Art. 105.

(Verbrecher aus Hang, der ein weiteres Verbrechen begeht.)

Wenn der Verbrecher aus Hang ein weiteres nicht fahrlässiges Verbrechen begeht, so verwandelt oder erhöht sich die für das neue Verbrechen aufzuerlegende Strafe nach den Bestimmungen des vorigen Artikels.

Die Todesstrafe nach Maßgabe des Art. 73 Abs. 1 kommt indessen nicht zur Anwendung, wenn die Strafe des Dauerzuchthauses nur infolge der Ersatzvorschrift des vorigen Artikels auferlegt wird.

Art. 106.

(Wirkungen der Feststellung von Gewohnheitsmäßigkeit, Gewerbsmäßigkeit oder Hang zum Verbrechen.)

Außer den Straferhöhungen bei Rückfall und den besonderen Wirkungen nach anderen Gesetzesvorschriften hat die Feststellung der Gewohnheitsmäßigkeit oder Gewerbsmäßigkeit einer strafbaren Handlung die Anwendung von Sicherungsmaßnahmen zur Folge.

Indessen bewendet es, wenn die Gewohnheitsmäßigkeit oder Gewerbsmäßigkeit bei der strafbaren Handlung vom Richter erst nach dem Strafurteil festgestellt wird, bei der auferlegten Strafe.

Die Feststellung des Hangs zum Verbrechen kann nur im Strafurteil erfolgen und bewirkt, abgesehen von den besonderen Strafwirkungen nach anderen Gesetzesvorschriften, die Anwendung von Sicherungsmaßnahmen.

Kapitel III.

Mitwirkung mehrerer Personen bei der strafbaren Handlung.

Art. 107.

(Strafe für die Teilnehmer der strafbaren Handlung.)

Wenn mehrere Personen bei der gleichen strafbaren Handlung mitwirken, unterliegt jede von ihnen der dafür festgesetzten Strafe, vorbehaltlich der Bestimmungen der nachfolgenden Artikel.

Art. 108.

(Verleitung einer nicht zurechnungsfähigen oder nicht strafbaren Person zu der strafbaren Handlung.)

Wer eine nicht zurechnungsfähige oder nicht strafbare Person zur Begehung einer strafbaren Handlung verleitet hat, ist für die von dieser begangene Handlung verantwortlich; die Strafe wird erhöht.

Art. 109.

(Strafschärfende Umstände.)

Die für die strafbare Handlung aufzuerlegende Strafe wird erhöht:

1. für diejenigen, welche an der strafbaren Handlung im zuvorigen Einverständnis teilgenommen haben;

2. wenn die Zahl der Teilnehmer fünf oder mehr beträgt, vorbehaltlich abweichender Bestimmung des Gesetzes;
3. für diejenigen, welche, auch außerhalb der Fälle der beiden folgenden Ziffern, die Mitwirkung bei der strafbaren Handlung befördert oder ausgestaltet oder die Tätigkeit der Teilnehmer geleitet haben;
4. für diejenigen, welche bei Ausübung ihrer Gewalt-, Aufsichts- oder Überwachungsbefugnisse, ihnen untergebene Personen zur Begehung der strafbaren Handlung verleitet haben;
5. für diejenigen, welche, außerhalb des Falles des vorigen Artikels, einen Minderjährigen unter achtzehn Jahren oder eine kranke, in Not befindliche oder geistig minderwertige Person zur Begehung der strafbaren Handlung verleitet haben.

Die Strafschärfungen der Ziff. 1 bis 4 dieses Artikels kommen auch zur Anwendung, wenn einer der Teilnehmer an der Tat nicht zurechnungsfähig oder nicht strafbar ist.

Art. 110.

(Strafmildernde Umstände.)

Die Strafe kann für diejenigen, welche zur Teilnahme an der strafbaren Handlung in den unter Ziffern 4 und 5 des vorigen Artikels bezeichneten Fällen verleitet worden sind, vermindert werden.

Art. 111.

(Mitwirkung von geringer Bedeutung.)

Der Richter kann, wenn er der Ansicht ist, daß die von einem der Teilnehmer geleistete Hilfe nur geringe Bedeutung bei der Vorbereitung oder der Ausführung der strafbaren Handlung gehabt hat, die Strafe vermindern.

Diese Bestimmung kommt in den Fällen des Art. 109 nicht zur Anwendung.

Art. 112.

(Mitwirkung bei dem fahrlässigen Verbrechen.)

Bei dem fahrlässigen Verbrechen unterliegt, wenn der Erfolg durch die Mitwirkung mehrerer Personen verursacht worden ist, jede von ihnen den für das Verbrechen selbst bestimmten Strafen.

Die in Abs. 1 des vorigen Artikels bestimmte Strafverminderung ist anwendbar.

Art. 113.

(Verabredung zur Begehung einer strafbaren Handlung. Aufforderung.)

Vorbehaltlich abweichender Bestimmung des Gesetzes ist, wenn zwei oder mehr Personen sich zum Zweck der Begehung einer strafbaren Handlung verabreden und diese nicht begangen ist, keine von ihnen allein um der Tatsache der Verabredung willen strafbar.

Indessen kann im Falle der Verabredung zur Begehung eines Verbrechens der Richter eine Sicherungsmaßnahme zur Anwendung bringen.

Die gleichen Bestimmungen finden im Falle der Aufforderung zur Begehung einer strafbaren Handlung Anwendung, wenn die Aufforderung angenommen, die strafbare Handlung jedoch nicht begangen ist.

Ist die Aufforderung nicht angenommen, und handelt es sich um die Aufforderung zu einem Verbrechen, kann der Auffordernde einer Sicherungsmaßnahme unterstellt werden.

Art. 114.

(Abweichung der strafbaren Handlung von der seitens eines der Teilnehmer gewollten.)

Ist eine andere strafbare Handlung als die von einem der Teilnehmer gewollte begangen, so ist auch dieser dafür verantwortlich, wenn der Erfolg, sei es auch nur mittelbar, durch seine Handlung oder Unterlassung bestimmt ist.

Ist eine schwerere strafbare Handlung als die gewollte begangen, wird die Strafe hinsichtlich derjenigen, welche das weniger schwere Vergehen wollten, vermindert.

Art. 115.

(Änderung des Wesens der strafbaren Handlung bei einem der Teilnehmer.)

Wenn sich infolge persönlicher Verhältnisse oder Eigenschaften des Schuldigen oder infolge von Beziehungen zwischen dem Schuldigen und dem Verletzten das Wesen der strafbaren Handlung bei einem der Teilnehmer ändert, sind auch die anderen für diese strafbare Handlung verantwortlich. Indessen kann der Richter, wenn sie schwerer ist, hinsichtlich derjenigen, bei denen die erwähnten Verhältnisse, Eigenschaften oder Beziehungen nicht bestehen, die Strafe vermindern.

Art. 116.

(Bewertung der strafschärfenden oder -mildernden Umstände.)

Die objektiven Umstände, welche die Strafe verschärfen oder vermindern, werden, auch wenn sie nicht allen Teilnehmern an der strafbaren Handlung bekannt sind, zu ihren Lasten oder Gunsten gerechnet.

Die nicht mit der Person des Schuldigen verbundenen subjektiven Umstände, deretwegen die Strafe bei einem der Teilnehmer verschärft wird, gehen auch bei Nichtkenntnis zu Lasten der anderen Teilnehmer, wenn sie zur Erleichterung der Ausführung der strafbaren Handlung beigetragen haben.

Jeder andere, die Strafe verschärfende oder vermindernde Umstand wird nur hinsichtlich der Personen, auf die er sich bezieht, gerechnet.

Art. 117.

(Bewertung der strafausschließenden Umstände.)

Die subjektiven Umstände, welche die Strafe bei einem der Teilnehmer an der strafbaren Handlung ausschließen, wirken nur hinsichtlich der Person, auf die sie sich beziehen.

Die objektiven Umstände, welche die Strafe ausschließen, haben für alle Teilnehmer der strafbaren Handlung Wirkung.

Kapitel IV.

Der durch die strafbare Handlung Verletzte.

Art. 118.

(Zustimmung des Verletzten.)

Außer den Fällen, bei denen der abweichende Wille des Verletzten vom Strafgesetz ausdrücklich als Tatbestandsmerkmal eines bestimmten Vergehens verlangt wird, ist die Strafbarkeit durch die gültig kundgegebene Zustimmung des Verletzten ausgeschlossen, wenn ein Recht verletzt oder in Gefahr gebracht ist, über welches er zu verfügen berechtigt ist.

Art. 119.

(Irrtum über die Person des Verletzten.)

Bei Irrtum über die durch eine strafbare Handlung verletzte Person gehen die strafschärfenden Umstände, welche die Verhältnisse oder die Eigenschaften des Verletzten oder die Beziehungen zwischen dem Verletzten und dem Schuldigen betreffen, nicht zu Lasten des Täters.

Diese Bestimmung kommt nicht zur Anwendung, wenn es sich um strafschärfende Umstände handelt, welche das Alter oder andere, körperliche oder geistige, Verhältnisse oder Eigenschaften des Verletzten betreffen.

Art. 120.

(Verletzung einer andern Person, als gegen welche die Handlung gerichtet war.)

Wenn, infolge eines Irrtums bei Anwendung der Mittel zur Ausführung der strafbaren Handlung oder aus einem anderen Grunde, außer der Person, gegen welche die Handlung gerichtet war, noch eine andere Person verletzt ist, trifft den Schuldigen die Verantwortung für den als vorsätzliches, vollendetes oder versuchtes, Verbrechen gewollten Erfolg, und es geht der nichtgewollte Erfolg, als Folge seiner Handlung oder Unterlassung, zu seinen Lasten.

Indessen ist bei dem nichtgewollten Erfolg nur der dritte Teil der Strafe zur Anwendung zu bringen, die ihm hätte auferlegt werden müssen, wenn der Erfolg gewollt gewesen wäre; die Bestimmungen des vorigen Artikels sind hierbei zu beachten. Ist die Strafe, welche aufzuerlegen gewesen wäre, die Todesstrafe oder Dauerzuchthaus, kommt Gefängnis von acht bis zu fünfzehn Jahren zur Anwendung.

Art. 121.

(Antragsrecht.)

Jeder durch eine strafbare Handlung, bei der nicht von Amts wegen oder auf Ersuchen einzuschreiten ist, Verletzte hat ein Antragsrecht.

Bei Minderjährigen unter vierzehn Jahren und bei wegen Geisteskrankheit Entmündigten wird das Antragsrecht durch den Vater oder Vormund ausgeübt.

Die Minderjährigen, welche vierzehn Jahre vollendet haben, und die unter Pflegschaft stehenden Personen können das Antragsrecht ausüben; an ihrer Stelle kann es auch der Vater oder Vormund oder Pfleger ausüben, unbeschadet einer gegenteiligen, ausdrücklichen oder stillschweigenden, Willenserklärung des Minderjährigen oder Pfleglings.

Art. 122.

(Ausübung des Antragsrechts durch einen besonderen Pfleger.)

Ist bei dem unter vierzehn Jahre alten oder geisteskranken Verletzten ein zur Vertretung Berechtigter nicht vorhanden oder liegt in der Person des Berechtigten gegenüber dem Verletzten ein Interessenkonflikt vor, wird das Antragsrecht von einem besonderen Pfleger ausgeübt.

Art. 123.

(Antrag eines unter mehreren Verletzten.)

Bei einem zum Nachteil mehrerer Personen begangenen Vergehen ist Strafbarkeit auch gegeben, wenn der Antrag nur von einem Verletzten gestellt ist.

Art. 124.

(Erstreckung des Antrags.)

Der Antrag erstreckt sich von Rechts wegen auf alle Schuldigen der strafbaren Handlung.

Art. 125.

(Antragsfrist. Verzicht.)

Vorbehaltlich abweichender Bestimmung des Gesetzes kann der Antragsberechtigte das Recht nicht mehr ausüben, wenn seit dem Tage, an welchem er von der das Vergehen bildenden Tat Kenntnis erhielt, drei Monate verstrichen sind, in keinem Falle aber länger als ein Jahr seit dem Tage der Begehung der strafbaren Handlung.

Das Antragsrecht kann von dem Berechtigten nicht mehr ausgeübt werden, wenn er darauf ausdrücklich oder stillschweigend verzichtet hat.

Stillschweigender Verzicht liegt vor, wenn der Antragsberechtigte Handlungen vorgenommen hat, die mit dem Willen zur Stellung des Antrags unvereinbar sind.

Der Verzicht erstreckt sich von Rechts wegen auf alle Schuldigen der strafbaren Handlung.

Art. 126.

(Antrag des Minderjährigen oder Pfleglings bei Verzicht des Vertreters.)

Der seitens des Vaters, Vormundes oder Pflegers erfolgte Verzicht auf Ausübung des Antragsrechts beraubt den Minderjährigen, der vierzehn Jahre vollendet hat, oder den Pflegling nicht des Rechtes, den Antrag zu stellen.

Art. 127.

(Erlöschen des Antragsrechts.)

Das Antragsrecht erlischt mit dem Tode des Verletzten.

Wenn der Antrag bereits gestellt ist, bringt der Tod des Verletzten die strafbare Handlung nicht zum Erlöschen.

Art. 128.

(Ersuchen um Strafverfolgung bei strafbaren Handlungen, die zum Nachteil der öffentlichen Verwaltung begangen sind.)

Bei den strafbaren Handlungen, für welche Strafverfolgung nur auf Antrag eintreten kann, tritt, wenn die Tat zum Schaden einer staatlichen Verwaltung begangen ist, an die Stelle des Antrags das Ersuchen der beteiligten Verwaltung.

Art. 129.

(Ersuchen um Strafverfolgung bei Angriffen auf den König, den Regenten oder auf Mitglieder der Kgl. Familie.)

Vorbehaltlich der Bestimmungen in Titel I des zweiten Buches dieses Gesetzbuchs ist, wenn die durch ein nur auf Antrag verfolgbares Verbrechen verletzte Person der König, der Regent, die Königin, der Thronfolger oder ein anderes Mitglied der Kgl. Familie ist, auf Ersuchen des Justizministers einzuschreiten.

Art. 130.

(Frist für das Ersuchen um Strafverfolgung.)

Bei den strafbaren Handlungen, für welche Strafverfolgung nicht ohne ein Ersuchen der Behörde oder des Verletzten erfolgt, kann das Ersuchen nicht mehr gestellt werden, wenn seit dem Tage, an welchem die Behörde oder der Verletzte von der die strafbare Handlung bildenden Tat Kenntnis erlangt hat, drei Monate verstrichen sind, in keinem Falle aber länger als ein Jahr seit dem Tage der Begehung der strafbaren Handlung.

Handelt es sich um ein im Auslande begangenes Vergehen, und ist der Schuldige dort abgeurteilt worden, läuft die Frist vom Tage der Mitteilung des fremden Urteils an die italienische Regierung.

Art. 131.

(Unwiderruflichkeit des Ersuchens.)

Das Ersuchen der Behörde oder des durch die strafbare Handlung Verletzten ist unwiderruflich.

Art. 132.

(Zusammengesetzte strafbare Handlung. Verfolgung von Amts wegen.)

In den Fällen des Art. 80 tritt bei dem zusammengesetzten Vergehen Strafverfolgung immer von Amts wegen ein, wenn bei einem der Vergehen, welche dafür Tatbestandsmerkmale oder strafschärfende Umstände sind, von Amts wegen einzuschreiten ist.

Fünfter Titel.

Strafbemessung, Anwendung und Vollstreckung der Strafen.

Kapitel I.

Strafbemessung und Strafanwendung.

Art. 133.

(Freies Ermessen des Richters bei Anwendung der Strafe. Grenzen.)

Innerhalb der vom Gesetz gezogenen Grenzen bringt der Richter die Strafe nach freiem Ermessen zur Anwendung. Er kann von seiner Ermessensbefugnis zu einem andern Zwecke, als für den sie ihm gesetzlich übertragen ist, nicht Gebrauch machen; er hat die Gründe anzugeben, welche die Ausübung dieser Befugnis durch ihn rechtfertigen.

Das Gesetz bestimmt die Fälle, in welchen dem Richter gestattet ist, zwischen mehreren wechselweise angedrohten Strafen zu wählen, zu einer Strafe noch eine weitere zu verhängen, eine Strafe durch eine andere zu ersetzen, die Strafe zu erhöhen oder zu vermindern, sich des Verfahrens oder der Verurteilung zu enthalten oder die Vollstreckung der Strafe auszusetzen.

Bei Straferhöhung oder -verminderung können die für jede Strafart festgesetzten Grenzen nicht überschritten werden, vorbehaltlich der vom Gesetz ausdrücklich bestimmten Fälle.

Art. 134.

(Schwere der strafbaren Handlung: Abwägung zu Zwecken der Strafe.)

Bei der Ausübung der im vorigen Artikel bezeichneten Befugnisse hat der Richter der Schwere der strafbaren Handlung Rechnung zu tragen.

Die Schwere der strafbaren Handlung bestimmt sich nach der Schwere der sozialen Schädigung und der durch sie hervorgerufenen sozialen Gefahr, wobei zur Grundlage dienen:

1. die Natur, Art, Mittel, Modalitäten und Tatumstände der Handlung;
2. die Schwere der dem Verletzten der strafbaren Handlung verursachten Schädigung oder Gefahr;
3. die Stärke des Vorsatzes oder der Grad der Fahrlässigkeit.

Der Richter hat außerdem der Böswilligkeit und Gefährlichkeit des Schuldigen Rechnung zu tragen, wobei, außer der Schwere der strafbaren Handlung, zur Grundlage dienen:

1. die Beweggründe des Verbrechens;
2. die Wesensanlage und allgemein die Persönlichkeit des Täters;
3. frühere Strafen und Verfahren und allgemein das Verhalten und das Leben des Schuldigen vor der strafbaren Handlung;
4. das Verhalten bei oder nach der strafbaren Handlung;
5. die persönlichen Lebens-, Familien- und sozialen Verhältnisse des Täters.

Art. 135.

(Berechnung der Strafen.)

Die zeitigen Strafen sind nach Tagen, Monaten und Jahren zur Anwendung zu bringen.

Bei den Verurteilungen zu zeitigen Strafen ist dem Bruchteil eines Tages und bei den Vermögensstrafen dem Bruchteil einer Lira nicht Rechnung zu tragen.

Art. 136.

(Verhältnis zwischen verschiedenen Strafen.)

Wenn, für irgendeine juristische Wirkung, Freiheitsstrafen und Vermögensstrafen in ein bestimmtes Verhältnis gebracht werden müssen, wird ein Tag Gefängnis oder Haft dem Betrage von dreißig Lire Vermögensstrafe gleichgerechnet; Bruchteile von dreißig Lire bleiben außer Betracht.

Bei Umwandlung einer Vermögensstrafe in eine Freiheitsstrafe kann von der gesetzlich für letztere bestimmten Mindestgrenze abgewichen werden.

Art. 137.

(Untersuchungshaft.)

Die vor der Rechtskraft des Urteils erlittene Haft kann von der Gesamtdauer der zeitigen Freiheitsstrafe in Abzug gebracht werden.

Wenn nur Geldstrafe oder -buße auferlegt wird, ist der Abzug der Untersuchungshaft zwingend.

Bei Gewohnheitsverbrechern, gewerbsmäßigen Verbrechern oder Verbrechern aus Hang, die zu Gefängnis, allein oder in Verbindung mit Vermögensstrafe, verurteilt sind, findet ein Abzug der Untersuchungshaft von der Dauer der Strafe nicht statt.

Wenn der Abzug erfolgt, werden zwei Tage Untersuchungshaft einem Tage der Freiheitsstrafe gleichgerechnet. Die Untersuchungshaft wird für den Abzug als Gefängnis oder Haft angesehen.

Art. 138.

(Strafe und Untersuchungshaft bei strafbaren Handlungen im Ausland.)

Wird bei einem im Auslande begangenen Vergehen das Verfahren im Inland neu anhängig gemacht, wird die im Auslande verbüßte Strafe immer angerechnet, wobei der Art derselben Rechnung zu tragen ist; ist im Auslande Untersuchungshaft verhängt gewesen, kommen die Bestimmungen des vorigen Artikels zur Anwendung.

Art. 139.

(Berechnung der Nebenstrafen.)

Bei der Berechnung der zeitigen Nebenstrafen ist der Zeit, während welcher der Verurteilte Freiheitsstrafe verbüßt oder die Freiheit beschränkenden Sicherungsmaßnahmen unterstellt ist, und der Zeit, während der er sich aus eigenem Entschluß der Vollstreckung der Strafe oder der Sicherungsmaßnahme entzieht, nicht Rechnung zu tragen.

Art. 140.

(Vorläufige Enthebung von der Ausübung öffentlicher Ämter oder eines Berufes oder Gewerbes.)

Während der Untersuchung oder des Verfahrens kann der Richter, wenn er je nach der Art oder der Schwere der strafbaren Handlung der Ansicht ist, daß eine Verurteilung ergeben kann, welche das Verbot der Bekleidung öffentlicher Ämter, das Verbot oder die Enthebung von der Ausübung eines Berufes oder Gewerbes oder den Verlust oder die Enthebung von der Ausübung der väterlichen oder ehemännlichen Gewalt zur Folge hat, anordnen, daß der Angeschuldigte vorläufig von der Ausübung der öffentlichen Ämter oder eines von diesen oder von der Ausübung eines Berufes oder Gewerbes oder der väterlichen oder ehemännlichen Gewalt enthoben wird.

Die Zeit der vorläufigen Enthebung wird in die Dauer des Nebenstrafe nicht eingerechnet.

Kapitel II.

Vollstreckung der Strafe.

Art. 141.

(Vollstreckung der Freiheitsstrafen. Besondere Anstalten.)

Die Vollstreckung der Freiheitsstrafen wegen Verbrechen findet in besonderen Anstalten für jede der nachfolgenden Arten von Verurteilten statt:

1. Gewohnheitsverbrecher, gewerbsmäßige Verbrecher oder Verbrecher aus Hang;
2. Personen, die wegen schwerer geistiger Erkrankung, Taubstummheit oder dauernder Vergiftung durch Alkohol oder betäubende Stoffe zu einer verminderten Strafe verurteilt sind; Gewohnheitstrinker und Personen, welche dem Genusse betäubender Stoffe ergeben sind.

In den zu Ziffer 2 bezeichneten Anstalten werden die Verurteilten nötigenfalls auch einem Heilverfahren unterworfen.

Wenn bei ein und demselben Verurteilten verschiedene persönliche Voraussetzungen zusammentreffen, bestimmt der Richter, in welcher der besonderen Anstalten die Vollstreckung stattfinden soll. Die Entscheidung kann während der Vollstreckung der Strafe abgeändert werden.

Die Haftstrafe wird hinsichtlich der bezeichneten Arten von Verurteilten und der Personen, die gewohnheitsmäßig oder gewerbsmäßig Übertretungen verüben, in besonderen Abteilungen der zur Vollstreckung der genannten Strafe bestimmten Anstalten vollstreckt.

Frauen verbüßen die Freiheitsstrafe in Anstalten, die von den für Männer bestimmten getrennt sind.

Art. 142.

(Vollstreckung der Minderjährigen auferlegten Freiheitsstrafen.)

Minderjährige verbüßen bis zur Vollendung ihres achtzehnten Lebensjahres die Freiheitsstrafen in Anstalten, welche von den für Erwachsene bestimmten getrennt sind, oder in besonderen Abteilungen dieser Anstalten; während der nicht zur Arbeit bestimmten Stunden wird ihnen ein Unterricht zuteil, der vorwiegend auf den sittlichen Wiederaufbau gerichtet ist.

Sie können zur Arbeit im Freien auch vor Ablauf der im vorletzten Absatz des Art. 21 bestimmten Frist zugelassen werden.

Sie werden in den Fällen der Ziffern 1 und 2 des vorigen Artikels besonderen Anstalten überwiesen.

Wenn sie achtzehn Jahre vollendet haben und die noch zu verbüßende Strafe mehr als zwei Jahre beträgt, werden sie in die für Erwachsene bestimmten Anstalten überführt.

Art. 143.

(Verteilung der Verurteilten in den Strafanstalten.)

In jeder ordentlichen oder besonderen Strafanstalt ist bei der Verteilung der Verurteilten dem Rückfall und der Art der strafbaren Handlung Rechnung zu tragen.

Art. 144.

(Überwachung der Strafvollstreckung.)

Die Vollstreckung der Freiheitsstrafe wird von dem Richter überwacht, der über die Modalitäten der Abschließung bei Tage, die Zulassung zur Arbeit im Freien und die Zuweisung der Verurteilten an Strafanstalten nach den Vorschriften der vorstehenden Artikel beschließt; er berichtet auch über die Zulassung zur bedingten Entlassung.

Art. 145.

(Arbeit und Entschädigung der Verurteilten.)

In den Strafanstalten wird den arbeitspflichtigen Verurteilten eine Entschädigung für die geleistete Arbeit gezahlt.

Aus der Entschädigung werden, außer wenn die Erfüllung der Verbindlichkeiten anderweit erfolgt, in nachstehender Reihenfolge getilgt:

1. die als Schadensersatz geschuldeten Beträge;
2. die Kosten, welche der Staat für die Unterhaltung des Verurteilten aufwendet;
3. die als Vermögensstrafen und zur Erstattung der Kosten des Verfahrens geschuldeten Beträge.

In jedem Falle ist zugunsten des Verurteilten ein Teilbetrag gleich einem Viertel der Entschädigung als Spargut einzubehalten.

Art. 146.

(Obligatorischer Aufschub der Strafvollstreckung.)

Die Vollstreckung einer Strafe, die nicht Vermögensstrafe ist, wird verschoben:

1. wenn sie an einer schwangeren Frau erfolgen muß;
2. wenn sie an einer Frau erfolgen muß, die vor weniger als sechs Monaten geboren hat;
3. wenn ein Gnadengesuch eingereicht ist und es sich um Verurteilung zur Todesstrafe handelt.

Im Falle der Ziffer 2 wird die Anordnung widerrufen, wenn das Kind stirbt oder einer anderen Person als der Mutter anvertraut wird und die Geburt mehr als zwei Monate zurückliegt.

Art. 147.

(Fakultativer Aufschub der Strafvollstreckung.)

Die Vollstreckung einer Strafe kann verschoben werden:

1. wenn ein Gnadengesuch eingereicht ist und keine Verschiebung der Strafvollstreckung nach Maßgabe des vorigen Artikels einzutreten hat;
2. wenn eine die persönliche Freiheit beschränkende Strafe an einer Person zu vollstrecken ist, die körperlich schwer krank ist.

Im Falle der Ziff. 1 kann die Strafvollstreckung nicht länger als insgesamt sechs Monate seit dem Tage, an welchem das Urteil rechtskräftig geworden ist, verschoben werden, auch wenn das Gnadengesuch später erneuert ist.

Art. 148.

(Geistige Erkrankung des Verurteilten.)

Wenn vor der Vollstreckung einer die persönliche Freiheit beschränkenden Strafe oder während der Vollstreckung der Verurteilt in eine die Vollstreckung hindernde Geisteskrankheit verfällt, ordnet der Richter an, daß die Vollstreckung verschoben oder ausgesetzt und der Verurteilte in einer gerichtlichen Irrenanstalt untergebracht wird. Der Richter kann indessen verfügen, daß der Verurteilte in einer allgemeinen Irrenanstalt untergebracht wird, wenn die ihm auferlegte Strafe weniger als drei Jahre Gefängnis oder Haft beträgt, und es sich nicht um eine Person handelt, die gewohnheits- oder gewerbsmäßig Verbrechen oder Übertretungen verübt oder Verbrecher aus Hang ist.

In jedem anderen Falle geistiger Erkrankung kann der Richter anordnen, daß die Vollstreckung der Strafe ausgesetzt und der Verurteilte in einer Heil- und Bewahranstalt untergebracht wird.

Die Bestimmung des ersten Absatzes dieses Artikels kommt auch bei einer auf Verurteilung zur Todesstrafe eingetretenen Geisteskrankheit zur Anwendung.

Die Anordnung der Unterbringung wird vom Richter widerrufen und der Verurteilte der Strafvollstreckung zugeführt, wenn die Gründe, welche die Anordnung bestimmten, in Wegfall gekommen sind.

Art. 149.

(Patronatsrat und Ersatzkasse.)

Bei jedem Landgericht wird ein Patronatsrat gebildet, dem folgende Aufgaben überwiesen sind:

1. für die Überwachung der unter Aufsicht Freigelassenen Sorge zu tragen;
2. den aus der Haft Entlassenen Beistand zu leisten und ihnen nötigenfalls das Auffinden ständiger Arbeit zu erleichtern;
3. den Familien der Gefangenen in jeder Form von Unterstützung und ausnahmsweise auch durch Hilfe in Geld Beistand zu leisten.

Zur Deckung der für das Hilfs- und Überwachungswerk der Patronatsräte notwendigen Kosten dient die Ersatzkasse, welche mit juristischer Persönlichkeit bei dem Justizministerium eingerichtet wird.

Sechster Titel.

Erlöschen der strafbaren Handlung und der Strafe.

Kapitel I.

Erlöschen der strafbaren Handlung.

Art. 150.

(Tod des Schuldigen vor der Verurteilung.)

Der vor der Verurteilung eingetretene Tod des Schuldigen bringt die strafbare Handlung zum Erlöschen.

Art. 151.

(Amnestie.)

Die Amnestie bringt die strafbare Handlung zum Erlöschen; ist bereits Verurteilung erfolgt, beendet sie die Vollstreckung derselben und die Nebenstrafen.

Bei Zusammentreffen von strafbaren Handlungen kommt die Amnestie auf die Handlungen, für welche sie gewährt ist, einzeln zur Anwendung.

Das Erlöschen der strafbaren Handlung infolge von Amnestie beschränkt sich auf die strafbaren Handlungen, welche am Tage vor dem Datum des Erlasses begangen sind, außer wenn dieser ein anderes Datum festsetzt.

Die Amnestie kann von Bedingungen oder Auflagen abhängig gemacht werden.

Die Amnestie kommt auf Rückfällige, auf Gewohnheitsverbrecher, gewerbsmäßige Verbrecher oder auf Verbrecher aus Hang nicht zur Anwendung, vorbehaltlich abweichender Bestimmung des Erlasses.

Art. 152.

(Zurücknahme des Antrags.)

Bei den Verbrechen, bei denen Strafverfolgung nur auf Antrag des Verletzten eintritt, bringt die Zurücknahme die strafbare Handlung zum Erlöschen.

Die Zurücknahme ist gerichtlich oder außergerichtlich. Die außergerichtliche Zurücknahme ist ausdrücklich oder stillschweigend. Sie ist stillschweigend, wenn der Antragsteller Handlungen vorgenommen hat, die mit dem gestellten Antrag unvereinbar sind.

Die Zurücknahme kann nur vor der Verurteilung erfolgen, vorbehaltlich der Fälle, für welche das Gesetz anders bestimmt.

Die Zurücknahme kann nicht von Fristen oder Bedingungen abhängig gemacht werden. Bei der Zurücknahme kann auf den zivilrechtlichen Anspruch auf Rückerstattung und Schadensersatz verzichtet werden.

Art. 153.

(Ausübung des Zurücknahmerechts. Unfähigkeit.)

Bei den Minderjährigen unter vierzehn Jahren und bei den wegen Geisteskrankheit Entmündigten wird das Zurücknahmerecht von dem Vertreter ausgeübt.

Die Minderjährigen, welche vierzehn Jahre vollendet haben, und die unter Pflegschaft stehenden Personen können das Zurücknahmerecht ausüben, auch wenn der Antrag von dem Vertreter gestellt ist; doch hat in jedem Falle die Zurücknahme ohne Zustimmung des Vertreters keine Wirkung.

Der Vertreter kann den von ihm oder von dem Vertretenen gestellten Antrag zurücknehmen, doch hat die Zurücknahme keine Wirkung, wenn letzterer seinen gegenteiligen Willen bekundet.

Die Bestimmungen der beiden vorigen Absätze kommen auch zur Anwendung, wenn der Minderjährige vierzehn Jahre nach Stellung des Antrags erreicht.

Art. 154.

(Mehrere Antragsteller: Zurücknahme eines einzelnen.)

Ist der Antrag von mehreren Personen gestellt worden, kommt die strafbare Handlung nur zum Erlöschen, wenn die Zurücknahme seitens aller Antragsteller erfolgt.

Wenn unter mehreren Verletzten einer strafbaren Handlung nur einer den Antrag gestellt hat, beeinträchtigt die von diesem erklärte Zurücknahme nicht das Antragsrecht der übrigen.

Art. 155.

(Zustimmung zu der Zurücknahme.)

Die Zurücknahme bleibt ohne Wirkung, wenn der Antragsgegner sie ausdrücklich oder stillschweigend abgelehnt hat. Die Ablehnung ist stillschweigend, wenn er Handlungen vorgenommen hat, die mit dem Willen, der Zurücknahme zuzustimmen, unvereinbar sind.

Die zugunsten nur eines unter mehreren Schuldigen erklärte Zurücknahme erstreckt sich auf alle, bleibt jedoch gegenüber denjenigen, welche sie abgelehnt haben, ohne Wirkung.

Hinsichtlich der Fähigkeit für die Zustimmung zur Zurücknahme gelten die Bestimmungen des Art. 153.

Ist bei dem unter vierzehn Jahre alten oder geisteskranken Antragsgegner ein zur Vertretung Berechtigter nicht vorhanden, oder liegt in der Person des Berechtigten gegenüber dem Antragsgegner ein Interessenkonflikt vor, wird das Recht der Zustimmung zur Zurücknahme von einem besonderen Pfleger ausgeübt.

Art. 156.

(Erlöschen des Zurücknahmerechts.)

Das Recht zur Zurücknahme erlischt mit dem Tode des durch die strafbare Handlung Verletzten.

Art. 157.

(Verjährung. Frist für die Verjährung.)

Die Verjährung bringt die strafbare Handlung zum Erlöschen, wenn die für die Verjährung notwendige Frist vor dem Abschluß der Untersuchung oder vor dem Strafbefehl abgelaufen ist.

Die Verjährungsfrist ist dem Höchstbetrage der vom Gesetz für die strafbare Handlung bestimmten freiheitsbeschränkenden Strafe gleich, kann aber in keinem Falle bei Verbrechen weniger als fünf Jahre und bei Übertretungen weniger als zwei Jahre betragen.

Die Verjährungsfrist für die nur mit Vermögensstrafe zu belegenden Vergehen bestimmt sich nach dem Höchstbetrage dieser Strafe unter Umwandlung in Freiheitsstrafe; auch in diesem Falle sind die im vorigen Absatz bezeichneten Grenzen innezuhalten.

Zur Bestimmung der gesetzlich für die strafbare Handlung festgesetzten Strafe ist, je nach dem Fall, auch dem Höchstbetrage der Erhöhung der Strafe, die infolge strafschärfender Umstände festgesetzt ist, und dem Mindestbetrage der Strafverminderung infolge strafmildernder Umstände Rechnung zu tragen. Bei Zusammentreffen strafschärfender und strafmildernder Umstände kommen, auch in dieser Hinsicht, die Bestimmungen des Art. 71 zur Anwendung.

Die strafbaren Handlungen, bei denen das Gesetz gleichzeitig eine Freiheitsstrafe und eine Vermögensstrafe festsetzt, verjähren mit dem Ablauf einer Zeit gleich der Gesamtdauer der Strafen.

Art. 158.

(Beginn des Fristlaufs der Verjährung.)

Die Verjährungsfrist läuft bei dem vollendeten Vergehen vom Tage der Vollendung, bei dem versuchten Vergehen von dem Tage, an welchem die Tätigkeit des Schuldigen beendet ist, bei dem Dauervergehen von dem Tage, an welchem der Dauerzustand aufgehört hat.

Für Vergehen, bei denen Strafverfolgung nur auf Antrag oder Ersuchen eintritt, läuft die Verjährungsfrist von dem Tage, an welchem der Antrag oder das Ersuchen gestellt ist. In jedem andern Falle, bei dem das Gesetz das Bestehen der strafbaren Handlung oder ihre Strafbarkeit von dem Eintritt einer Bedingung abhängig macht, läuft die Verjährungsfrist gleichermaßen von dem Tage, an dem die Bedingung eingetreten ist.

Art. 159.

(Aussetzung des Verfahrens und Hemmung des Laufs der Verjährung.)

Der Lauf der Verjährung bleibt in den Fällen der Ermächtigung zur Strafverfolgung oder bei Überweisung einer Frage an ein anderes Verfahren und in jedem Falle, bei dem die Aussetzung des Strafverfahrens durch eine besondere Gesetzesbestimmung vorgeschrieben ist, gehemmt.

Art. 160.

(Wegfall des Hemmungsgrundes.)

In den Fällen des vorigen Artikels beginnt die Verjährung mit dem Tage, an welchem der Hemmungsgrund entfällt, wieder zu laufen.

Art. 161.

(Unterbrechung des Laufs der Verjährung.)

Die Verjährung wird durch jede Verfahrenshandlung unterbrochen.

Die unterbrochene Verjährung beginnt mit dem Tage der Unterbrechung neu zu laufen. Liegen mehrere Verfahrenshandlungen vor, läuft die Verjährung von der letzten dieser Handlungen an, doch kann die Verjährungsfrist in keinem Falle das Doppelte der gesetzlich für die Verjährung der strafbaren Handlung bestimmten Frist, die hinsichtlich des Beginns ihres Laufs nach Maßgabe des Art. 158 zu berechnen ist, übersteigen.

Art. 162.

(Wirkung der Hemmung und der Unterbrechung.)

Die Hemmung und die Unterbrechung der Verjährung wirken für alle Teilnehmer einer strafbaren Handlung.

Tritt wegen mehrerer strafbarer Handlungen gleichzeitig Strafverfolgung ein, hat die Hemmung oder Unterbrechung der Verjährung bei einer von ihnen auch Wirkung für die andern.

Art. 163.

(Geldopfer bei den Übertretungen des Strafgesetzbuches.)

Bei den Übertretungen, für welche dieses Gesetzbuch nur Geldbuße nicht über dreitausend Lire festsetzt, ist der Täter berechtigt, vor dem Erlaß des Strafbefehls einen Betrag gleich der Hälfte des Höchstbetrages der gesetzlich für die Übertretung festgesetzten Strafe, außer den Kosten des Verfahrens, zu zahlen.

Die Zahlung bringt die strafbare Handlung zum Erlöschen.

Art. 164.

(Geldopfer bei Übertretungen nach Sondergesetzen.)

Bei den Übertretungen, für welche Sondergesetze nur Geldbuße festsetzen, ist der Täter berechtigt, an die öffentliche Verwaltung vor dem

Strafverfahren einen Betrag gleich der Hälfte des Höchstbetrages der gesetzlich für die Übertretung festgesetzten Strafe zu zahlen.

Die Zahlung muß innerhalb der Frist von einem Monat seit der Zustellung des die Übertretung feststellenden Protokolls, die durch die öffentliche Verwaltung an den Täter bewirkt wird, erfolgen.

Das Protokoll muß innerhalb eines Monats seit dem Datum seiner Niederschrift zugestellt werden.

Die Zahlung bringt die strafbare Handlung zum Erlöschen.

Art. 165.

(Bedingte Strafaussetzung.)

Bei der Verkündung eines Urteils auf Gefängnis oder Haft für nicht länger als ein Jahr oder auf eine Vermögensstrafe, die, allein oder in Verbindung mit freiheitsbeschränkender Strafe und unter Umwandlung nach Maßgabe des Gesetzes, die persönliche Freiheit für die bezeichnete Zeitdauer beschränken würde, kann der Richter, soweit der Angeklagte nicht säumig oder nach eigenem Entschluß abwesend ist, anordnen, daß die Vollstreckung der Strafe für eine Frist von fünf Jahren, wenn die Verurteilung wegen Verbrechens erfolgt, und von zwei Jahren, wenn sie wegen Übertretung erfolgt, ausgesetzt bleibt.

Ist die strafbare Handlung von einem Minderjährigen unter achtzehn Jahren begangen, kann die Aussetzung angeordnet werden, wenn eine die persönliche Freiheit beschränkende Strafe von nicht mehr als achtzehn Monaten oder eine Vermögensstrafe, die, allein oder in Verbindung mit Freiheitsstrafe und unter Umwandlung nach Maßgabe des Gesetzes, die Freiheit für eine Zeit von insgesamt nicht mehr als achtzehn Monaten berauben würde, aufzuerlegen ist.

Art. 166.

(Grenzen, innerhalb deren die bedingte Strafaussetzung zulässig ist.)

Die bedingte Strafaussetzung ist nur zulässig, wenn unter Berücksichtigung der in Art. 134 bezeichneten Umstände der Richter annimmt, daß der Schuldige sich der Begehung weiterer strafbarer Handlungen enthalten wird.

Die bedingte Strafaussetzung kann demjenigen nicht gewährt werden, der eine frühere Verurteilung wegen Verbrechens, mag auch Wiedereinsetzung in die früheren Rechte erfolgt sein, erlitten hat, ebensowenig Personen, die gewohnheits- oder gewerbsmäßig Verbrechen oder Übertretungen verüben oder Verbrecher aus Hang sind.

Die bedingte Strafaussetzung wird nicht bewilligt, wenn neben der auferlegten Strafe eine Sicherungsmaßnahme anzuordnen ist, außer wenn es sich um eine Person handelt, die wegen Geistesschwäche, Taubstummheit oder Alters unter achtzehn Jahren zu einer verminderten Strafe verurteilt ist. In diesen Fällen wird die Sicherungsmaßnahme sogleich vollstreckt.

Die bedingte Strafaussetzung kann nicht mehr als einmal gewährt werden.

Art. 167.

(Pflichten des Verurteilten.)

Die bedingte Strafaussetzung kann von der Erfüllung der Rückerstattungspflicht, der Zahlung des als Schadensersatz festgesetzten oder vorläufig darauf angewiesenen Betrages und von der Veröffentlichung des Urteils als Wiedergutmachung des Schadens abhängig gemacht werden.

Der Richter bestimmt in dem Urteil die Frist, innerhalb deren die Verpflichtungen erfüllt sein müssen.

Dem Verurteilten kann außerdem eine der besonderen Verpflichtungen des Art. 230 auferlegt werden.

Art. 168.

(Erlöschen der strafbaren Handlung oder Widerruf der Aussetzung.)

Begeht der Verurteilte in den festgesetzten Fristen kein anderes Verbrechen oder eine andere Übertretung der gleichen Art, nnd erfüllt er die ihm auferlegten Pflichten, ist die strafbare Handlung erloschen; eine Vollstreckung der Strafe und Zahlung der Gerichtskosten findet nicht statt.

Im anderen Falle wird die bedingte Strafaussetzung von Rechts wegen widerrufen, und die Strafe muß vollstreckt werden.

Die Aussetzung wird auch von Rechts wegen widerrufen, wenn der Verurteilte, während oder nach den erwähnten Fristen, eine andere Verurteilung wegen eines früher begangenen Verbrechens erleidet. Tritt Verurteilung wegen einer Übertretung der gleichen Art ein, kann der Richter unter Berücksichtigung der Art und der Schwere derselben die Anordnung bedingter Strafaussetzung widerrufen.

Art. 169.

(Wirkungen der Aussetzung hinsichtlich der Nebenstrafen.)

Die bedingte Strafaussetzung erstreckt sich nicht auf die Nebenstrafen und auf die anderen Strafwirkungen der Verurteilung, ebensowenig auf die zivilrechtlichen Verpflichtungen aus der strafbaren Handlung.

Die Nebenstrafen entfallen, wenn in Gemäßheit des vorigen Artikels die Vollstreckung der Hauptstrafe nicht stattfindet.

Art. 170.

(Gerichtliche Verzeihung für Minderjährige unter achtzehn Jahren.)

Wenn für das von dem Minderjährigen unter achtzehn Jahren begangene Vergehen das Gesetz eine die persönliche Freiheit beschränkende Strafe nicht über sechs Monate oder eine Vermögensstrafe nicht über fünftausend Lire, auch in Verbindung mit genannter Strafe, festsetzt, kann der Richter von der Eröffnung des Hauptverfahrens abstehen, soweit er unter Berücksichtigung der in Art. 134 bezeichneten Umstände annimmt, daß der Schuldige sich der Begehung weiterer strafbarer Handlungen enthalten wird.

Findet das Hauptverfahren statt, kann der Richter in dem Urteil aus den gleichen Gründen von dem Ausspruch einer Verurteilung abstehen.

Die vorstehenden Bestimmungen kommen in den Fällen des Art. 166 Abs. 2 nicht zur Anwendung.

Die gerichtliche Verzeihung kann nicht mehr als einmal gewährt werden.

Art. 171.

(Erlöschen einer strafbaren Handlung, die von einer andern vorausgesetzt oder deren strafschärfender Umstand ist.)

Wenn eine strafbare Handlung von einer anderen vorausgesetzt wird, erstreckt sich der ihr Erlöschen herbeiführende Grund nicht auf das andere Vergehen.

In den Fällen des Art. 80 erstreckt sich der Erlöschungsgrund einer strafbaren Handlung, die Tatbestandsmerkmal oder strafschärfender Umstand eines zusammengesetzten Vergehens ist, nicht auf das zusammengesetzte Vergehen.

Das Erlöschen einer unter mehreren verbundenen strafbaren Handlungen schließt hinsichtlich der anderen die sich aus der Verbindung herleitende Strafverschärfung nicht aus.

Kapitel II.

Erlöschen der Strafe.

Art. 172.

(Tod des Schuldigen nach der Verurteilung.)

Der nach der Verurteilung erfolgte Tod des Schuldigen bringt die Strafe zum Erlöschen.

Art. 173.

(Erlöschen der Strafe durch Zeitablauf.)

Die Gefängnisstrafe erlischt mit Ablauf einer Zeit gleich dem Doppelten der auferlegten Strafe und in jedem Falle von nicht mehr als dreißig und nicht weniger als zehn Jahren. Die Frist beginnt mit dem Tage, an dem die Verurteilung rechtskräftig geworden, oder mit dem Tage, an dem in irgendeiner Weise die schon begonnene Strafvollstreckung unterbrochen ist.

Die Geldstrafe erlischt in der in vorstehender Bestimmung bezeichneten Frist, welche nach der Freiheitsstrafe berechnet wird, die im Falle der Umwandlung der Vermögensstrafe nach Maßgabe des Art. 22 hätte zur Anwendung gebracht werden müssen.

Diese Bestimmungen finden keine Anwendung, wenn es sich um einen rückfälligen Verurteilten oder Gewohnheitsverbrecher, gewerbsmäßigen Verbrecher oder Verbrecher aus Hang handelt, oder wenn der Verurteilte in der erwähnten Frist ein neues Verbrechen begangen hat; oder schließlich, wenn er in dieser Frist nicht die aus der strafbaren Handlung entspringenden Zivilverpflichtungen erfüllt hat, außer wenn er nachweist, daß ihm die Erfüllung unmöglich war.

Die Entscheidung, welche das Erlöschen der Strafe ausspricht, wird von Rechts wegen widerrufen, wenn der Verurteilte innerhalb von fünf Jahren ein nicht fahrlässiges Verbrechen begeht, für welches Gefängnisstrafe nicht unter drei Jahren oder eine andere schwerere Strafe verhängt wird.

Die Strafen der Haft und Geldbuße erlöschen in einer Frist von fünf Jahren seit dem in Abs. 1 dieses Artikels bezeichneten Tage. Diese Frist wird in den Fällen des Abs. 3 verdoppelt.

Art. 174.

(Straferlaß und Begnadigung.)

Der Straferlaß oder die Begnadigung erläßt die auferlegte Strafe ganz oder teilweise oder verwandelt sie in eine andere gesetzlich bestimmte Strafart; sie tilgt jedoch nicht die Nebenstrafen und andere strafrechtliche Wirkungen der Verurteilung.

Bei Zusammentreffen strafbarer Handlungen kommt der Straferlaß nur einmal zur Anwendung, nachdem die Strafen gemäß den Vorschriften über das Zusammentreffen der strafbaren Handlungen verbunden sind.

Für den Straferlaß gelten die Bestimmungen in den drei letzten Absätzen des Art. 153.

Art. 175.

(Nichterwähnung der Verurteilung im Strafregister.)

Wenn bei einer ersten Verurteilung eine Vermögensstrafe nicht über zwanzigtausend Lire oder eine Freiheitsstrafe von nicht mehr als zwei Jahren, allein oder in Verbindung mit einer Vermögensstrafe, die das vorerwähnte Maß nicht übersteigt, auferlegt wird, kann der Richter unter Berücksichtigung der in Art. 134 bezeichneten Umstände in dem Urteil anordnen, daß der Verurteilung in dem auf Ersuchen von Privaten, nicht aus Gründen einer politischen oder verwaltenden Wahl ausgefertigten Strafregisterauszug nicht Erwähnung getan wird.

Begeht der Verurteilte in der Folge ein Verbrechen, wird die Anordnung der Nichterwähnung der früheren Verurteilung widerrufen.

Die Bestimmungen dieses Artikels finden keine Anwendung, wenn der Angeklagte säumig oder nach eigenem Entschluß abwesend ist, oder wenn sich an die Verurteilung Nebenstrafen anschließen.

Art. 176.

(Bedingte Entlassung.)

Der zu einer Freiheitsstrafe von mehr als fünf Jahren Verurteilte, der die Hälfte der Strafe oder mindestens drei Viertel, wenn er rückfällig ist, verbüßt und dauernde Beweise guten Verhaltens gegeben hat, kann zur bedingten Entlassung zugelassen werden, wenn der Rest der Strafe fünf Jahre nicht übersteigt.

Die Gewährung der bedingten Entlassung wird von der Erfüllung der zivilrechtlichen Verpflichtungen aus der strafbaren Handlung abhängig gemacht, außer wenn der Verurteilte nachweist, daß er zu ihrer Erfüllung nicht in der Lage war.

Die bedingte Entlassung wird nicht bewilligt, wenn der Verurteilte nach der Strafe einer freiheitsentziehenden Sicherungsmaßnahme unterstellt werden muß.

Art. 177.

(Widerruf der bedingten Entlassung oder Erlöschen der Strafe.)

Die bedingte Entlassung wird widerrufen, wenn die entlassene Person ein Verbrechen oder eine Übertretung der gleichen Art begeht oder die mit der vom Richter angeordneten Sicherungsmaßnahme verbundenen Pflichten übertritt. In diesem Falle wird die in bedingter Freiheit verbrachte Zeit in die Dauer der Strafe nicht eingerechnet, und der Verurteilte kann nicht von neuem zur bedingten Entlassung zugelassen werden.

Ist die ganze Zeit der Strafe verstrichen, ohne daß ein Grund zum Widerruf der bedingten Entlassung eingetreten ist, ist die Strafe erloschen.

Art. 178.

(Wiedereinsetzung in die früheren Rechte.)

Die Wiedereinsetzung in die früheren Rechte bringt die Nebenstrafen und jede andere Strafwirkung der Verurteilung, die dauernder Art sind, zum Erlöschen, vorbehaltlich abweichender Bestimmung des Gesetzes.

Die Wiedereinsetzung kann nicht mehr als einmal gewährt werden.

Art. 179.

(Wiedererwerb der Staatsangehörigkeit.)

Die Wiedereinsetzung gibt dem Verurteilten die Fähigkeit zurück, die infolge des Strafurteils verlorene Staatsangehörigkeit wiederzuerwerben; der Wiedererwerb der Staatsangehörigkeit selbst tritt jedoch nur durch Kgl. Verordnung ein.

Art. 180.

(Fälle, in denen die Wiedereinsetzung nicht gewährt wird.)

Die Wiedereinsetzung kann nicht gewährt werden:

1. wenn der Verurteilte zehn Jahre vor oder nach der Verurteilung ein vorsätzliches Verbrechen, oder ein anderes fahrlässiges Verbrechen, soweit hierbei die Verurteilung eine Nebenstrafe zur Folge gehabt hat, begangen hat;

2. wenn nicht zehn Jahre seit dem Tage, an dem die Hauptstrafe vollstreckt oder in anderer Weise erloschen ist, verstrichen sind;
3. wenn die Vollstreckung einer anderen Nebenstrafe, dauernder oder zeitiger Art, im Lauf ist;
4. wenn, im Falle der Unterstellung unter eine Sicherungsmaßnahme, diese Anordnung nicht widerrufen ist;
5. wenn der Verurteilte nicht die zivilrechtlichen Verpflichtungen aus der strafbaren Handlung erfüllt hat, außer wenn er nachweist, daß er zu der Erfüllung nicht imstande war;
6. wenn der Verurteilte nicht wirkliche und ständige Beweise guten Verhaltens gegeben hat.

Art. 181.

(Widerruf der Entscheidung auf Wiedereinsetzung.)

Die in die früheren Rechte wiedereinsetzende Entscheidung wird von Rechts wegen widerrufen, wenn die betroffene Person innerhalb von fünf Jahren ein nicht fahrlässiges Verbrechen begeht, für welches Gefängnis nicht unter drei Jahren oder eine andere schwerere Strafe auferlegt wird.

Art. 182.

(Wiedereinsetzung im Hinblick auf das Strafregister.)

Abgesehen von den Fällen des Art. 178 kann der Richter bei jeder anderen Verurteilung anordnen, daß ihrer in dem auf Ersuchen von Privaten, nicht aus Gründen politischer oder verwaltender Wahlen ausgefertigten Strafregisterauszug nicht mehr Erwähnung getan wird. Auch in diesem Falle gelten die Bestimmungen der beiden vorigen Artikel.

Für die Nichterwähnung der Verurteilung wegen Übertretung werden die in den genannten Artikeln bezeichneten Fristen um die Hälfte ermäßigt.

Art. 183.

(Wiedereinsetzung im Falle einer Verurteilung im Ausland.)

Die Bestimmungen über die Wiedereinsetzung in die früheren Rechte finden auch im Falle fremder auf Strafe lautender Urteile, die nach Maßgabe des Art. 11 anerkannt werden, Anwendung.

Kapitel III.

Gemeinsame Bestimmungen.

Art. 184.

(Wirkungen der Erlöschensgründe der strafbaren Handlung oder der Strafe.)

Vorbehaltlich abweichender Bestimmung des Gesetzes hat das Erlöschen der strafbaren Handlung oder der Strafe nur für diejenigen Wirkung, auf welche der Erlöschensgrund sich bezieht.

Art. 185.

(Zusammentreffen von Erlöschensgründen.)

Die Erlöschensgründe der strafbaren Handlung oder der Strafe wirken in dem Augenblick, in dem sie eintreten.

Bei Zusammentreffen eines Grundes für Erlöschen der strafbaren Handlung mit einem Grunde für Erlöschen der Strafe hat der Erlöschensgrund der strafbaren Handlung den Vorrang, auch wenn er später eingetreten ist.

Wenn zu verschiedenen Zeiten mehrere Erlöschensgründe der strafbaren Handlung oder der Strafe eintreten, bringt dei frühere Grund die strafbare Handlung oder die Strafe zum Erlöschen; die späteren beenden die Wirkungen, die noch nicht infolge des früheren Grundes erloschen sind.

Wenn mehrere Gründe gleichzeitig eintreten, bewirkt der günstigste Grund das Erlöschen der strafbaren Handlung oder der Strafe; doch findet auch in diesem Falle hinsichtlich der Wirkungen, die nicht infolge des günstigsten Grundes erloschen sind, der vorige Absatz Anwendung.

Art. 186.

(Erlöschen der Todesstrafe, des Dauerzuchthauses oder von zeitigen Strafen im Falle des Zusammentreffens von strafbaren Handlungen.)

Wenn infolge Amnestie, Straferlaß oder Begnadigung die Todesstrafe oder die Strafe des Dauerzuchthauses erloschen ist, wird die zeitige Freiheitsstrafe, die für die zusammentreffende strafbare Handlung auferlegt ist, ohne Einschränkung vollstreckt. Indessen wird, wenn der Verurteilte schon völlig die nach Maßgabe des Art. 73 Abs. 2 zur Anwendung gebrachte Abschließung bei Tage erlitten hat, die Strafe für das zusammentreffende Vergehen um ein Drittel ermäßigt.

Wenn infolge eines der erwähnten Erlöschensgründe die zeitige Freiheitsstrafe, die für das mit der Verurteilung zu Dauerzuchthaus zusammentreffende Vergehen auferlegt ist, überhaupt nicht verbüßt zu werden braucht, kommt die Abschließung bei Tage nach Art. 73 Abs. 2 nicht zur Anwendung. Ist die Freiheitsstrafe nur teilweise nicht zu verbüßen, kann die Zeitdauer der in diesem Artikel bestimmten Abschließung bei Tage bis auf sechs Monate herabgesetzt werden.

Siebenter Titel.

Zivilrechtliche Bestimmungen und verwaltende Sicherungsmaßnahmen.

Kapitel I.

Zivilrechtliche Bestimmungen.

Art. 187.

(Rückerstattung und Schadensersatz.)

Jede strafbare Handlung verpflichtet nach Maßgabe der Zivilgesetze zur Rückerstattung.

Jede strafbare Handlung, die einen Vermögensschaden oder einen Schaden nicht vermögensrechtlicher Art verursacht hat, verpflichtet den Schuldigen und die Personen, die nach Maßgabe der Zivilgesetze für dessen Handeln verantwortlich sind, zu Schadensersatz.

Art. 188.

(Ausgleich des Schadens mittels Veröffentlichung des Strafurteils.)

Abgesehen von den Bestimmungen im vorigen Artikel und in anderen Gesetzen verpflichtet jede strafbare Handlung den Schuldigen zur Veröffentlichung des Strafurteils auf seine Kosten, wenn die Veröffentlichung ein Mittel bildet, um den durch die strafbare Handlung verursachten Schaden nicht vermögensrechtlicher Art wieder gut zu machen.

Art. 189.

(Unteilbare und gesamtschuldnerische Verbindlichkeit.)

Die Pflicht zur Rückerstattung und zur Veröffentlichung des auf Strafe lautenden Urteils ist unteilbar.

Die wegen ein und derselben strafbaren Handlung Verurteilten sind gesamtschuldnerisch zum Ersatz des Vermögensschadens oder des nicht vermögensrechtlichen Schadens verpflichtet.

Art. 190.

(Kosten für die Unterhaltung des Verurteilten. Pflicht zur Rückerstattung.)

Der Verurteilte ist persönlich verpflichtet, der Staatskasse die Kosten für seine Unterhaltung in den Strafanstalten zu erstatten, und haftet für diese Verpflichtung mit all seinem beweglichen und unbeweglichen, gegenwärtigen und zukünftigen Vermögen nach Maßgabe der Zivilgesetze.

Diese Verpflichtung geht nicht auf die Erben des Verurteilten über.

Art. 191.

(Gesetzliche Hypothek. Beschlagnahme.)

Der Staat hat an dem Vermögen des Verurteilten eine gesetzliche Hypothek zur Sicherung der Kosten des Verfahrens, der Kosten der Unterhaltung des Verurteilten in den Strafanstalten und jeden andern Betrages, welcher der Staatskasse nicht als Strafe geschuldet ist. Diese Hypothek sichert auch die für die Pflege des Verletzten geschuldeten Beträge und jeden weiteren Betrag, der als Schadensersatz geschuldet ist, ferner die Kosten und die Gebühren der Verteidigung des Verurteilten.

Die gesetzliche Hypothek greift dem Recht der Beteiligten, nach dem Strafurteil, auch wenn dieses noch nicht rechtskräftig geworden ist, eine gerichtliche Hypothek einzutragen, nicht vor.

Besteht Grund zu der Befürchtung, daß die Sicherheiten der Schuldverpflichtungen, für welche die gesetzliche Hypothek zugelassen ist, abnehmen oder sich in Nichts verflüchtigen, kann die Beschlagnahme des beweglichen Vermögens des Angeschuldigten angeordnet werden.

Die Wirkungen der Hypothek oder der Beschlagnahme entfallen mit Rechtskraft des Urteils auf Freisprechung.

Zieht der Angeschuldigte die Leistung einer Sicherheit vor, kann die Eintragung der gesetzlichen Hypothek oder die Beschlagnahme nicht stattfinden.

Art. 192.

(Sicherheiten auf dem Vermögen des zivilrechtlich Verantwortlichen.)

Die im vorigen Artikel enthaltenen Bestimmungen kommen auch gegen den zivilrechtlich Verantwortlichen zur Anwendung, wenn bei der gesetzlichen Hypothek die für die Eintragung auf dem Vermögen des Angeschuldigten verlangten Voraussetzungen bestehen, und bei der Beschlagnahme hinsichtlich des zivilrechtlich Verantwortlichen die in Abs. 3 des vorigen Artikels bezeichneten Umstände vorliegen.

Art. 193.

(Rangordnung der durch Hypothek oder Beschlagnahme gesicherten Forderungen.)

Aus dem Erlös der nach Maßgabe der beiden vorigen Artikel mit Hypothek belegten unbeweglichen und der beschlagnahmten beweglichen Sachen und aus den als Sicherheit gezahlten Beträgen, soweit diese nicht der Ersatzkasse zufließen, werden in der nachstehenden Reihenfolge bezahlt:

1. die Kosten für die Pflege des Verletzten einschließlich derjenigen des Unterhalts in einem öffentlichen Heilinstitut während der Krankheit;
2. die als Schadensersatz und Prozeßkosten dem Verletzten geschuldeten Beträge, sofern sie binnen einem Jahre seit dem Tage, an welchem das auf Strafe lautende Urteil rechtskräftig geworden

ist, einverlangt sind oder die Festsetzung innerhalb dieser Frist nachgesucht ist;

3. die Kosten und die Gebühren für die Verteidigung;
4. die Kosten des Verfahrens;
5. die Kosten für den Unterhalt des Verurteilten in den Strafanstalten. Hat die Strafvollstreckung ganz oder zum Teil noch nicht stattgefunden, wird ein Betrag, der vermutlich diesen Kosten entspricht, bei der Ersatzkasse hinterlegt.

Art. 194.

(Unentgeltliche Rechtsgeschäfte des Schuldigen nach der strafbaren Handlung.)

Die von dem Schuldigen nach der strafbaren Handlung vorgenommenen unentgeltlichen Rechtsgeschäfte haben gegenüber dem Staat und dem Geschädigten hinsichtlich der in Art. 191 bezeichneten Forderungen keine Wirkung.

Art. 195.

(Lästige Veräußerungsgeschäfte des Schuldigen nach der strafbaren Handlung.)

Die von dem Schuldigen nach der strafbaren Handlung vorgenommenen lästigen Veräußerungsgeschäfte gelten hinsichtlich der in Art. 191 bezeichneten Forderungen als zum Nachteil des Staates und des Geschädigten abgeschlossen.

Indessen bleibt dem anderen Vertragsteil der Beweis offen, daß ihm im Augenblick des Abschlusses die Tatsache, mit einer Person, welche eine strafbare Handlung begangen hatte, zu unterhandeln, nicht bekannt war.

Art. 196.

(Lästige oder unentgeltliche Veräußerungsgeschäfte des Schuldigen vor der strafbaren Handlung.)

Die unentgeltlichen oder entgeltlichen Rechtsgeschäfte des Schuldigen vor der strafbaren Handlung sind hinsichtlich der in Art. 191 bezeichneten Forderungen des Staates oder des Geschädigten unwirksam, wenn bewiesen wird, daß sie in Benachteiligungsabsicht vorgenommen wurden.

Für den Widerruf des entgeltlichen Geschäfts ist auch der Nachweis des bösen Glaubens des anderen Vertragsteils erforderlich.

Art. 197.

(Zivilrechtliche Verpflichtung bei den einem Untergebenen auferlegten Geldbußen.)

Bei den von Personen, welche der Gewalt, Leitung oder Überwachung eines anderen unterworfen sind, begangenen Übertretungen ist die mit der Gewaltbefugnis bekleidete oder mit der Leitung oder Überwachung betraute Person im Falle der Zahlungsunfähigkeit des Verurteilten zur Zahlung einer Summe gleich dem Betrag der dem Schuldigen auferlegten Geldbuße verpflichtet, wenn es sich um eine Übertretung gegen Bestimmungen handelt, für deren Beobachtung sie Sorge zu tragen hatte, und für welche sie strafrechtlich nicht verantwortlich ist.

Wenn auch die vorgesetzte Person zahlungsunfähig ist, kommen auf den Verurteilten die Bestimmungen des Art. 24 Abs. 3 und 4 zur Anwendung.

Art. 198.

(Zivilrechtliche Verpflichtung juristischer Personen für die Zahlung der Geldbußen.)

Die mit juristischer Persönlichkeit ausgestatteten Unternehmen und Verbände, ausgenommen der Staat, die Provinzen und die Gemeinden, sind, wenn Verurteilung gegen eine Person ergangen ist, die ihre Vertretung oder Verwaltung hat oder sich zu ihnen in abhängigem Verhältnis befindet, und es sich um eine Übertretung handelt, die eine Verletzung der mit der Eigenschaft des Schuldigen verbundenen Pflichten darstellt, im Falle der Zahlungsunfähigkeit des Verurteilten zur Zahlung einer Summe gleich dem Betrage der auferlegten Geldbuße verpflichtet.

Kann diese Verpflichtung nicht erfüllt werden, kommen auf den Verurteilten die Bestimmungen des Art. 24 Abs. 3 und 4 zur Anwendung.

Art. 199.

(Wirkungen des Erlöschens der strafbaren Handlung oder der Strafe auf die zivilrechtlichen Verpflichtungen.)

Das Erlöschen der strafbaren Handlung oder der Strafe bedeutet nicht das Erlöschen der zivilrechtlichen Verpflichtungen aus der strafbaren Handlung.

Kapitel II.

Verwaltende Sicherungsmaßnahmen.

1. Abschnitt.

Allgemeine und gemeinsame Bestimmungen.

Art. 200.

Stellung unter Sicherungsmaßnahmen: ausdrückliche Gesetzesbestimmung.)

Niemand kann Sicherungsmaßnahmen unterstellt werden, die nicht ausdrücklich vom Gesetz bestimmt sind, und nur in den Fällen, welche das Gesetz vorsieht.

Art. 201.

(Das auf die Sicherungsmaßnahmen anwendbare Gesetz.)

Für die Sicherungsmaßnahmen gilt das Gesetz, welches zur Zeit ihrer Vollziehung in Geltung ist.

Die Sicherungsmaßnahmen sind gegenüber allen, Staatsangehörigen oder Fremden, anzuwenden, die sich im Inlande befinden.

Art. 202.

(Sicherungsmaßnahmen bei Handlungen im Auslande.)

Wenn bei einer im Auslande begangenen Tat Strafverfolgung im Inland eintritt oder das Verfahren dort neu anhängig gemacht wird, findet das italienische Gesetz auch hinsichtlich der Sicherungsmaßnahmen Anwendung.

In jedem anderen Falle, wenn das Verfahren im Auslande durchgeführt ist und die freigesprochene oder verurteilte Person sich im Inland befindet, bringt der Richter nach zuvorigem Verfahren auf Anerkennung des fremden Urteils nach Maßgabe des Art. 11 die von dem italienischen Gesetz bestimmten Sicherungsmaßnahmen zur Anwendung.

Art. 203.

(Anwendbarkeit der Sicherungsmaßnahmen: Voraussetzungen.)

Die Sicherungsmaßnahmen können nur auf sozial gefährliche Personen, die eine vom Gesetz als strafbare Handlung vorgesehene Tat begangen haben, auch wenn sie nicht zurechnungsfähig oder nicht strafbar sind, angewandt werden.

Das Gesetz bestimmt die anderen Fälle, in denen auf sozial gefährliche Personen Sicherungsmaßnahmen angewandt werden können.

Art. 204.

(Soziale Gefährlichkeit.)

Die Sicherungsmaßnahmen werden nach zuvoriger Feststellung der Gefährlichkeit dessen, welcher die Tat begangen hat, angeordnet, vorbehaltlich der Fälle, in denen die Gefährlichkeit gesetzlich vermutet wird.

Sozial gefährlich ist die Person, welche die Tat begangen hat, wenn zu befürchten ist, daß sie neue Taten begehen kann, die vom Gesetz als strafbare Handlungen vorgesehen sind.

Die soziale Gefährlichkeit bestimmt sich nach der Art und Schwere der Tat und der im letzten Abs. des Art. 134 bezeichneten Umstände.

Art. 205.

(Verfügung des Richters.)

Die Sicherungsmaßnahmen werden in jedem Falle vom Richter angeordnet.

Wenn sie nicht in dem auf Strafe oder auf Freisprechung erkennenden Urteil selbst angeordnet sind, kann die Anordnung durch nachfolgende Verfügung geschehen.

In den gesetzlich bestimmten Fällen kann der Richter auch vor dem auf Strafe oder Freisprechung erkennenden Urteil eine Sicherungsmaßnahme zur Anwendung bringen.

Der Richter hat auch die Befugnis, an Stelle einer die Freiheit nicht entziehenden Sicherungsmaßnahme eine freiheitsentziehende treten zu lassen, je nach den Feststellungen über die Gefährlichkeit des Verurteilten, die während der Strafvollstreckung erfolgt sind.

Bei der Anwendung der Sicherungsmaßnahmen gilt, für die Ausübung des freien richterlichen Ermessens, die Bestimmung des Art. 133 Abs. 1.

Art. 206.

(Unbestimmte Dauer der Sicherungsmaßnahmen. Nachprüfung der Gefährlichkeit.)

Die Sicherungsmaßnahmen werden auf unbestimmte Zeit, im Verhältnis zu der Dauer der Gefährlichkeit der ihnen unterstellten Personen, angewandt.

Bei Anordnung der Sicherungsmaßnahme oder nachher bestimmt der Richter eine Frist nicht unter der Mindestdauer derselben, nach deren Ablauf er zu einer Nachprüfung des Standes der Gefährlichkeit schreitet.

Dauert der Zustand der Gefährlichkeit an, wird von dem Richter eine neue Frist für eine weitere Prüfung festgesetzt.

Indessen kann der Richter, vorbehaltlich der Einhaltung der gesetzlich für jede Sicherungsmaßnahme bestimmten Mindestgrenze, jederzeit zu neuen Feststellungen schreiten, wenn er Grund zu der Annahme hat, daß die Gefährlichkeit behoben ist.

Art. 207.

(Widerruf der Sicherungsmaßnahme.)

Die Sicherungsmaßnahme wird widerrufen, wenn sich aus den vom Richter nach Maßgabe des vorigen Artikels getroffenen Feststellungen ergibt, daß die ihr unterstellte Person nicht mehr sozial gefährlich ist.

Indessen wird die Sicherungsmaßnahme neu angeordnet, wenn dem Widerruf nachfolgende Feststellungen zu der Annahme führen, daß die Gefährlichkeit nicht behoben ist.

Auch in diesem Falle kommen die Bestimmungen der beiden letzten Absätze des vorigen Artikels zur Anwendung, abgesehen von der Bestimmung über die Mindestdauer der Sicherungsmaßnahme.

Art. 208.

(Vollstreckung der neben Strafen verhängten Sicherungsmaßnahmen.)

Die neben einer Freiheitsstrafe verhängten Sicherungsmaßnahmen werden nach Verbüßung der Strafe vollstreckt.

Die neben einer die Freiheit nicht entziehenden Strafe verhängten Sicherungsmaßnahmen werden vollstreckt, nachdem das Strafurteil rechtskräftig geworden ist.

Der Richter kann indessen anordnen, daß die verurteilte oder freigesprochene Person, sofern sie sich nicht in Haft befindet, vorläufig unter Aufsicht gestellt wird, auch bevor das Urteil rechtskräftig geworden ist.

Wenn es sich um einen Geisteskranken, Minderjährigen, Gewohnheitstrinker oder eine dem Genuß von betäubenden Stoffen ergebene Person oder um eine Person handelt, die sich im Zustande dauernder Vergiftung durch Alkohol oder betäubende Stoffe befindet, kann der Richter, auch während der Untersuchung oder des Verfahrens, die vorläufige Unterbringung des Angeschuldigten in einer Heil- und Bewahranstalt, in einer gerichtlichen Besserungsanstalt oder in einer Landkolonie oder einem Arbeitshaus anordnen.

Die Zeit der vorläufigen Anwendung der Sicherungsmaßnahme wird in diesen Fällen in deren Mindestdauer nicht eingerechnet.

Die Vollstreckung der die Freiheit nicht entziehenden zeitigen Sicherungsmaßnahmen, die neben freiheitsentziehenden Maßnahmen verhängt sind, findet nach Vollstreckung der letzteren statt.

Art. 209.

(Aussetzung der Vollstreckung einer Sicherungsmaßnahme bei Verurteilung zu Freiheitsstrafe.)

Wenn während der Vollstreckung einer Sicherungsmaßnahme an einer zurechnungsfähigen Person diese eine Freiheitsstrafe zu verbüßen hat, wird die Vollstreckung der Sicherungsmaßnahme ausgesetzt und läuft erst nach der Vollstreckung der Strafe weiter, vorbehaltlich der Anwendung der Bestimmungen des Art. 211 Abs. 2 und 3, wenn auch neben dieser Strafe eine Sicherungsmaßnahme verhängt ist.

Art. 210.

(Nachprüfung der Gefährlichkeit bei noch nicht vollstreckten Sicherungsmaßnahmen.)

Die noch nicht begonnene Vollstreckung von Sicherungsmaßnahmen, die neben einer die Freiheit nicht entziehenden Strafe verhängt sind oder freigesprochene Angeklagte betreffen, wird stets von einer Nachprüfung der sozialen Gefährlichkeit abhängig gemacht, wenn seit dem Tage der Verfügung, laut deren sie zur Anwendung gebracht wurden, zehn Jahre — in den Fällen des Art. 220 Abs. 2 und des Art. 223 Abs. 3 — oder fünf Jahre — in jedem anderen Falle — verstrichen sind.

Art. 211.

(Verurteilung wegen mehrerer Taten.)

Wenn eine Person, auch zu verschiedenen Zeiten, mehrere Taten begangen hat, die zur Anwendung mehrerer Sicherungsmaßnahmen führen können oder müssen, schreitet der Richter in den gesetzlich bestimmten Fällen nur zu einer Feststellung der Gefährlichkeit und zur Anwendung nur einer Sicherungsmaßnahme.

Wenn eine Tat, bei der eine persönliche Sicherungsmaßnahme angewendet werden kann oder muß, nach Anordnung einer anderen persönlichen Sicherungsmaßnahme begangen ist oder festgestellt wird, widerruft der Richter gegebenenfalls diese Sicherungsmaßnahme und bringt die der neuen Feststellung der Gefährlichkeit entsprechende Maßnahme zur Anwendung.

Indessen kann der Richter in den in vorstehenden Bestimmungen vorgesehenen Fällen die Sicherungsmaßnahme während deren Vollstreckung durch eine andere ersetzen, je nach den weiteren Feststellungen der Gefährlichkeit.

Art. 212.

(Anstalten für die Vollstreckung der die Freiheit entziehenden Sicherungmaßnahmen. Erziehungs-, Fürsorge- und Arbeitsordnung.)

Die freiheitsentziehenden Sicherungsmaßnahmen werden in dazu bestimmten Anstalten vollstreckt.

Frauen werden in Anstalten untergebracht, die von den für Männer bestimmten getrennt sind.

Gesunde Personen sind zur Arbeit verpflichtet.

In jeder der Anstalten wird eine besondere Erziehungs-, Fürsorge- und Arbeitsordnung eingeführt, wobei die verbrecherischen Neigungen und Anlagen und allgemein die Gefährlichkeit der untergebrachten Personen zu berücksichtigen sind.

Der Vorstand der Anstalt beschließt in regelmäßig wiederkehrenden Zeitabständen über die für diese Ordnung notwendigen Abänderungen.

Die Bestimmungen der Art. 145 und 190 hinsichtlich der Kosten für die Unterhaltung der untergebrachten Personen, der Arbeitsentschädigung und deren Verteilung haben, soweit anwendbar, Geltung. Für die Unterhaltung der in gerichtlichen Irrenanstalten Untergebrachten gelten die Bestimmungen über die Erstattung der Spitalkosten.

Art. 213.

(Nichtbefolgen der freiheitsentziehenden Sicherungsmaßnahmen.)

Wenn die einer freiheitsentziehenden Sicherungsmaßnahme oder der zeitigen Ausweisung aus dem Staatsgebiet unterstellte Person sich aus eigenem Entschluß der Vollstreckung entzieht, beginnt die Mindestfrist für die Sicherungsmaßnahme von dem Tage an wieder zu laufen, an welchem der Vollstreckung erneut Folge gegeben wird.

Diese Bestimmung kommt bei einer in einer gerichtlichen Irrenanstalt oder in einer Heil- und Bewahranstalt untergebrachten Person nicht zur Anwendung.

Art. 214.

(Wirkungen des Erlöschens der strafbaren Handlung oder der Strafe.)

Das Erlöschen der strafbaren Handlung hindert nicht die Feststellung der Tat und der Gefährlichkeit zwecks Anwendung von Sicherungsmaßnahmen, ebensowenig die Vollstreckung von Sicherungsmaßnahmen, die vor der Rechtskraft des Urteils angeordnet sind. Im Falle einer Amnestie findet diese Bestimmung Anwendung, soweit der Erlaß nicht anders bestimmt.

Das Erlöschen der Strafe hindert nicht die Anwendung von Sicherungsmaßnahmen und beendet nicht die Vollstreckung derjenigen Maßnahmen, die vom Richter bereits angeordnet sind.

Wenn infolge Amnestie, Straferlasses oder Begnadigung die Todesstrafe oder, ganz oder zum Teil, die Strafe des Dauerzuchthauses nicht zu vollstrecken ist, wird stets die Stellung unter Aufsicht für eine Zeit nicht unter drei Jahren angeordnet. Handelt es sich um einen Gewohnheitsverbrecher, gewerbsmäßigen Verbrecher oder Verbrecher aus Hang, wird die Überweisung des Verurteilten an eine Landkolonie oder ein Arbeitshaus angeordnet.

Art. 215.

(Erlöschen der strafbaren Handlung durch Verjährung: Wirkungen hinsichtlich der Sicherungsmaßnahmen.)

Bei Erlöschen der strafbaren Handlung infolge Verjährung wird die Anwendung einer Sicherungsmaßnahme stets von der Feststellung der Gefährlichkeit abhängig gemacht; der Richter kann an Stelle der gesetzlich bestimmten Sicherungsmaßnahme eine andere weniger schwere eintreten lassen.

2. Abschnitt.

Besondere Bestimmungen.

§ 1.

Persönliche Sicherungsmaßnahmen.

Art. 216.

(Arten.)

Die persönlichen Sicherungsmaßnahmen scheiden sich in freiheitsentziehende und nicht freiheitsentziehende.

Freiheitsentziehende Sicherungsmaßnahmen sind:

1. Überweisung an eine Landkolonie oder an ein Arbeitshaus;
2. Unterbringung in einer Heil- und Bewahranstalt;
3. Unterbringung in einer gerichtlichen Irrenanstalt;
4. Unterbringung in einer gerichtlichen Besserungsanstalt.

Nicht freiheitsentziehende Sicherungsmaßnahmen sind:

1. Stellung unter Aufsicht;
2. Verbot des Aufenthaltes in einer oder mehreren Gemeinden oder in einer oder mehreren Provinzen;
3. Verbot des Besuches von Wirtschaften und öffentlichen Ausschänken alkoholischer Getränke;
4. Schließung eines öffentlichen Betriebes;
5. Ausweisung des Fremden aus dem Staat.

Art. 217.

(Überweisung an eine Landkolonie oder an ein Arbeitshaus.)

Einer Landkolonie oder einem Arbeitshause werden überwiesen:

1. diejenigen, welche zu Gewohnheitsverbrechern, gewerbsmäßigen Verbrechern oder Verbrechern aus Hang erklärt sind;
2. die Verurteilten, bei denen der Richter, unter Berücksichtigung der während der Strafvollstreckung getroffenen Feststellungen, es für geboten hält, an Stelle einer nicht freiheitsentziehenden Maßnahme eine freiheitsentziehende eintreten zu lassen.
3. die unter Aufsicht gestellten Verurteilten, die ein vorsätzliches Verbrechen begehen oder die ihnen auferlegten Pflichten übertreten, vorbehaltlich der Bestimmung in Art. 233;
4. die verurteilten oder freigesprochenen Personen in anderen ausdrücklich im Gesetz bezeichneten Fällen.

Vorbehaltlich der Bestimmung des Art. 231 verfügt der Richter, wenn das Gesetz eine Sicherungsmaßnahme ohne Bezeichnung der Art festsetzt, die Überweisung an eine Landkolonie oder an ein Arbeitshaus, soweit er es nicht für angebracht hält, an Stelle hiervon die Stellung unter Aufsicht anzuordnen.

Art. 218.

(Mindestdauer.)

Die Überweisung an eine Landkolonie oder an ein Arbeitshaus hat eine Mindestdauer von drei Jahren für die Gewohnheitsverbrecher, von vier Jahren für die gewerbsmäßigen Verbrecher und von fünf Jahren für die Verbrecher aus Hang.

In jedem anderen Falle beträgt die Mindestdauer zwei Jahre.

Art. 219.

(Vollstreckung.)

In den Landkolonien und den Arbeitshäusern werden die Gewohnheitsverbrecher oder gewerbsmäßigen Verbrecher und die Verbrecher aus Hang besonderen Abteilungen zugeteilt.

Der Richter bestimmt, ob die Sicherungsmaßnahme in einer Landkolonie oder in einem Arbeitshaus vollstreckt werden soll, je nach den Verhältnissen und Anlagen der Person, auf welche die Verfügung sich bezieht. Die Verfügung kann im Laufe der Vollstreckung abgeändert werden.

Art. 220.

(Überweisung an eine Heil- und Bewahranstalt.)

Neben der Strafe wegen eines nicht fahrlässigen Verbrechens, die infolge von Geistesschwäche oder von dauernder Vergiftung durch Alkohol oder betäubende Stoffe oder infolge von Taubstummheit vermindert ist, wird die Unterbringung des Verurteilten in einer Heil- und Bewahranstalt für nicht weniger als ein Jahr angeordnet, wenn die auferlegte Strafe ein Jahr Gefängnis übersteigt.

Ist für das Verbrechen vom Gesetz die Todesstrafe, Dauerzuchthaus oder Gefängnis im Mindestbetrage nicht unter fünf Jahren oder im Höchstbetrage über zehn Jahren festgesetzt, wird die Sicherungsmaßnahme für eine Zeit von nicht weniger als fünf Jahren angeordnet.

Handelt es sich um ein fahrlässiges Verbrechen, ein anderes Verbrechen, das nur eine Vermögensstrafe verwirkt, oder um eine Übertretung, wird die Unterbringung in einer Heil- und Bewahranstalt in Verfolg der Feststellung der Gefährlichkeit für eine Zeit nicht unter sechs Monaten angeordnet; indessen kann der Richter auch die Stellung unter Aufsicht eintreten lassen. Diese Ersatzmaßregel kann nicht getroffen werden, wenn es sich um Verurteilte handelt, bei denen die Strafe infolge dauernder Vergiftung durch Alkohol oder betäubende Stoffe vermindert ist.

Wenn die Unterbringung in einer Heil- und Bewahranstalt anzuordnen ist, findet die Anwendung jeglicher anderen freiheitsentziehenden Sicherungsmaßnahme nicht statt.

Art. 221.

(Vollstreckung der Anordnung auf Unterbringung.)

Die Anordnung auf Unterbringung des Verurteilten in der Heil- und Bewahranstalt wird vollstreckt, nachdem die freiheitsbeschränkende Strafe verbüßt oder erloschen ist.

Der Richter kann indessen, je nach dem besonderen Zustand geistiger Erkrankung des Verurteilten, anordnen, daß die Unterbringung bereits vor dem Beginn oder dem Ende der die persönliche Freiheit beschränkenden Strafvollstreckung erfolgt.

Die Verfügung wird widerrufen, wenn die sie bestimmenden Gründe weggefallen sind, jedoch nicht vor dem Ablauf der im vorigen Artikel bestimmten Mindestfrist.

Der aus der Heil- und Bewahranstalt entlassene Verurteilte wird der Vollstreckung der Strafe zugeführt.

Art. 222.

(Gewohnheitstrinker.)

Soweit keine andere freiheitsentziehende Sicherungsmaßnahme anzuordnen ist, werden in einer Heil- und Bewahranstalt die wegen Verbrechen Verurteilten untergebracht, die im Zustande der Trunkenheit, wenn diese gewohnheitsmäßig ist, oder unter der Wirkung betäubender Stoffe, deren Genuß sie ergeben sind, gehandelt haben.

Handelt es sich um wegen Übertretung Verurteilte, kommt die gleiche Sicherungsmaßnahme zur Anwendung, außer wenn der Richter es für angebracht hält, eine nicht freiheitsentziehende Sicherungsmaßnahme anzuordnen.

Bei Nichtbeachtung der mit der nicht freiheitsentziehenden Sicherungsmaßnahme verbundenen Pflichten ordnet der Richter die Unterbringung in einer Heil- und Bewahranstalt an.

In jedem Falle findet die Unterbringung in besonderen Abteilungen statt und hat die Mindestdauer von sechs Monaten.

Art. 223.

(Unterbringung in einer gerichtlichen Irrenanstalt.)

Bei Freisprechung infolge Geisteskrankheit, dauernder Vergiftung durch Alkohol oder betäubende Stoffe oder infolge Taubstummheit wird stets die Unterbringung des Angeklagten in einer gerichtlichen Irrenanstalt für eine Zeit von nicht weniger als drei Jahren angeordnet, außer wenn es sich um Übertretungen, fahrlässige Verbrechen oder um andere Verbrechen handelt, für welche das Gesetz Vermögensstrafe oder Gefängnis von im Höchstbetrage nicht mehr als zwei Jahren festsetzt.

In diesen Fällen verfügt der Richter nach Feststellung der Gefährlichkeit des Freigesprochenen die Unterbringung in einer besonderen Abteilung der allgemeinen Irrenanstalten.

Ist die Unterbringung in der gerichtlichen Irrenanstalt anzuordnen, beträgt deren Mindestdauer zehn Jahre, wenn das Gesetz für die Tat Todesstrafe, Dauerzuchthaus oder Gefängnis im Mindestbetrage nicht unter fünf Jahren oder im Höchstbetrage über zehn Jahre festsetzt.

Hat die in einer gerichtlichen Irrenanstalt untergebrachte Person eine die persönliche Freiheit beschränkende Strafe zu verbüßen, wird deren Vollstreckung für die Dauer der Unterbringung in der Anstalt ausgesetzt.

Die Bestimmungen dieses Artikels kommen auch auf Minderjährige unter vierzehn Jahren zur Anwendung, die, in irgendeinem der dort bezeichneten Verhältnisse befindlich, eine vom Gesetz als strafbare Handlung vorgesehene Tat begehen.

Art. 224.

(Fälle, in denen die Vermutung der Gefährlichkeit unzulässig ist.)

In den Fällen der Art. 220, 222 und 223 kann, wenn die Verurteilung oder Freisprechung erst nach dem Ablauf von zehn Jahren seit dem Tage der Begehung der Tat erfolgt ist, die Sicherungsmaßnahme nur nach zuvoriger Feststellung der Gefährlichkeit angeordnet werden.

Ihre Mindestdauer kann abgekürzt werden.

Art. 225.

(Unterbringung der Minderjährigen in einer gerichtlichen Besserungsanstalt.)

Die Unterbringung in einer gerichtlichen Besserungsanstalt ist eine besondere Sicherungsmaßnahme für Minderjährige; sie kann nicht weniger als ein Jahr dauern.

Ist diese Sicherungsmaßnahme, ganz oder teilweise, erst anzuwenden oder zu vollstrecken, nachdem der Minderjährige einundzwanzig Jahre vollendet hat, wird sie durch die Stellung unter Aufsicht ersetzt, außer wenn der Richter es für angebracht hält, die Überweisung an eine Landkolonie oder ein Arbeitshaus anzuordnen.

Art. 226.

(Der nicht zurechnungsfähige Minderjährige.)

Wenn die von einem Minderjährigen unter vierzehn Jahren begangene Tat vom Gesetz als Verbrechen vorgesehen ist, und er gefährlich ist, ordnet der Richter unter besonderer Berücksichtigung der Schwere der Tat und des Familienkreises, in welchem der Minderjährige gelebt hat, an, daß er in der gerichtlichen Besserungsanstalt untergebracht oder unter Aufsicht gestellt wird.

Wenn das Gesetz für das Verbrechen Todesstrafe, Dauerzuchthaus oder Gefängnis im Mindestbetrage nicht unter drei Jahren festsetzt, und es sich nicht um ein fahrlässiges Verbrechen handelt, wird stets die Unterbringung des Minderjährigen in der Besserungsanstalt für eine Zeit von nicht weniger als fünf Jahren angeordnet.

Die vorstehenden Bestimmungen finden auch auf den Minderjährigen Anwendung, der im Augenblick der vom Gesetz als Verbrechen vorgesehenen Tat vierzehn, jedoch noch nicht achtzehn Jahre vollendet hatte, wenn er nach Maßgabe des Art. 94 für nicht zurechnungsfähig erklärt wird.

Art. 227.

(Der zurechnungsfähige Minderjährige.)

Wird der Minderjährige, der vierzehn, jedoch noch nicht achtzehn Jahre vollendet hat, für zurechnungsfähig erklärt, kann der Richter anordnen, daß er nach der Vollstreckung der Strafe in der gerichtlichen Besserungsanstalt untergebracht oder unter Aufsicht gestellt wird, je nach den in Abs. 1 des vorigen Artikels bezeichneten Umständen.

Eine der genannten Sicherungsmaßnahmen wird immer auf den Minderjährigen angewandt, der während der Vollstreckung einer Sicherungsmaßnahme, die mangels Zurechenbarkeit an Stelle der Strafe früher auf ihn angewandt war, verurteilt ist.

Art. 228.

(Minderjähriger als gewerbsmäßiger Verbrecher, Gewohnheitsverbrecher oder Verbrecher aus Hang.)

Die Unterbringung in der gerichtlichen Besserungsanstalt wird stets bei dem Minderjährigen unter achtzehn Jahren angeordnet, der Gewohnheitsverbrecher, gewerbsmäßiger Verbrecher oder Verbrecher aus Hang ist; sie kann nicht unter drei Jahren dauern. Nach Erreichung von einundzwanzig Jahren ordnet der Richter die Überweisung an eine Landkolonie oder an ein Arbeitshaus an.

Das Gericht bestimmt die anderen Fälle, in welchen die Unterbringung in der gerichtlichen Besserungsanstalt anzuordnen ist.

Art. 229.

(Besondere Besserungsanstalten.)

Wenn das Gesetz bestimmt, daß die Unterbringung in der gerichtlichen Besserungsanstalt ohne vorgängige Feststellung der Gefährlichkeit des Minderjährigen angeordnet wird, findet Überweisung an eine besondere Anstalt oder an eine besondere Abteilung der ordentlichen Anstalten statt.

Art. 230.

(Stellung unter Aufsicht.)

Die Überwachung der unter Aufsicht freigelassenen Personen wird dem Patronatsrat anvertraut; sie erfolgt unter der Leitung des Richters. Der Patronatsrat kann die Überwachung auch mittels der Polizei unter Bestimmung der Modalitäten ausüben.

Der unter Aufsicht freigelassenen Person werden geeignete Bindungen auferlegt, um Gelegenheit zu neuen Straftaten zu verhindern, so namentlich die Verpflichtung, ständig der Arbeit nachzugehen, das Verbot des Aufenthaltes außerhalb der eigenen Wohnung zu nächtlicher Zeit, das Verbot des Besuches von Wirtschaften und öffentlichen Ausschänken alkoholischer Getränke, das Verbot, sich gewohnheitsgemäß übelbeleumdeten Personen anzuschließen, das Verbot des Aufenthaltes in der Gemeinde, in der die strafbare Handlung begangen wurde, und in derjenigen, wo der Verletzte wohnt.

Diese Bindungen können in Verbindung miteinander oder nur einzelne von ihnen auferlegt werden; sie können auch nachträglich abgeändert werden.

Die Überwachung muß in einer Art erfolgen, daß die Wiederanpassung des Betroffenen an das soziale Leben erleichtert wird.

Die Stellung unter Aufsicht kann nicht weniger als ein Jahr dauern.

Für die Überwachung Minderjähriger gelten die vorstehenden Bestimmungen, soweit nicht besondere Gesetze Vorsorge treffen.

Art. 231.

(Fälle, in denen die Stellung unter Aufsicht angeordnet werden kann.)

Vorbehaltlich besonderer Gesetzesbestimmungen kann die Stellung unter Aufsicht angeordnet werden:

1. bei Verurteilung zu Gefängnis für mehr als ein Jahr;
2. in den Fällen, in denen dieses Gesetzbuch eine Sicherungsmaßnahme für Handlungen zuläßt, bei denen das Merkmal eines strafbaren Vergehens ausgeschlossen ist.

Art. 232.

(Fälle, in denen die Stellung unter Aufsicht angeordnet werden muß.)

Die Stellung unter Aufsicht ist immer anzuordnen:

1. wenn Gefängnis nicht unter zehn Jahren auferlegt ist; sie kann in diesem Falle nicht weniger als drei Jahre dauern;
2. wenn der Verurteilte zur bedingten Entlassung zugelassen ist;
2. in den anderen gesetzlich bestimmten Fällen.

Wenn die Überweisung an eine Landkolonie oder an ein Arbeitshaus verfügt ist, ordnet der Richter am Schluß derselben an, daß die zu entlassende Person unter Aufsicht gestellt wird, außer wenn er es für angebracht hält, sie zu einer Sicherheitsleistung für Wohlverhalten zu verpflichten.

Für die Bestimmungen der Ziffer 1 des vorigen Artikels und der Ziffer 1 dieses Artikels ist, wenn eine Person wegen mehrerer Verbrechen verurteilt ist, der Gesamtstrafe Rechnung zu tragen, auf welche nach den Vorschriften über das Zusammentreffen von strafbaren Handlungen erkannt ist.

Art. 233.

(Übertretung der auferlegten Pflichten.)

Wenn die unter Aufsicht freigelassene Person die ihr auferlegten Pflichten übertritt, kann der Richter in Ergänzung eine Sicherheitsleistung für Wohlverhalten anordnen, soweit er nicht die Überweisung an eine Landkolonie oder an ein Arbeitshaus für geboten hält. Handelt es sich um einen Minderjährigen, der unter Aufsicht gestellt ist, ordnet der Richter die Unterbringung in der gerichtlichen Besserungsanstalt an.

Art. 234.

(Minderjährige oder Geisteskranke unter Aufsicht.)

Die Person, die infolge Minderjährigkeit oder geistiger Erkankung nicht zurechnungsfähig ist oder Verurteilung zu einer verminderten Strafe erleidet, wird unter Aufsicht nur dann gestellt, wenn sie Verwandten oder anderen Personen oder sozialen Fürsorgeinstituten anvertraut werden kann.

Ist solche Anvertrauung nicht möglich, wird, je nach dem Fall, die Unterbringung in der Besserungsanstalt, in der gerichtlichen Irrenanstalt oder in der Heil- und Bewahranstalt angeordnet oder aufrecht erhalten.

Art. 235.

(Unterstellung von Minderjährigen oder Geisteskranken, die sich unter Aufsicht befinden, unter freiheitsentziehende Sicherungsmaßnahmen.)

Abgesehen von den Fällen des vorigen Artikels ordnet der Richter, wenn der unter Aufsicht gestellte Minderjährige nicht Beweise der Besserung gibt, die Unterbringung in der Besserungsanstalt an.

Ist eine Person unter Aufsicht gestellt, die infolge geistiger Erkrankung nicht zurechnungsfähig ist oder Verurteilung zu einer verminderten Strafe erlitten hat, kann der Richter ihre Unterbringung in einer gerichtlichen Irrenanstalt oder in einer Heil- und Bewahranstalt anordnen, wenn er, je nach dem Zustande der Gefährlichkeit, diese Maßnahme für angebracht hält.

Art. 236.

(Aufenthaltsverbot in einer oder mehreren Gemeinden oder Provinzen.)

Dem Schuldigen eines Verbrechens gegen das Wesen des Staates oder die öffentliche Ordnung oder eines Verbrechens, das aus politischen Beweggründen begangen oder durch besondere Verhältnisse der Umgebung oder des Ortes begünstigt ist, kann das Verbot des Aufenthaltes in einer oder mehreren im Urteil bezeichneten Gemeinden oder Provinzen auferlegt werden.

Das Aufenthaltsverbot hat eine Mindestdauer von einem Jahr.

Bei Zuwiderhandlung wird daneben die Stellung unter Aufsicht und, sofern der Richter es für angebracht hält, auch die Stellung einer Sicherheit für Wohlverhalten angeordnet.

Art. 237.

(Verbot des Besuches von Wirtschaften und öffentlichen Ausschänken alkoholischer Getränke.)

Das Verbot des Besuchs von Wirtschaften und öffentlichen Ausschänken alkoholischer Getränke hat die Mindestdauer von einem Jahr.

Das Verbot wird immer neben der Strafe angeordnet, wenn es sich um Verurteilungen wegen gewohnheitsmäßiger Trunkenheit oder wegen Vergehen, die im Zustande der Trunkenheit, sofern diese gewohnheitsmäßig ist, begangen sind, handelt.

Bei Zuwiderhandlung kann daneben die Stellung unter Aufsicht oder die Leistung einer Sicherheit für Wohlverhalten angeordnet werden.

Art. 238.

(Schließung eines öffentlichen Betriebs.)

Die Schließung eines öffentlichen Betriebs oder Geschäfts oder einer gewerblichen oder handelsgewerblichen Niederlassung hat eine Mindestdauer von drei Monaten; sie wird in den gesetzlich bestimmten Fällen, oder wenn die Maßnahme für nötig gehalten wird, um neue Straftaten zu verhindern, angeordnet.

Die Schließung kann auch während der Untersuchung oder des Verfahrens angeordnet werden, wenn der Angeschuldigte eine frühere Verurteilung wegen Vergehens der gleichen Art erlitten hat, oder Gewohnheitsverbrecher, gewerbsmäßiger Verbrecher oder Verbrecher aus Hang ist.

Die Bestimmung im vorletzten Abs. des Art. 208 findet Anwendung.

Art. 239.

(Ausweisung des Fremden aus dem Staat.)

Außer der vom Gesetz ausdrücklich vorgesehenen Fällen kann die Ausweisung des Fremden aus dem Staatsgebiet vom Richter angeordnet werden, wenn es sich um Verurteilung wegen Verbrechens zu einer die persönliche Freiheit beschränkenden Strafe handelt.

Die Ausweisung hat eine Mindestdauer von fünf Jahren.

Die Ausweisung findet nach der Vollstreckung der Strafe und der etwaigen freiheitsentziehenden Sicherungsmaßnahme oder an Stelle dieser letzteren, wenn der Richter das für angebracht hält, statt.

Das Gesetz bestimmt die Fälle, in denen die Ausweisung dauernd ist.

Der Fremde, der den Befehl dauernder Ausweisung übertritt, wird einer Landkolonie oder einem Arbeitshaus für nicht weniger als ein Jahr überwiesen; nach seiner Entlassung wird er erneut ausgewiesen.

§ 2.

Vermögensrechtliche Sicherungsmaßnahmen.

Art. 240.

(Arten.)

Vermögensrechtliche Sicherungsmaßnahmen sind, außer den durch besondere Gesetzesvorschriften bestimmten:

1. Sicherheitsleistung für Wohlverhalten;
2. Besondere Einziehung.

Art. 241.

(Sicherheitsleistung für Wohlverhalten.)

Die Sicherheitsleistung für Wohlverhalten besteht in der Hinterlegung einer Summe von nicht weniger als tausend und nicht mehr als zwanzigtausend Lire bei der Ersatzkasse.

An Stelle der Hinterlegung ist die Leistung einer Sicherheit mittels Hypothek oder mittels tauglicher und gesamtschuldnerischer Bürgschaft zulässig.

Der Richter kann, je nach den persönlichen, Familien- und sozialen Verhältnissen der Person, welche der Sicherheitsleistung für Wohlverhalten unterworfen ist, ihr die besonderen Pflichten des Art. 230 Abs. 2 oder nur einzelne davon auferlegen.

Art. 242.

(Anwendungsfälle der Sicherheitsleistung für Wohlverhalten.)

Abgesehen von besonderen Gesetzesbestimmungen kann die Zulassung zur bedingten Entlassung von der Leistung einer Sicherheit für Wohlverhalten abhängig gemacht werden, wenn es sich um rückfällige Verurteilte handelt, unbeschadet der Stellung unter Aufsicht.

Art. 243.

(Nichterfüllung der Pflicht zur Sicherheitsleistung.)

Abgesehen von dem Fall des vorigen Artikels ordnet der Richter, wenn die Hinterlegung der Summe nicht erfolgt oder die Sicherheit nicht geleistet wird, und es sich um Sicherungsleistung handelt, die neben einer nicht freiheitsentziehenden Sicherungsmaßnahme, angeordnet ist, die Überweisung der säumigen Person an eine Landkolonie oder ein Arbeitshaus an. Handelt es sich um Sicherheitsleistung, die allein oder wechselweise mit Stellung unter Aufsicht festgesetzt ist, ersetzt der Richter die Sicherheitsleistung durch die Stellung unter Aufsicht.

Art. 244.

(Erfüllung oder Zuwiderhandlung gegen die Pflicht zum Wohlverhalten.)

Ist innerhalb der vom Richter bestimmten Frist kein Verbrechen begangen, und sind die auferlegten Pflichten erfüllt, wird die Rückgabe der hinterlegten Summe oder die Löschung der Hypothek angeordnet; die Bürgschaft erlischt.

Ist innerhalb dieser Frist den auferlegten Pflichten zuwidergehandelt oder ein Verbrechen begangen, verfällt die hinterlegte Summe oder für welche Sicherheit gegeben wurde, der Ersatzkasse; bei bedingter Entlassung findet die Bestimmung des Art. 176 Abs. 1 [1]) Anwendung.

Die in vorstehenden Bestimmungen bezeichnete Frist kann nicht weniger als ein Jahr und nicht mehr als fünf Jahre betragen; sie läuft vom Tage der Sicherheitsleistung an.

Art. 245.

(Besondere Einziehung.)

Im Fall der Verurteilung kann der Richter die Einziehung der Gegenstände anordnen, die zur Begehung der strafbaren Handlung dienten oder dafür bestimmt waren, und der Gegenstände, die dadurch hervorgebracht oder ihr Gewinn sind, unter der Voraussetzung, daß sie nicht Personen gehörten, die an der strafbaren Handlung unbeteiligt sind.

Immer ist die Einziehung anzuordnen:

1. von Sachen, welche den Preis der strafbaren Handlung bilden;
2. von Sachen, deren Herstellung, Gebrauch, Tragen, Gewahrsam oder Veräußerung eine strafbare Handlung bildet, auch wenn keine Verurteilung erfolgt ist und die erwähnten Sachen Personen gehören, welche an der strafbaren Handlung unbeteiligt sind.

---

[1]) Richtig wohl Art. 177 Abs. 1.

Zweites Buch.

Die einzelnen Verbrechen.

Erster Titel.

Verbrechen gegen das Wesen des Staates.

Kapitel I.

Verbrechen gegen den Staat als Glied der Völkergemeinschaft.

Art. 246.

(Art. 104 Cod. Pen. u. Art. 2 Ges. über die Verteidigung des Staates.)

Anschlag gegen die Unversehrtheit, Unabhängigkeit oder Einheit des Staates.

Wer eine Tat begeht, die darauf gerichtet ist, das Staatsgebiet oder einen Teil desselben der Souveränität eines fremden Staates zu unterstellen oder die Unabhängigkeit des Staates zu schmälern, wird mit dem Tode bestraft.

Der gleichen Strafe unterliegt, wer eine Tat begeht, die darauf gerichtet ist, die Einheit des Staates aufzulösen oder von dem Vaterlande eine Kolonie oder ein anderes Gebiet, das, auch nur zeitweise, seiner Souveränität unterworfen ist, abzutrennen.

Art. 247.

(Art. 105 Cod. Pen.)

Staatsangehöriger, der Waffen gegen den Italienischen Staat führt.

Der Staatsangehörige, der Waffen gegen den Staat führt oder im Heere eines mit dem Italienischen Staat im Kriege befindlichen Staates Dienst tut, wird mit Dauerzuchthaus bestraft. Wenn er ein höheres Kommando oder eine leitende Stellung bekleidet, wird er mit dem Tode bestraft.

Die gleichen Strafen sind auch anzuwenden, wenn der Schuldige die italienische Staatsangehörigkeit verloren hatte.

Indessen ist derjenige nicht strafbar, der sich während der Feindseligkeiten im Gebiete des feindlichen Staates befindet und die Tat begangen hat, weil er dazu durch eine ihm von den Gesetzen dieses Staates auferlegte Pflicht gezwungen war.

Im Rahmen des Strafgesetzes werden unter der Bezeichnung STAAT IM STREIT oder IM KRIEGE mit dem Italienischen Staat auch die politischen Verbände verstanden, die, obwohl vom Italienischen Staat nicht als Staaten anerkannt, doch wie Kriegführende behandelt werden.

Unter der Bezeichnung HEER werden die bewaffneten Kräfte eines Staates zu Lande, zu Wasser oder in der Luft verstanden.

Art. 248.

(Art. 106, am Anfang, Cod. Pen.)

Verbindung mit einer fremden Macht[1] *zu Zwecken eines Krieges gegen den Italienischen Staat.*

Wer mit der fremden Macht in Verbindung tritt, damit ein ausländischer Staat gegen den italienischen Staat Krieg beginnt oder feindliche Handlungen vornimmt, oder wer andere auf den gleichen Zweck gerichtete Handlungen begeht, wird mit Gefängnis nicht unter zehn Jahren bestraft.

Wird der Krieg erklärt, tritt Todesstrafe ein; wenn die Feindseligkeiten eintreten, Dauerzuchthaus.

Art. 249.

(Art. 113 Cod. Pen.)

Feindliche Handlungen gegen einen ausländischen Staat, die den Italienischen Staat der Kriegsgefahr aussetzen.

Wer ohne die Zustimmung der Regierung Anwerbungen oder andere feindliche Handlungen gegen einen ausländischen Staat vornimmt, so daß der italienische Staat der Gefahr eines Krieges ausgesetzt wird, wird mit Gefängnis von fünf bis zu zwölf Jahren bestraft; wenn es zum Kriege kommt, ist die Strafe Dauerzuchthaus.

Sind die feindlichen Handlungen solcher Art, daß sie nur die Beziehungen zu einer ausländischen Macht stören oder den italienischen Staat oder seine Staatsangehörigen, gleichviel, wo sie wohnen, der Gefahr von Repressalien oder Vergeltungsmaßnahmen aussetzen, beträgt die Strafe Gefängnis von zwei bie zu acht Jahren. Kommt es zum Bruch der diplomatischen Beziehungen oder werden Repressalien oder Vergeltungsmaßnahmen ergriffen, beträgt die Strafe Gefängnis von drei bis zu zehn Jahren.

Art. 250.

Verbindung mit der fremden Macht, um den Italienischen Staat zur Neutralität oder zum Kriege zu verpflichten.

Wer sich mit der fremden Macht verbindet, um den Italienischen Staat zur Erklärung oder Aufrechterhaltung der Neutralität oder zur Kriegserklärung zu verpflichten oder auf die Verpflichtung gerichtete Handlungen vorzunehmen, wird mit Gefängnis von fünf bis zu fünfzehn Jahren bestraft.

---

[1]) Ital. »Lo straniero« (Das Fremde), eine Art Neutralform.

Die Strafe wird erhöht, wenn die Verbindung einen Werbefeldzug mittels der Presse zum Gegenstand hat.

Art. 251.

Bestechung des Staatsangehörigen von seiten der fremden Macht.

Der Staatsangehörige, der, sei es auch nur mittelbar, von der fremden Macht für sich oder für andere Geld oder einen anderen Vorteil empfängt oder sich versprechen läßt, oder das Versprechen annimmt, um Handlungen gegen die nationalen Interessen vorzunehmen, wird, soweit die Tat nicht ein schwereres Vergehen darstellt, mit Gefängnis von drei bis zu zehn Jahren und mit Geldstrafe von fünftausend bis zwanzigtausend Lire bestraft.

Die Strafe wird erhöht:

1. wenn die Tat zu Kriegszeiten begangen ist;
2. wenn das Geld oder der Vorteil für einen Werbefeldzug mittels der Presse gegeben oder versprochen sind.

Im Rahmen der Bestimmungen dieses Titels werden unter der Bezeichnung ITALIENISCHE STAATSANGEHÖRIGE auch diejenigen verstanden, welche die italienische Staatsangehörigkeit infolge eines Strafurteils oder durch Verfügung der Verwaltungsbehörde verloren haben.

Im Rahmen des Strafgesetzes wird unter der Bezeichnung KRIEGSZEIT auch die Zeit der drohenden Kriegsgefahr, mag auch der Krieg nicht nachgefolgt sein, verstanden.

Art. 252.

(Art. 106 am Ende Cod. Pen.)

Kriegerische Begünstigung.

Wer in Kriegszeiten sich mit der fremden Macht oder mit Vertretern derselben verbindet, um die militärischen Operationen des Feindes zum Schaden des Italienischen Staates zu begünstigen oder anderweit den militärischen Operationen des Italienischen Staats zu schaden, oder wer andere auf die gleichen Zwecke gerichtete Handlungen begeht, wird mit Gefängnis nicht unter zehn Jahren bestraft; gelingt die Absicht, tritt Todesstrafe ein.

Art. 253.

(Art. 114 Cod. Pen.)

Lieferung von Vorräten an den Feind.

Wer in Kriegszeiten, sei es auch nur mittelbar, dem feindlichen Staat Vorräte oder andere Sachen liefert, die zum Schaden des Italienischen Staates verwendet werden können, wird mit Gefängnis nicht unter zehn Jahren bestraft.

Diese Bestimmung kommt auf den Staatsfremden, der die Tat im Auslande begeht, nicht zur Anwendung.

Art. 254.

Beteiligung an Anleihen zugunsten des Feindes.

Der Staatsangehörige oder der im Inlande wohnende Fremde, der in Kriegszeiten sich an Zeichnungen, Zahlungen oder Anleihen zugunsten des feindlichen Staats beteiligt oder die darauf bezüglichen Maßnahmen erleichtert, wird mit Gefängnis nicht unter fünf Jahren bestraft.

Art. 255.

(Art. 205, 206 Cod. Pen. und Kgl. Ges. Dekret vom 31. Okt. 1915 Nr. 1550.)

Nichterfüllung von Verträgen auf militärische Lieferungen.

Wer in Kriegszeiten die Verpflichtungen aus einem Lieferungsvertrage an Sachen oder Werkleistungen, der mit dem Staat oder einem anderen öffentlichen Verband für die Bedürfnisse des Heeres oder der Bevölkerung abgeschlossen ist, ganz oder zum Teil nicht erfüllt, wird mit Gefängnis von fünf bis zu fünfzehn Jahren und mit Geldstrafe nicht unter dreißigtausend Lire bestraft.

Beruht die vollständige Nichterfüllung oder teilweise unterlassene Erfüllung des Vertrages auf Fahrlässigkeit, werden die Strafen auf die Hälfte ermäßigt.

Die gleichen Bestimmungen finden auf die Unterlieferanten, die Vermittler und die Vertreter der Lieferanten Anwendung, wenn diese unter Verletzung ihrer vertraglichen Pflichten die Nichterfüllung des Lieferungsvertrages verursacht haben.

Art. 256.

(Art. 205, 206 Cod. Pen. und kgl. Ges. Dekr. w. o.)

Betrug bei militärischen Lieferungen.

Wer in Kriegszeiten bei der Ausführung der Lieferungsverträge oder der Erfüllung der anderen im vorigen Artikel bezeichneten Vertragspflichten einen Betrug begeht, wird mit Gefängnis nicht unter zehn Jahren und mit Geldstrafe nicht unter fünfzigtausend Lire bestraft.

Art. 257.

(Vgl. Art. 3 Ges. Dekret vom 8. Aug. 1916 Nr. 960.)

Handel mit dem Feinde.

Der Staatsangehörige oder der im Inlande wohnende Fremde, der in Kriegszeiten und abgesehen von den Fällen des Art. 253, sei es auch nur mittelbar, Handel mit den Staatsangehörigen des feindlichen Staats, gleichviel wo sie wohnen, oder mit den im Gebiet des feindlichen Staates wohnenden Staatsfremden treibt, wird mit Gefängnis von zwei bis zu zehn Jahren und mit Geldstrafe gleich dem Fünffachen des Werts der Ware und nicht unter zehntausend Lire bestraft.

Art. 258.

(Art. 107 Abs. 1 Cod. Pen.; Art. 2 Ges. über die Verteidigung des Staates; Ges. 1854 und Ges. 1909 über die Veröffentlichung der amtlichen Staatsakte.)

Verrat von Staatsgeheimnissen.

Wer Nachrichten offenbart, die im Interesse der Sicherheit des Staates oder überhaupt im inneren oder internationalen politischen Interesse des Staates geheim bleiben müssen, oder wer in irgendeiner Weise deren Bekanntwerden erleichtert, wird mit Dauerzuchthaus bestraft.

Unter den im politischen Interesse des Staats geheim zu haltenden Nachrichten sind solche zu verstehen, welche in Akten der Regierung, die diese aus Gründen der inneren oder internationalen politischen Ordnung nicht veröffentlicht hat, enthalten sind.

Die Todesstrafe tritt ein:

1. wenn das Geheimnis einem mit dem italienischen Staate im Kriege befindlichen Staate oder seinen Vertretern offenbart ist;
2. wenn die Tat die Wirksamkeit der Rüstungen oder die militärischen Operationen bloßgestellt hat.

Art. 259.

(Art. 4 Abs. 1 und 2. Abs. Ges. vom 21. März 1915 Nr. 273.)

Bekanntgabe von Nachrichten, deren Veröffentlichung verboten ist.

Wer in Kriegszeiten Nachrichten, deren Bekanntgabe die Regierung im Interesse des Staates verboten hat, veröffentlicht, verbreitet oder auch nur mitteilt, oder anderweit deren Bekanntwerden erleichtert, wird mit Gefängnis nicht unter fünf Jahren bestraft.

Die Strafe wird erhöht:

1. wenn die Tat die Beziehungen des Italienischen Staats zu einem ausländischen Staat gestört hat;
2. wenn die Nachricht einem im Kriege mit dem Italienischen Staat befindlichen Staat oder seinen Vertretern mitgeteilt ist;
3. wenn die Tat die Wirksamkeit der Rüstungen oder die militärischen Operationen bloßgestellt hat.

Todesstrafe tritt ein, wenn die in den Ziff. 2 und 3 bezeichneten Umstände zusammentreffen.

Art. 260.

Ausnutzung von Staatsgeheimnissen.

Der öffentliche Beamte oder mit einer öffentlichen Dienstleistung Beauftragte, der Erfindungen, wissenschaftliche Entdeckungen oder neue industrielle Verfahren, die er aus Gründen seines Amts oder Dienstes kennt, und die im Interesse der Sicherheit des Staats geheim bleiben müssen, für seinen oder anderer Nutzen verwendet, wird mit Gefängnis nicht unter fünf Jahren und mit Geldstrafe nicht unter zehntausend Lire bestraft.

Wenn die Tat im Interesse eines im Kriege mit dem Italienischen Staat befindlichen Staates begangen ist oder die Wirksamkeit der Rüstungen oder die militärischen Operationen des Italienischen Staats bloßgestellt hat, wird der Schuldige mit dem Tode bestraft.

Art. 261.

(Art. 108 am Ende, Art. 110 am Anfang Cod. Pen. und Art. 2 Ges. über die Verteidigung des Staates.)

Politische oder militärische Spionage.

Wer, abgesehen von den Fällen der Beteiligung an dem Verbrechen nach Art. 258, sich in irgendeiner Weise zum Zweck der Offenbarung Nachrichten verschafft, die im Interesse der Sicherheit des Staates oder überhaupt im inneren oder internationalen politischen Interesse des Staates geheim bleiben müssen, wird mit Dauerzuchthaus bestraft.

Todesstrafe tritt ein:

1. wenn die Tat im Interesse eines mit dem Italienischen Staate im Kriege befindlichen Staates begangen ist;
2. wenn die Tat die Wirksamkeit der Rüstungen oder die militärischen Operationen bloßgestellt hat.

Art. 262.

(Art. 3, Ges. wie vorher.)

Ausspähung von Nachrichten, deren Bekanntgabe die Regierung verboten hat.

Wer in Kriegszeiten und abgesehen von den Fällen der Beteiligung an dem Verbrechen nach Art. 259 sich zum Zweck der Verbreitung Nachrichten verschafft, bei denen die Regierung im Staatsinteresse die Verbreitung verboten hat, wird mit Gefängnis nicht unter fünf Jahren bestraft.

Art. 263.

(Art. 110 Cod. Pen. und Art. 3 Ges. wie vorher.)

Eindringen an militärische Orte zu Zwecken der Spionage und unberechtigter Besitz von Sachen oder Hilfsmitteln der Spionage.

Mit Gefängnis nicht unter zehn Jahren in den Fällen des Art. 261 und mit Gefängnis nicht unter drei Jahren in den Fällen des vorigen Artikels wird bestraft:

1. wer zur Begehung eines der in diesen Artikeln vorgesehenen Verbrechen in Örtlichkeiten oder Gebiete zu Lande, zu Wasser oder in der Luft, zu denen der Zutritt verboten ist, eindringt;
2. wer an den in der vorigen Ziffer bezeichneten Örtlichkeiten oder Gebieten oder in ihrer Nähe im unberechtigten Besitz von geeigneten Hilfsmitteln zur Begehung eines der in genannten Artikeln vorgesehenen Verbrechen betroffen wird;

3. wer im unberechtigten Besitz von Urkunden, Gegenständen oder irgendwelchen bildlichen Materials über die in den beiden vorigen Artikeln bezeichneten Nachrichten betroffen wird.

Allein wegen der Tatsache des heimlich oder unter Täuschung erfolgten Zutritts zu den Örtlichkeiten oder Gebieten der Ziffer 1 wird der Schuldige mit Gefängnis von sechs Monaten bis zu zwei Jahren, und, wenn die Tat in Kriegszeiten begangen ist, mit Gefängnis von einem bis zu fünf Jahren bestraft.

Art. 264.

(Art. 109 Cod. Pen. und Art. 8 Ges. w. o.)

Fahrlässige Vorschubleistung.

Wenn eine der in den Artikeln 261 und 262 bezeichneten Nachrichten aus Fahrlässigkeit dessen bekannt wird, der im Besitz oder in Kenntnis der Nachricht war, wird dieser mit Gefängnis von sechs Monaten bis zu fünf Jahren, wenn es sich um die Nachrichten des Artikel 261, und mit Gefängnis bis zu drei Jahren, wenn es sich um die Nachrichten des Artikels 262 handelt, bestraft.

Die gleichen Strafen finden Anwendung, wenn die Nachrichten durch Fahrlässigkeit dessen bekannt werden, der die Aufsicht oder Überwachung über die im vorigen Artikel bezeichneten Örtlichkeiten oder Gebiete hatte.

Art. 265.

(Art. 6. Ges. w. o.)

Unterdrückung, Verfälschung oder Beiseiteschaffung von Akten oder Urkunden, welche die Sicherheit des Staates betreffen.

Wer Akten oder Urkunden, welche die Sicherheit des Staates oder ein anderes, inneres oder internationales, politisches Interesse des Staates betreffen, ganz oder zum Teil unterdrückt, vernichtet oder verfälscht, oder sie, sei es auch nur zeitweise, an sich bringt, beiseiteschafft oder hinterzieht, wird mit Gefängnis nicht unter acht Jahren bestraft.

Art. 266.

(Vgl. Art. 305 Cod. Pen.)

Zerstörung oder Unbrauchbarmachung von militärischen Werken.

Wer, sei es auch nur zeitweise, Schiffe oder Luftschiffe, Züge, Straßen, Anstalten, Niederlagen oder andere militärische oder für den Dienst des Heeres gebrauchte Werke ganz oder zum Teil zerstört oder unbrauchbar macht, wird mit Gefängnis nicht unter acht Jahren bestraft.

Art. 267.

Fahrlässige Vorschubleistung.

Wenn die Ausführung eines der in den beiden vorstehenden Artikeln vorgesehenen Verbrechen durch Fahrlässigkeit dessen, der die in diesen

Artikeln bezeichneten Sachen in Besitz oder darüber Aufsicht oder Überwachung hatte, möglich gemacht oder auch nur erleichtert ist, wird dieser mit Gefängnis von sechs Monaten bis zu fünf Jahren bestraft.

Art. 268.

(Art. 2 Ges. über die Verteidigung des Staates.)

Strafschärfende Umstände.

In den Fällen der Art. 262, 263 Abs. 1, 265 und 266 wird die Strafe erhöht:

1. wenn die Tat die Beziehungen des Italienischen Staats zu einem fremden Staat gestört hat;
2. wenn die Tat im Interesse eines mit dem Italienischen Staat im Kriege befindlichen Staates begangen ist;
3. wenn die Tat die Wirksamkeit der Rüstungen oder die militärischen Operationen bloßgestellt hat.

Todesstrafe tritt ein, wenn die Umstände der Ziffern 2 und 3 zusammentreffen.

Art. 269.

(Art. 111 Cod. Pen.)

Untreue bei Staatsgeschäften.

Wer bei einem Auftrage der Italienischen Regierung zur Verhandlung von Staatsgeschäften mit einer ausländischen Regierung sich als dem Auftrage untreu erweist, wird, wenn daraus dem öffentlichen Interesse Schaden erwachsen kann, mit Gefängnis nicht unter fünf Jahren bestraft.

Art. 270.

(Vgl. Art. 2 Ziff. 2 Ges. Dkr. vom 23. Mai 1915 Nr. 675 und vom 4. Okt. 1917 Nr. 1561.)

Politischer oder militärischer Defaitismus.

Wer in Kriegszeiten falsche, übertriebene oder in bestimmter Richtung entstellte Gerüchte oder Nachrichten, welche öffentliche Unruhen hervorrufen oder den öffentlichen Geist niederdrücken oder anderweit den Widerstand des Landes gegenüber dem Feinde verringern können, verbreitet oder mitteilt, oder überhaupt eine Tätigkeit entwickelt, die den nationalen Interessen zu schaden geeignet ist, wird mit Gefängnis nicht unter acht Jahren bestraft.

Die Strafe ist Dauerzuchthaus:

1. wenn die Tat mit Werbemitteln oder Mitteilungen gegenüber Militärpersonen begangen ist;
2. wenn der Schuldige in Verfolg einer Verbindung mit der fremden Macht gehandelt hat.

Art. 271.

(Art. 2 Ges. vom 19. Juli 1894 Nr. 315.)

Aufforderung von Militärpersonen zum Ungehorsam gegen Gesetze.

Wer in irgendeiner Art Militärpersonen zum Ungehorsam gegen Gesetze auffordert oder sie bestimmt, den von ihnen geleisteten Eid oder die Pflichten der militärischen Disziplin oder andere mit ihrem Stande verbundene Pflichten zu verletzen, oder wer sich zum Verteidiger aufwirft von Handlungen, die den Gesetzen, dem Eide, der Disziplin oder den anderen militärischen Pflichten zuwiderlaufen, wird mit Gefängnis von zwei bis zu zehn Jahren bestraft.

Die Strafe wird erhöht:

1. wenn die Tat in Gegenwart von mehreren Militärpersonen begangen ist;
2. wenn die Aufforderung oder die Verteidigung öffentlich geschehen sind;
3. wenn die Tat in Kriegszeiten begangen ist.

Im Rahmen des Strafgesetzes werden unter den Bezeichnungen ÖFFENTLICHE AUFFORDERUNG und ÖFFENTLICHE VERTEIDIGUNG die Aufforderung und Verteidigung mittels der Presse oder mit einem anderen Werbemittel, oder an öffentlichem oder dem Publikum zugänglichem Ort und in Gegenwart mehrerer Personen, oder in einer Versammlung, die nach dem Einberufungsort, nach der Zahl der Erschienenen oder dem Zweck oder dem Gegenstand derselben sich als nicht private Versammlung erweist, verstanden.

Art. 272.

Wirtschaftlicher Defaitismus.

Wer in Kriegszeiten irgendein Mittel anwendet, das bestimmt ist, den Wechselkurs herabzudrücken oder auf den Markt der Wertpapiere oder anderer öffentlicher oder privater Werte Einfluß zu üben, so daß Gefahr für den Widerstand des Landes gegenüber dem Feinde erwächst, wird mit Gefängnis nicht unter fünf Jahren und mit Geldstrafe nicht unter dreißigtausend Lire bestraft.

Wenn der Schuldige nach vorheriger Verbindung mit der fremden Macht gehandelt hat, kann die Gefängnisstrafe nicht unter zehn Jahren und die Geldstrafe nicht unter sechzigtausend Lire betragen.

Art. 273.

(Art. 112 Cod. Pen.)

Gleichstellung der verbündeten Staaten.

Die Strafen der Art. 252 ff. kommen auch zur Anwendung, wenn das Verbrechen in Kriegszeiten zum Nachteil eines mit dem Italienischen Staat zu Zwecken des Krieges alliierten oder assoziierten ausländischen Staates begangen ist.

Art. 274.

(Vgl. Ges. vom 31. Jan. 1926 Nr. 108 über die Staatsangehörigkeit und Art. 5 Ges. über die Verteidigung des Staates.)

Antinationale Betätigung des Staatsangehörigen im Auslande.

Der Staatsangehörige, welcher, außerhalb des Staatsgebiets, falsche, übertriebene oder in bestimmter Richtung entstellte Gerüchte oder Nachrichten über die inneren Verhältnisse des Staates verbreitet oder mitteilt, so daß der Kredit oder das Ansehen des Staates im Auslande geschmälert wird, oder überhaupt eine Tätigkeit entwickelt, die den nationalen Interessen zu schaden geeignet ist, wird mit Gefängnis nicht unter fünf Jahren bestraft.

Die Strafe wird erhöht:

1. wenn die Tat mittels der Presse oder in irgendeiner Werbeform begangen ist;
2. wenn sie die Beziehungen des Italienischen Staats zu einem ausländischen Staat gestört hat.

Art. 275.

(Art. 4 Ges. über die Verteidigung des Staates.)

Umstürzlerische Vereinigungen: Ausgestaltung.

Wer im Inlande Vereinigungen vorbereitet, gründet oder ausgestaltet, die bestimmt sind, mit Gewalt die Diktatur einer sozialen Klasse über die anderen zu begründen, oder mit Gewalt eine soziale Klasse zu unterdrücken, oder, überhaupt, mit Gewalt die wirtschaftlichen oder sozialen Ordnungen im Staate umzustürzen, wird mit Gefängnis von fünf bis zu zwölf Jahren bestraft.

Der gleichen Strafe unterliegt, wer im Inlande Vereinigungen vorbereitet, gründet oder ausgestaltet, welche die gewaltsame Unterdrückung jeder politischen und rechtlichen Gesellschaftsordnung zum Ziel haben.

Die Strafen werden für diejenigen erhöht, welche die vorgenannten Vereinigungen, deren Auflösung angeordnet ist, sei es auch unter falschem Namen oder in verschleierter Form, wieder begründen.

Art. 276.

Beteiligung an umstürzlerischen Vereinigungen.

Wer sich an den im vorigen Artikel bezeichneten Vereinigungen beteiligt, wird, soweit er nicht der Gründer oder der Leiter ist, mit Gefängnis von einem bis zu drei Jahren bestraft.

Die Leiter der Vereinigung unterliegen den im vorigen Artikel bestimmten Strafen.

Art. 277.

(Art. 4 letzter Abs. Ges. über die Verteidigung des Staates.)

Verteidigungsmaßnahmen und Werbung zu umstürzlerischen Zwecken.

Wer sich im Inlande für die gewaltsame Herstellung der Diktatur einer sozialen Klasse über eine andere oder für die gewaltsame Unterdrückung einer sozialen Klasse, oder, überhaupt, für den gewaltsamen Umsturz der wirtschaftlichen oder sozialen Ordnungen im Staat, oder auch für die Zerstörung jeder politischen und rechtlichen Gesellschaftsordnung einsetzt oder dafür wirbt, wird mit Gefängnis von einem bis zu fünf Jahren bestraft.

Wenn die Tat öffentlich oder mittels der Presse begangen ist, wird die Strafe erhöht.

Art. 278.

(Vgl. Art. 1 und 2 Ges. vom 26. Nov. 1925 Nr. 2029 über die Vereinigungen.)

Unerlaubte Gründung von Vereinigungen mit internationalem Einschlag.

Wer, ohne Ermächtigung der Regierung, im Inlande Vereinigungen, Verbände oder Institute mit internationalem Einschlag oder Abteilungen von solchen vorbereitet, gründet oder ausgestaltet, wird mit Gefängnis bis zu sechs Monaten oder mit Geldstrafe von fünftausend bis zwanzigtausend Lire bestraft.

Wenn die Ermächtigung infolge falscher oder unvollständiger Erklärungen erlangt ist, beträgt die Strafe Gefängnis von einem bis zu fünf Jahren und Geldstrafe nicht unter zehntausend Lire.

Art. 279.

(Vgl. Art. 4 Ges. über die Verteidigung des Staates.)

Unerlaubte Beteiligung an Vereinigungen mit internationalem Einschlag.

Wer im Inlande an Vereinigungen, Verbänden oder Instituten oder Abteilungen von solchen, mit internationalem Einschlag, für welche die Ermächtigung der Regierung nicht erteilt worden ist, teilnimmt, wird mit Geldstrafe von zweitausend bis zehntausend Lire bestraft.

Die gleiche Strafe erleidet der im Inlande wohnende Staatsangehörige, der, ohne die Ermächtigung der Regierung, an Vereinigungen, Verbänden oder Instituten internationalen Einschlags, die ihren Sitz im Auslande haben, teilnimmt.

Art. 280.

(Art. 116 Cod. Pen.)

Annahme von Ehrenerweisen oder Vorteilen durch einen feindlichen Staat.

Der Staatsangehörige, der von einem mit dem Italienischen Staat im Kriege befindlichen Staat akademische Grade oder Würden, Titel, Auszeichnungen oder andere öffentliche Ehrenzeichen, Pensionen oder sonstige Vorteile, die mit diesen Graden, Würden, Titeln, Auszeichnungen oder

Ehrenerweisen in Verbindung stehen, annimmt, wird mit Geldstrafe von tausend bis zehntausend Lire bestraft.

Kapitel II.

Verbrechen gegen das innere Staatswesen.

Art. 281.

(Art. 117, 127 Cod. Pen. und Art. 1 Ges. über die Verteidigung des Staates.)

Anschlag gegen den König, die Königin, den Thronfolger, den Regenten und die Mitglieder der Königlichen Familie.

Wer einen Anschlag auf das Leben, die Unversehrtheit oder die persönliche Freiheit des Königs oder des Regenten verübt, wird mit dem Tode bestraft.

Die gleiche Strafe tritt ein, wenn die Tat gegen das Leben, die Unversehrtheit oder die persönliche Freiheit der Königin oder des Thronfolgers gerichtet ist.

Wer einen Anschlag auf das Leben, die Unversehrtheit oder die persönliche Freiheit eines anderen Mitglieds der Königlichen Familie verübt, wird, im Falle des Anschlags auf das Leben, mit Gefängnis nicht unter zwanzig Jahren, in den anderen Fällen mit Gefängnis nicht unter zehn Jahren bestraft. Wenn die Tat den Tod zur Folge hat, tritt, im Falle des Anschlags auf das Leben, Todesstrafe, in den anderen Fällen Dauerzuchthaus ein.

Art. 282.

(Art. 122, 127 Cod. Pen. und Art. 19 Verordnung über die Presse.)

Angriff auf die Ehre oder die Freiheit des Königs, des Regenten, der Königin, des Thronfolgers und der Mitglieder der Königlichen Familie.

Wer, abgesehen von den Fällen des vorigen Artikels, mit Wort oder Tat die Ehre oder das Ansehen des Königs oder des Regenten verletzt, oder wer einen Anschlag auf ihre Freiheit verübt, wird mit Gefängnis von zwei bis zu fünfzehn Jahren bestraft.

Wenn die Tat gegen die Königin oder den Thronfolger begangen ist, wird der Schuldige mit Gefängnis von einem bis zu zwölf Jahren bestraft.

Wenn die Tat gegen ein anderes Mitglied der Königlichen Familie oder gegen das Andenken eines Verwandten aufsteigender Linie, eines Abkömmlings oder eines andern nahen Angehörigen des Königs, der Königin oder des Regenten begangen ist, wird der Schuldige mit Gefängnis von einem bis zu zehn Jahren bestraft.

Art. 283.

(Art. 125 Cod. Pen. und Art. 20 Verordnung über die Presse.)

Verletzung des Vorrechts der Unverantwortlichkeit des Königs.

Wer öffentlich den König oder den Regenten für Regierungshandlungen tadelt oder ihnen die Verantwortlichkeit dafür zuweist, wird mit Gefängnis von zwei bis zu fünf Jahren bestraft.

Art. 284.

(Art. 9 Abs. 1 Ges. vom 24. Dez. 1925 Nr. 2263 über den Ministerpräsidenten, und Art. 1 Abs. 2 Gesetz über die Verteidigung des Staates.)

Anschlag gegen das Haupt der Regierung.

Wer einen Anschlag auf das Leben, die Unversehrtheit oder die persönliche Freiheit des Haupts der Regierung verübt, wird mit dem Tode bestraft.

Art. 285.

(Art. 9 Ges. vom 24. Dez. 1925 Nr. 2263 über den Ministerpräsidenten.)

Angriff auf die Ehre oder die Freiheit des Haupts der Regierung.

Wer, abgesehen von den Fällen des vorigen Artikels, mit Wort oder Tat, die Ehre oder das Ansehen des Haupts der Regierung verletzt oder einen Anschlag auf dessen Freiheit verübt, wird mit Gefängnis von einem zu bis zwölf Jahren bestraft.

Art. 286.

(Vgl. Art. 122, 124 Cod. Pen.; Art. 19 Verordnung über die Presse und Art. 9 Ges. vom 24. Dez. 1925 Nr. 2263.)

Strafschärfende Umstände.

Die Strafe wegen der Verbrechen nach Art. 282 und 285 wird erhöht, wenn die Tat in Gegenwart des Verletzten oder öffentlich oder mittels der Presse begangen ist.

Art. 287.

(Art. 118 Ziff. 3 Cod. Pen.)

Anschlag gegen die Staatsverfassung.

Wer eine Tat begeht, die darauf gerichtet ist, die Staatsverfassung oder die Regierungsform oder die Thronfolgeordnung mit Mitteln, die von der verfassungsmäßigen Staatsordnung nicht zugelassen sind, zu ändern, wird mit Dauerzuchthaus bestraft.

Art. 288.

(Art. 120 Cod. Pen. und Art. 2 Gesetz über die Verteidigung des Staates.)

Aufstand gegen die Staatsgewalten.

Wer einen bewaffneten Aufstand gegen die Staatsgewalten einleitet, wird mit Dauerzuchthaus, und, wenn es zu dem Aufstande kommt, mit dem Tode bestraft.

Der Aufstand gilt als bewaffnet, auch wenn die Waffen nur an einem Verwahrungsort gehalten werden.

Art. 289.

(Art. 120 Abs. 2 und 3 Cod. Pen. und Art. 2 Gesetz über die Verteidigung des Staates.)

Teilnahme am Aufstand.

Wer an einem bewaffneten Aufstand gegen die Staatsgewalten teilnimmt, wird mit Gefängnis von drei bis zu fünfzehn Jahren bestraft.

Die Leiter des Aufstandes werden mit dem Tode bestraft.

Art. 290.

(Art. 252 Cod. Pen. und Art. 2 Ges. über die Verteidigung des Staates.)

Bürgerkrieg.

Wer eine Tat begeht, die auf die Entfesselung des Bürgerkriegs im Inlande gerichtet ist, wird mit Gefängnis nicht unter fünf Jahren bestraft.

Wenn der Bürgerkrieg eintritt, wird der Schuldige mit dem Tode bestraft.

Die gleiche Strafe findet auf diejenigen Anwendung, die im Bürgerkriege ein Kommando oder ein leitendes Amt versehen.

Art. 291.

(Art. 121, 185 Cod. Pen.)

Anmaßung eines politischen Amtes oder militärischen Kommandos.

Wer sich eine politische Macht anmaßt oder sie unbefugt ausübt, wird mit Gefängnis von sechs bis zu fünfzehn Jahren bestraft.

Der gleichen Strafe unterliegt, wer unbefugt ein hohes militärisches Kommando übernimmt oder es unbefugt ausübt.

Wenn die Tat in Kriegszeiten begangen ist, wird der Schuldige mit Dauerzuchthaus bestraft; Todesstrafe tritt ein, wenn die Tat den Ausgang des Krieges oder einer Schlacht ungünstig beeinflußt hat.

Art. 292.

(Art. 119 Cod. Pen.)

Nicht genehmigte Anwerbungen oder Rüstungen im Dienst eines ausländischen Staates.

Wer im Inlande und ohne die Zustimmung der Regierung Staatsangehörige anwirbt oder ausrüstet, damit sie im Dienste oder zugunsten der fremden Macht Dienst tun, wird mit Gefängnis von drei bis zu sechs Jahren bestraft.

Die Strafe wird erhöht, wenn unter den Angeworbenen Militärpersonen im Dienst oder Personen, die noch der Wehrpflicht unterliegen, sind.

Art. 293.

(Art. 118 Ziff. 1 und 2, 188 Cod. Pen. und Ges. vom 24. Dez. 1925 Nr. 2263 über den Ministerpräsidenten.)

Anschlag gegen die verfassungsmäßigen Organe.

Mit Gefängnis nicht unter zehn Jahren, sofern es sich nicht um ein schwereres Verbrechen handelt, wird bestraft, wer eine Tat begeht, die darauf gerichtet ist, ganz oder zum Teil, und auch nur zeitweise, zu hindern:

1. den König oder den Regenten an der Ausübung ihrer Herrschaftsgewalt;
2. die Königliche Regierung oder das Haupt der Regierung an der Ausübung ihrer Befugnisse oder der ihnen gesetzlich übertragenen Vorrechte;
3. den Senat oder die Kammer der Abgeordneten an der Ausübung ihrer Geschäfte.

Die Strafe beträgt Gefängnis von drei bis zu zehn Jahren, wenn die Tat nur darauf gerichtet ist, die Ausübung der erwähnten Herrschaftsgewalt, Befugnisse, Vorrechte oder Geschäfte zu stören.

Art. 294.

(Art. 123, 126 Cod. Pen.; Art. 21 Presseverordnung; Art. 2 Ges. vom 19. Juli 1924 über die Presse [1]) in Verbindung mit Art. 197 Cod. Pen.)

Beschimpfung der verfassungsmäßigen Einrichtungen.

Wer öffentlich die Krone, die Königliche Regierung oder das Parlament, oder auch nur eine der Kammern, beschimpft, wird mit Gefängnis von einem bis zu sechs Jahren bestraft.

Die gleiche Strafe findet auf denjenigen Anwendung, welcher öffentlich das Heer oder die Gerichtsgewalt beschimpft.

Ist die Tat mittels der Presse begangen, wird die Strafe erhöht.

Art. 295.

(Art. 115 Cod. Pen. und Königliches Dekret vom 24. Sept. 1924 Nr. 2072 über den Gebrauch der Nationalflagge.)

Beschimpfung der Flagge oder eines anderen Hoheitszeichens des Staates.

Wer die Nationalflagge oder ein anderes Hoheitszeichen des Staats beschimpft, wird mit Gefängnis von einem bis zu drei Jahren bestraft.

Im Rahmen des Strafgesetzes ist unter Nationalflagge die amtliche Flagge des Staats und jede andere die Nationalfarben tragende Flagge zu verstehen.

---

[1]) Richtig Ges. vom 15. Juli 1923, s. im Anhang unter »Presse«.

Kapitel III.

Verbrechen gegen die politischen Rechte des Staatsangehörigen.

Art. 296.

(Art. 139 Cod. Pen.)

Anschlag gegen die politischen Rechte des Staatsangehörigen.

Wer mit Gewalt, Drohung oder Täuschung die Ausübung eines politischen Rechts ganz oder zum Teil verhindert oder einen anderen zur Ausübung eines politischen Rechts bestimmt, oder wer ihn zur Ausübung in einem von seinem Willen abweichenden Sinne bestimmt, wird mit Gefängnis von einem bis zu fünf Jahren bestraft.

Kapitel IV.

Verbrechen gegen die ausländischen Staaten, ihre Oberhäupter und ihre Vertreter.

Art. 297.

(Art. 128 Abs. 2 Cod. Pen.)

Anschlag gegen die ausländischen Staatsoberhäupter.

Wer im Inlande einen Anschlag auf das Leben, die Unversehrtheit oder die persönliche Freiheit des Oberhaupts eines ausländischen Staats verübt, wird, im Falle des Anschlags auf das Leben, mit Gefängnis von vierundzwanzig Jahren und in den andern Fällen mit Gefängnis nicht unter fünfzehn Jahren bestraft. Wenn die Tat den Tod des ausländischen Staatsoberhaupts zur Folge hat, wird der Schuldige, im Falle des Anschlags auf das Leben, mit dem Tode, in den anderen Fällen mit Dauerzuchthaus bestraft.

Art. 298.

(Art. 128 Abs. 1 und letzter Abs. Cod. Pen.; Art. 25 Verordnung über die Presse.)

Verletzende Angriffe gegenüber ausländischen Staatsoberhäuptern.

Wer, abgesehen von den Fällen des vorigen Artikels, die Ehre oder das Ansehen des Oberhaupts eines ausländischen Staates verletzt oder einen Anschlag auf deren Freiheit verübt, wird mit Gefängnis von zwei bis zu acht Jahren bestraft.

Art. 299.

(Art. 130 Cod. Pen. und Art. 26 Verordnung über die Presse.)

Verletzende Angriffe gegenüber den Vertretern ausländischer Staaten.

Die Bestimmungen der beiden vorigen Artikel finden auch Anwendung, wenn die dort vorgesehenen Taten gegen Vertreter ausländischer Staaten, die bei der Königlichen Regierung in führender diplomatischer Sendung beglaubigt sind, aus Anlaß oder bei Ausführung ihrer Amtsverrichtungen begangen sind.

Art. 300.

(Art. 129 Cod. Pen.)

Beleidigung der Flagge oder eines anderen Hoheitszeichens eines ausländischen Staates.

Wer im Inlande an öffentlichem oder dem Publikum ausgesetztem Ort die amtliche Flagge oder ein anderes Hoheitszeichen eines ausländischen Staats, von denen gemäß dem innerstaatlichen Recht Gebrauch gemacht ist, beschimpft, wird mit Gefängnis von sechs Monaten bis zu drei Jahren bestraft.

Art. 301.

Voraussetzung der Gegenseitigkeit.

Die Bestimmungen der Art. 297, 298 und 300 kommen nur zur Anwendung, insoweit das fremde Gesetz, wechselseitig, dem Italienischen Staatsoberhaupt oder der italienischen Flagge Gleichheit des strafrechtlichen Schutzes sichert.

Die Gleichstellung der Führer diplomatischer Sendung mit den ausländischen Staatsoberhäuptern gemäß Art. 299 wird von der Gleichheit strafrechtlichen Schutzes abhängig gemacht, den der fremde Staat den Führern der italienischen diplomatischen Sendung gewährt.

Besteht keine Gleichheit strafrechtlichen Schutzes, kommen die Bestimmungen der Titel XI und XII zur Anwendung; doch wird die Strafe erhöht.

Kapitel V.

Allgemeine und den vorstehenden Kapiteln gemeinsame Bestimmungen.

Art. 302.

Zusammentreffen von strafbaren Handlungen.

Wenn der Angriff auf das Leben, die Unversehrtheit, Freiheit oder Ehre gemäß Art. 281, 282, 284, 285, 297, 298 und 299 vom Gesetz als Tatbestandsmerkmal oder strafschärfender Umstand einer anderen strafbaren Handlung als der in diesen Artikeln behandelten angesehen wird, unterliegt der Schuldige den Strafen für die einzelnen Vergehen, entsprechend den Vorschriften über das Zusammentreffen von strafbaren Handlungen.

Art. 303.

Aufforderung zur Begehung eines der Verbrechen nach Kapiteln I und II.

Wer einen andern zur Begehung eines der in Kapitel I und II dieses Titels vorgesehenen Verbrechen, für welche das Gesetz Todesstrafe, Dauerzuchthaus oder Gefängnis festsetzt, auffordert, wird, wenn die Aufforderung nicht angenommen ist, mit Gefängnis von einem bis zu acht Jahren bestraft.

Indessen ist die anzuwendende Strafe immer weniger als die Hälfte der Strafe für das Verbrechen, auf welches sich die Aufforderung bezieht.

Art. 304.

(Art. 135 Cod. Pen., Art. 13, 14, 22 Verordnung über die Presse und Art. 3 Abs. 2 Ges. über die Verteidigung des Staates.)

Öffentliche Aufforderung.

Wer die Allgemeinheit zur Begehung eines oder mehrerer der in den vorigen Artikeln bezeichneten Verbrechen auffordert, wird, allein um der Tatsache der Aufforderung willen, mit Gefängnis von drei bis zu zwölf Jahren bestraft. Die gleiche Strafe trifft denjenigen, der sich öffentlich zum Verteidiger eines oder mehrerer der im vorigen Artikel bezeichneten Verbrechen aufwirft.

Art. 305.

(Art. 134 Abs. 1 Cod. Pen.)

Politische Verschwörung mittels Verabredung.

Wenn mehrere Personen sich zur Begehung eines der in Artikel 303 bezeichneten Verbrechen verabreden, werden die Teilnehmer an der Verabredung, allein hierfür, mit Gefängnis von einem bis zu fünf Jahren bestraft.

Für die Anstifter wird die Strafe erhöht.

Art. 306.

(Vgl. Art. 134 Abs. 1 Cod. Pen. und Art. 3 Abs. 1 Ges. über die Verteidigung des Staates.)

Politische Verschwörung mittels Zusammenschluß.

Wenn drei oder mehr Personen sich zur Begehung eines der in Art. 303 bezeichneten Verbrechen verbinden, so werden diejenigen, welche die Verbindung vorbereiten, gründen oder ausgestalten, allein hierfür, mit Gefängnis von fünf bis zu zwölf Jahren bestraft.

Allein für die Tatsache der Beteiligung an der Verbindung beträgt die Strafe Gefängnis von zwei bis zu acht Jahren.

Die Führer der Verbindung unterliegen der gleichen Strafe wie die Gründer.

Die Strafen werden im Falle der Verbindung zur Begehung von zwei oder mehr der bezeichneten Verbrechen erhöht.

Art. 307.

(Art. 131 Cod. Pen.)

Bewaffnete Haufen: Bildung und Teilnahme.

Wenn sich zur Begehung eines der in Art. 303 bezeichneten Verbrechen ein bewaffneter Haufen bildet, unterliegen diejenigen, welche ihn zusammenbringen, begründen oder ausgestalten, hierfür allein, der Gefängnisstrafe von fünf bis zu fünfzehn Jahren.

Für die Tatsache der Beteiligung an dem bewaffneten Haufen allein beträgt die Strafe Gefängnis von drei bis zu neun Jahren.

Die Führer oder die Helfer des bewaffneten Haufens unterliegen der gleichen Strafe wie die Gründer.

Art. 288 Abs. 2 findet Anwendung.

Art. 308.

(Art. 132 Cod. Pen.)

Beistand für die Teilnehmer der Verschwörung oder der bewaffneten Haufen.

Wer, abgesehen von den Fällen der Mitwirkung bei der strafbaren Handlung oder der Begünstigung, den Teilnehmern der in den vorigen Artikeln bezeichneten Verabredung, Verbindung oder des Haufens Zuflucht gewährt, Lebensmittel liefert oder Beistand leistet, wird mit Gefängnis bis zu vier Jahren bestraft.

Die Strafe wird erhöht, wenn die Zuflucht, die Lebensmittel oder der Beistand fortgesetzt gewährt werden.

Art. 309.

(Vgl. Art. 3 Ges. über die Verteidigung des Staates.)

Strafschärfende Umstände.

In den Fällen der Art. 305, 306 und 307 wird die Strafe erhöht, wenn die Zahl der Teilnehmer fünf oder mehr beträgt.

Art. 310.

(Art. 134 letzter Abs. Cod. Pen.)

Verschwörung: Straffreiheit.

In den Fällen der Art. 305, 306 und 308 sind diejenigen straffrei, welche vor der Begehung des Verbrechens, für das die Verabredung getroffen oder die Verbindung gegründet ist, und vor der Festnahme oder dem Verfahren:

1. die Verbindung auflösen oder wenigstens die Auflösung beschließen;
2. sofern sie nicht Gründer oder Führer sind, von der Verabredung oder Verbindung zurücktreten.

Gleichermaßen straffrei sind diejenigen, welche irgendwie verhindern, daß die Ausführung des Verbrechens, für das die Vereinbarung getroffen oder die Verbindung gegründet ist, erfolgt.

Art. 311.

(Art. 133 Cod. Pen.)

Bewaffneter Haufen: Straffreiheit.

In den Fällen der Art. 307 und 308 sind diejenigen straffrei, welche vor der Begehung des Verbrechens, für das der bewaffnete Haufen gebildet war, und vor der Aufforderung der Behörde oder der Polizei oder sofort nach dieser Aufforderung:

1. den Haufen auflösen oder wenigstens seine Auflösung beschließen;
2. sofern sie nicht Gründer oder Führer des Haufens sind, sich von diesem zurückziehen oder sich ohne Widerstand und unter Ablieferung oder Aufgabe der Waffen ergeben.

Gleichermaßen straffrei sind diejenigen, welche irgendwie verhindern, daß die Ausführung des Verbrechens, für das der Haufen gebildet wurde, erfolgt.

Art. 312.

(Art. 6 Ges. über die Verteidigung des Staates.)

Fälle, in denen an Stelle der Todesstrafe oder des Dauerzuchthauses Gefängnis treten kann.

Bei den Verbrechen dieses Titels, für welche Todesstrafe oder Dauerzuchthaus aufzuerlegen ist, hat der Richter, wenn unter Berücksichtigung der Natur, Art, Hilfsmittel, Modalitäten oder Tatumstände der Handlung oder der besonderen Geringfügigkeit des Schadens oder der Gefahr die Tat von unwesentlicher Bedeutung erscheint, die Möglichkeit, an Stelle der Todesstrafe oder des Dauerzuchthauses Gefängnis von fünfzehn bis zu dreißig Jahren eintreten zu lassen.

Art. 313.

Nebenstrafen.

Die Verurteilung zur Todesstrafe, zu Dauerzuchthaus oder zu mehr als zehn Jahren Gefängnis wegen eines der in Kapitel I dieses Titels vorgesehenen Verbrechen hat den Verlust der Staatsangehörigkeit zur Folge.

Die Verurteilung zur Todesstrafe oder zu Dauerzuchthaus wegen eines der in Kapiteln I und II vorgesehenen Verbrechen hat die allgemeine Einziehung des Vermögens des Verurteilten zur Folge, die Verurteilung zu mehr als zwanzig Jahren Gefängnis wegen der gleichen Verbrechen die allgemeine Einziehung der Einkünfte.

Art. 314.

(Art. 1 letzter Abs. u. Art. 12 letzter Abs. Ges. vom 21. März 1915 Nr. 273.)

Sicherungsmaßnahmen.

Bei Verurteilung des Staatsfremden zu einer die persönliche Freiheit beschränkenden Strafe wegen eines der in diesen Artikeln vorgesehenen Verbrechen ist stets die dauernde Ausweisung aus dem Staat anzuordnen.

Art. 315.

(Vgl. Art. 56 Verordnung über die Presse; Ges. vom 26. Febr. 1852 Nr. 1337 und Art. 124, 127, 129 letzter Abs., 129 Abs. 2 130 Abs. 2 Cod. Pen.)

Ermächtigung oder Ersuchen um Strafverfolgung.

Bei den Verbrechen nach Art. 249, 250, 270, 278, 279, 282, 283, 285 und 292 tritt Strafverfolgung nur auf Ermächtigung des Justizministers ein.

Bei den Verbrechen nach Art. 272, 274, 291, 298, 299 in Verbindung mit Art. 298, und 300 tritt Strafverfolgung nur auf Ersuchen des Justizministers ein.

Bei den Verbrechen nach Artikeln 253 bis 257 tritt, wenn sie in Kriegszeiten zum Nachteil eines alliierten oder assoziierten ausländischen Staats zwecks Krieges gegen den Italienischen Staat begangen sind, Strafverfolgung nur auf Ersuchen des Justizministers ein.

Bei den Verbrechen nach Art. 294 tritt, wenn es gegen den Senat oder die Kammer der Abgeordneten begangen ist, Strafverfolgung nur auf Ersuchen derjenigen der beiden Kammern ein, gegen welche die Beschimpfung sich richtet.

Zweiter Titel.

Verbrechen gegen die öffentliche Verwaltung.

Kapitel I.

Verbrechen der öffentlichen Beamten gegen die öffentliche Verwaltung.

Art. 316.

(Art. 168 Cod. Pen.)

Amtsunterschleif.

Der öffentliche Beamte oder der mit einer öffentlichen Dienstleistung Beauftragte, der sich Geld oder eine andere der öffentlichen Verwaltung gehörende bewegliche Sache, die er aus Gründen seines Amtes oder Dienstes im Besitz hat, zu seinem oder anderer Nutzen aneignet oder sie hinterzieht, wird mit Gefängnis von drei bis zu zehn Jahren und mit Geldstrafe nicht unter tausend Lire bestraft.

Die gleiche Strafe tritt ein, wenn die Tat, obgleich an Geld oder einer anderen Privaten gehörenden beweglichen Sache begangen, der öffentlichen Verwaltung einen Vermögensschaden verursacht.

Die Verurteilung hat das dauernde Verbot der Bekleidung öffentlicher Ämter zur Folge.

Wenn das Geld oder die bewegliche Sache von geringem Wert oder der Schaden vor dem Verfahren vollständig wiedergutgemacht ist, und die auferlegte Strafe weniger als fünf Jahre Gefängnis beträgt, tritt an die Stelle des dauernden das zeitige Verbot.

Ist von der beweglichen Sache nur privater Gebrauch gemacht worden, beträgt die Strafe Gefängnis bis zu drei Jahren und Geldstrafe bis zu dreitausend Lire.

Art. 317.

Veruntreuung zum Nachteil Privater.

Der öffentliche Beamte oder mit einer öffentlichen Dienstleistung Beauftragte, der außerhalb der Fälle des vorigen Artikels sich zu seinem oder eines Dritten Nutzen Geld oder eine bewegliche Sache anderer, die er aus Gründen seines Amtes oder Dienstes in Besitz hat, aneignet oder sie irgendwie hinterzieht, wird mit Gefängnis von zwei bis zu acht Jahren und mit Geldstrafe nicht unter tausend Lire bestraft.

Die Bestimmungen der letzten drei Absätze des vorigen Artikels finden Anwendung.

Art. 318.

(Art. 170 Abs. 2 Cod. Pen.)

Unterschleif durch Ausnutzung fremden Irrtums.

Der öffentliche Beamte oder mit einer öffentlichen Dienstleistung Beauftragte, der bei Ausübung seiner Amtsverrichtungen oder seines Dienstes unter Ausnutzung fremden Irrtums, für sich oder für einen Dritten, Geld oder einen anderen Vorteil unbefugt in Empfang nimmt oder behält, wird mit Gefängnis von sechs Monaten bis zu drei Jahren und mit Geldstrafe von fünfhundert bis zehntausend Lire bestraft.

Art. 319.

(Art. 169, 170 Abs. 1 u. letzter Abs. Cod. Pen.)

Erpressung.

Der öffentliche Beamte, der unter Mißbrauch seiner Eigenschaften oder seiner Befugnisse einen andern zur Hergabe oder zum Versprechen, an sich oder einen Dritten, von Geld oder einem andern Vorteil unbefugt zwingt oder dazu überredet, wird mit Gefängnis von vier bis zu zwölf Jahren und mit Geldstrafe nicht unter dreitausend Lire bestraft.

Die Verurteilung hat das dauernde Verbot der Bekleidung öffentlicher Ämter zur Folge.

Wenn die unbefugt hingegebene oder versprochene Summe oder der Vorteil von geringem Wert oder der Schaden vor dem Verfahren vollständig wiedergutgemacht ist und die auferlegte Strafe weniger als fünf Jahre Gefängnis beträgt, tritt an die Stelle des dauernden das zeitige Verbot.

Art. 320.

(Art. 171 Cod. Pen.)

Bestechung bei einer Amtshandlung.

Der öffentliche Beamte, der zur Vornahme einer Handlung seines Amtes, für sich oder für einen Dritten, eine ihm nicht geschuldete Vergütung in Geld oder in Gestalt eines anderen Vorteils in Empfang nimmt oder sich versprechen läßt, wird mit Gefängnis bis zu drei Jahren und mit Geldstrafe von fünfhundert bis zehntausend Lire bestraft.

Wenn der öffentliche Beamte die Vergütung wegen einer von ihm schon vollzogenen Amtshandlung annimmt, beträgt die Strafe Gefängnis bis zu einem Jahr und Geldstrafe bis dreitausend Lire.

Art. 321.

(Art. 172 Cod. Pen.)

Bestechung bei einer Handlung, die den Amtspflichten zuwiderläuft.

Der öffentliche Beamte, der zur Unterlassung oder Verzögerung einer Amtshandlung oder zur Vornahme einer Handlung, die den Amtspflichten zuwider läuft, für sich oder für einen Dritten Geld oder einen andern Vorteil in Empfang nimmt oder sich versprechen läßt, wird mit Gefängnis von zwei bis zu fünf Jahren und mit Geldstrafe von dreitausend bis zwanzigtausend Lire bestraft.

Die Strafe wird erhöht, wenn die Tat zur Folge hat:

1. die Verschaffung von öffentlichen Anstellungen, Besoldungen, Pensionen, Ehrenerweisen oder den Abschluß von Verträgen, bei denen die Verwaltung, welcher der öffentliche Beamte angehört, beteiligt ist;
2. den Nutzen oder Schaden einer Partei in einem Zivil-, Straf- oder Verwaltungsprozeß.

Gefängnisstrafe von sechs bis zu zwanzig Jahren und Geldstrafe nicht unter fünfundzwanzigtausend Lire tritt ein, wenn die Tat ein auf Dauerzuchthaus oder auf Gefängnis erkennendes Urteil zur Folge hat. Dauerzuchthaus tritt ein, wenn die Tat ein Todesurteil zur Folge hat.

Nimmt der öffentliche Beamte das Geld oder den Vorteil dafür an, daß er gegen die Pflichten seines Amtes verstoßen oder eine Amtshandlung unterlassen oder verzögert hat, beträgt die Strafe Gefängnis von einem bis zu drei Jahren und Geldstrafe von tausend bis zehntausend Lire.

Art. 322.

Bestechung eines mit einer öffentlichen Dienstleistung Beauftragten.

Die Bestimmungen des Art. 320 kommen auch zur Anwendung, wenn die Tat von jemand begangen ist, der einen öffentlichen Dienst versieht, wenn er die Eigenschaft eines öffentlichen Angestellten bekleidet.

Die Bestimmungen des ersten und letzten Absatzes des vorigen Artikels kommen auf jedermann zur Anwendung, der mit einer öffentlichen Dienstleistung betraut ist.

In jedem Falle werden die Strafen um höchstens ein Drittel ermäßigt.

Art. 323.

(Art. 173 Cod. Pen.)

Aufforderung zur Bestechung.

Wer einem öffentlichen Beamten oder einem mit einer öffentlichen Dienstleistung Beauftragten, der die Eigenschaft eines öffentlichen Angestellten bekleidet, Geld oder einen anderen Vorteil als nicht geschuldete Vergütung anbietet oder verspricht, um ihn zur Vornahme einer Amtshandlung oder Dienstleistung zu bestimmen, unterliegt, sofern das Anerbieten oder das Versprechen nicht angenommen ist, der Strafe nach Art. 320 Abs. 1, unter Ermäßigung um ein Drittel.

Sind das Geld oder der Vorteil angeboten oder versprochen, um einen öffentlichen Beamten oder einen mit einer öffentlichen Dienstleistung Beauftragten zur Unterlassung oder Verzögerung einer Amts- oder Diensthandlung oder zur Vornahme einer pflichtwidrigen Handlung zu bestimmen, unterliegt der Schuldige, sofern das Anerbieten oder Versprechen nicht angenommen ist, der Strafe nach Art. 321 Abs. 1, unter Ermäßigung um ein Drittel.

Art. 324.

(Art. 175 Abs. 1 Cod. Pen.)

Amtsmißbrauch in gesetzlich nicht besonders vorgesehenen Fällen.

Der öffentliche Beamte, der unter Anmaßung einer gesetzlich ihm nicht übertragenen Gewalt, unter Überschreitung der Grenzen seiner Zuständigkeit, Mißbrauch seiner Befugnisse, Handeln außerhalb der vom Gesetz bestimmten Fälle oder unter Nichtbeachtung der gesetzlich vorgeschriebenen Förmlichkeiten in der Absicht, einem andern einen Schaden zuzufügen oder sich einen Vorteil zu verschaffen, irgendeine Tat, die nicht durch eine besondere Gesetzesvorschrift unter Strafe gestellt ist, begeht oder ihre Begehung anordnet, wird mit Gefängnis bis zu zwei Jahren oder mit Geldstrafe von fünfhundert bis zehntausend Lire bestraft.

Art. 325.

(Art. 176 Cod. Pen.)

Private Beteiligung bei Amtshandlungen.

Der öffentliche Beamte, der sich unmittelbar oder durch eine Mittelsperson oder in verschleierter Form an irgendeiner Handlung der öffentlichen Verwaltung, bei der er sein Amt ausübt, privat beteiligt, wird mit Gefängnis von sechs Monaten bis zu fünf Jahren und mit Geldstrafe von tausend bis zwanzigtausend Lire bestraft.

Art. 326.

Ausnutzung von Erfindungen oder Entdeckungen, deren Kenntnis aus amtlichen Gründen erlangt ist.

Der öffentliche Beamte oder mit einer öffentlichen Dienstleistung Beauftragte, der Erfindungen, wissenschaftliche Entdeckungen oder neue industrielle Verfahren, die er aus Gründen seines Amtes oder Dienstes kennt, und die geheim bleiben müssen, für seinen oder anderer Nutzen verwendet, wird mit Gefängnis von einem bis zu fünf Jahren und mit Geldstrafe nicht unter fünftausend Lire bestraft.

Art. 327.

(Art. 177 Cod. Pen.)

Verrat von Amtsgeheimnissen.

Der öffentliche Beamte, der unter Mißbrauch seiner Eigenschaften amtliche Nachrichten offenbart, die geheim bleiben müssen, oder in irgendeiner Weise deren Bekanntwerden erleichtert, wird mit Gefängnis von sechs Monaten bis zu drei Jahren bestraft.

Die Strafe wird erhöht, wenn die Bekanntgabe mittels der Presse erfolgt ist.

Sind die Nachrichten durch Fahrlässigkeit des öffentlichen Beamten bekannt geworden, wird dieser mit Gefängnis bis zu einem Jahr bestraft.

Die gleichen Strafen finden Anwendung, wenn der Schuldige ein mit einer öffentlichen Dienstleistung Beauftragter ist.

Art. 328.

(Art. 175 Abs. 2, 182, 183 Cod. Pen.)

Aufreizung zur Mißachtung und Beschimpfung der Einrichtungen, Gesetze oder Handlungen der Obrigkeit.

Der öffentliche Beamte, der bei Ausübung seiner Amtsverrichtungen zur Mißachtung der Einrichtungen oder zum Ungehorsam gegen die Gesetze, die Verfügungen der Obrigkeit oder die mit einem öffentlichen Amt oder Dienst verbundenen Pflichten auffordert, oder sich zum Verteidiger von Handlungen, die den Gesetzen, den Verfügungen der Behörde oder den erwähnten Pflichten zuwiderlaufen, aufwirft, wird, sofern die Tat nicht ein schwereres Verbrechen darstellt, mit Gefängnis bis zu drei Jahren bestraft.

Der gleichen Strafe unterliegt der öffentliche Beamte, der, außerhalb der Fälle nach Art. 294, bei Ausübung seiner Amtsverrichtungen die Einrichtungen oder Gesetze des Staates oder die Verfügungen der Obrigkeit verächtlich macht.

Die vorstehenden Bestimmungen kommen auch auf den öffentlichen Angestellten, der einen öffentlichen Dienst leistet, und auf den Diener einer Religionsgemeinschaft zur Anwendung.

Art. 329.

Untreue des öffentlichen Beamten oder Angestellten.

Der öffentliche Beamte oder der im öffentlichen Dienst Angestellte, der sich bei der Erfüllung seiner Amts- oder Dienstpflichten untreu erweist, so daß das Ansehen oder die Interessen der öffentlichen Verwaltung beeinträchtigt werden, wird, sofern die Tat nicht durch eine besondere Gesetzesvorschrift unter Strafe gestellt ist, mit Gefängnis bis zu drei Jahren bestraft.

Art. 330.

(Art. 178 Cod. Pen.)

Unterlassung oder Verweigerung von Amtshandlungen.

Der öffentliche Beamte oder mit einer öffentlichen Dienstleistung Beauftragte, der unbefugt eine Amts- oder Dienstleistung verweigert, unterläßt oder verzögert, wird mit Gefängnis bis zu einem Jahre oder mit Geldstrafe bis zehntausend Lire bestraft.

Die Strafe wird erhöht, wenn durch die Tat der öffentlichen Verwaltung oder dem Privaten ein Vermögensschaden erwächst.

Ist der öffentliche Beamte ein Richter oder ein Beamter der Staatsanwaltschaft, liegt Unterlassung, Verweigerung oder Verzögerung vor, wenn die gesetzlichen Voraussetzungen für Erhebung der Zivilklage gegen sie erfüllt sind.

Art. 331.

(Art. 179 Cod. Pen.)

Verweigerung oder Verzögerung des Gehorsams seitens einer Militärperson oder eines Polizeibeamten.

Die Militärperson oder der Polizeibeamte, welche unbefugt die Ausführung eines an sie von der zuständigen Behörde unter Beachtung der gesetzlichen Formen gerichteten Ersuchens verweigern oder verzögern, werden mit Gefängnis bis zu zwei Jahren bestraft.

Art. 332.

(Art. 203 Cod. Pen.)

Beiseiteschaffung oder Beschädigung von gepfändeten oder beschlagnahmten Sachen. Eigentümer.

Der Eigentümer, der eine gepfändete oder beschlagnahmte und seiner Obhut anvertraute Sache beiseiteschafft, unterdrückt, zerstört, zerstreut oder verderben läßt, um die Wirkungen der Pfändung oder Beschlagnahme zunichte zu machen oder die Rechte Dritter zu schädigen, wird mit Gefängnis von sechs Monaten bis zu drei Jahren und mit Geldstrafe nicht unter tausend Lire bestraft.

Wenn der Schuldige die Tat an Sachen begeht, die nicht seiner Obhut anvertraut sind, wird er mit Gefängnis bis zu einem Jahr und mit Geldstrafe nicht unter fünfhundert Lire bestraft.

Art. 333.

(Art. 203 Cod. Pen.)

Fahrlässige Verletzung der Verwahrungspflichten.

Der öffentliche Beamte oder mit einer öffentlichen Dienstleistung Beauftragte, der fahrlässig die Zerstörung, Unterdrückung oder den Verlust [1]) einer Sache, hinsichtlich deren er eine besondere Verwahrungspflicht hat, verursacht, wird mit Gefängnis bis zu einem Jahre oder mit Geldstrafe bis zu zehntausend Lire bestraft.

Die gleiche Strafe findet auf den öffentlichen Beamten oder den mit einer öffentlichen Dienstleistung Beauftragten Anwendung, wenn durch seine Fahrlässigkeit die Sache von anderen beiseite geschafft, unterdrückt, zerstört oder zerstreut wird.

Art. 334.

(Art. 19 Ges. v. 3. Aproö 1926 Nr. 563.)

Gemeinsame Aufgabe von Ämtern, Anstellungen, Dienstleistungen oder anderen öffentlichen Arbeiten.

Die öffentlichen Beamten, Angestellten und Bevollmächtigten des Staats oder eines anderen öffentliche Dienste wahrnehmenden öffentlichen Verbandes, ferner die Privaten, welche, nicht in Unternehmungen zusammengefaßt, öffentliche oder im öffentlichen Interesse notwendige Dienste versehen, und die Angestellten von Unternehmungen öffentlicher oder öffentlich notwendiger Dienste, welche, zu drei oder mehr Personen, gemeinsam das Amt, die Anstellung, die Dienstleistung oder die Arbeit aufgeben oder sie in einer Art leisten, daß deren Fortdauer oder regelmäßiger Verlauf gestört sind, werden mit Gefängnis bis zu zwei Jahren bestraft.

Die Führer, Anstifter oder Ordner werden mit Gefängnis von zwei bis zu fünf Jahren bestraft.

Die Strafen werden erhöht, wenn die Tat:

1. zu politischen Zwecken begangen ist;
2. lärmende Kundgebungen, Aufstände oder Volksaufruhr hervorgerufen hat.

Art. 335.

(Art. 19 Abs. 4 Ges. vom 3. April 1926 w. o.)

Abbruch einer öffentlichen oder im öffentlichen Interesse notwendigen Dienstleistung.

Die Inhaber von Unternehmungen öffentlicher oder im öffentlichen Interesse notwendiger Dienste, welche in ihren Niederlassungen, Diensträumen oder Geschäften den Dienst in einer Weise abbrechen oder die Arbeit einstellen, daß der regelmäßige Fortgang des Dienstes gestört ist, werden mit Gefängnis von sechs Monaten bis zu einem Jahre und mit Geldstrafe nicht unter fünfhundert Lire bestraft.

---

[1]) Ital. »dispersione« (Zerstreuung).

Die Führer, Anstifter oder Ordner werden mit Gefängnis von drei bis zu sieben Jahren und mit Geldstrafe nicht unter dreißigtausend Lire bestraft.

Die Bestimmung des letzten Absatzes des vorigen Artikels findet Anwendung.

Art. 336.

(Art. 20 Ges. vom 3. April 1926 w. o.)

Unterlassung von Amtspflichten bei Gelegenheit der Aufgabe eines öffentlichen Amtes oder bei Abbruch einer öffentlichen Dienstleistung.

Die öffentlichen Beamten und die Leiter von öffentlichen oder im öffentlichen Interesse notwendigen Dienstleistungen, welche bei Gelegenheit eines der in den beiden vorigen Artikeln behandelten Verbrechen, ohne daran teilgenommen zu haben, die Bemühung um die Wiederaufnahme des Dienstes, dem sie zugeteilt sind oder vorstehen, oder die Erfüllung dessen, was für den regelmäßigen Fortgang des Dienstes notwendig ist, verweigern oder unterlassen, werden mit Geldstrafe bis zu fünftausend Lire bestraft.

Art. 337.

(Art. 181 Abs. 2 Cod. Pen.)

Einzelaufgabe eines öffentlichen Amtes, Dienstes oder Arbeit.

Der öffentliche Beamte, Angestellte oder Bevollmächtigte des Staates oder eines anderen öffentliche Dienstleistungen versehenden öffentlichen Verbandes, der private Inhaber öffentlicher oder im öffentlichen Interesse notwendiger Dienste, soweit nicht in Unternehmungen zusammengefaßt, oder der Angestellte von Unternehmungen öffentlicher oder im öffentlichen Interesse notwendiger Dienste, welcher das Amt, den Dienst oder die Arbeit zu dem Zwecke aufgibt, deren Fortdauer oder regelmäßigen Verlauf zu stören, wird mit Gefängnis bis zu sechs Monaten oder mit Geldstrafe bis zu fünftausend Lire bestraft.

Die Strafe wird erhöht, wenn die Tat öffentlichen oder privaten Schaden zur Folge hat.

Die Strafe nach Abs. 1 dieses Artikels findet auch auf denjenigen Anwendung, der, mit dem dort angegebenen Zweck, das Amt, den Dienst oder die Arbeit, ohne sie aufzugeben, in einer Weise versieht, daß die Fortdauer oder der regelmäßige Verlauf gestört wird.

Kapitel II.

Verbrechen Privater gegen die öffentliche Verwaltung.

Art. 338.

(Art. 187 Cod. Pen.)

Gewalt oder Drohung gegenüber einem öffentlichen Beamten.

Wer mit Gewalt oder Drohung gegen einen öffentlichen Beamten oder gegen einen mit öffentlichen Dienstleistungen Beauftragten vorgeht, um ihn zu einer pflichtwidrigen Handlung oder zur Unterlassung einer Amts- oder Diensthandlung zu zwingen, wird mit Gefängnis von einem bis zu sieben Jahren bestraft.

Die Strafe beträgt Gefängnis bis zu drei Jahren, wenn die Tat begangen ist, um eine der erwähnten Personen zur Erfüllung einer Amts- oder Diensthandlung zu zwingen oder irgendwie darauf Einfluß zu gewinnen.

Art. 339.

(Art. 190 Cod. Pen.)

Widerstand gegenüber einem öffentlichen Beamten.

Wer Gewalt oder Drohungen anwendet, um sich einem öffentlichen Beamten oder einem mit öffentlichen Dienstleistungen Beauftragten, bei Erfüllung einer Amts- oder Diensthandlung, oder denjenigen, die ihm auf Ersuchen Beistand leisten, zu widersetzen, wird mit Gefängnis von einem bis zu sieben Jahren bestraft.

Art. 340.

Strafschärfende Umstände.

Die in den beiden vorigen Artikeln bestimmten Strafen werden erhöht, wenn einer der Tatumstände nach Art. 618 Abs. 2 hinzukommt.

Ist die Gewalt oder der Widerstand bei einem der Verbrechen mit Waffen von mehr als fünf vereinigten Personen oder, auch ohne Waffen, von mehr als zehn verübt worden, so beträgt die Strafe in den Fällen nach Art. 338 Abs. 1 und Art. 339 Gefängnis von drei bis zu fünfzehn Jahren, im Falle des Art. 338 Abs. 2 Gefängnis von zwei bis zu acht Jahren.

Art. 341.

(Art. 188 Cod. Pen.)

Gewalt oder Drohung gegenüber einer politischen, verwaltenden oder gerichtlichen Körperschaft.

Wer mit Gewalt oder Drohung gegen eine politische, verwaltende oder gerichtliche Körperschaft oder ihre Vertretung oder gegen irgendeine öffentliche Behörde, die zur Versammlung zusammengetreten ist, vorgeht, um diese, ganz oder zum Teil, auch nur zeitweise, an ihrer Tätigkeit zu hindern oder irgendwie zu stören, wird mit Gefängnis von einem bis zu sieben Jahren bestraft.

Der gleichen Strafe unterliegt, wer die Tat begeht, um auf die beratenden Entschließungen von Unternehmungen öffentlicher oder im öffentlichen Interesse notwendiger Dienste, welche die Ausgestaltung oder Ausführung der Dienste zum Gegenstand haben, Einfluß zu gewinnen.

Die Strafen werden nach Maßgabe des vorigen Artikels erhöht, wenn einer der darin bezeichneten strafschärfenden Umstände hinzukommt.

Art. 342.

Abbruch eines öffentlichen Amtes oder Dienstes oder eines im öffentlichen Interesse notwendigen Dienstes.

Wer, abgesehen von den in besonderen Gesetzesvorschriften vorgesehenen Fällen, den Abbruch eines öffentlichen Amtes oder Dienstes oder eines im öffentlichen Interesse notwendigen Dienstes verursacht oder den regelmäßigen Verlauf stört, wird mit Gefängnis bis zu einem Jahr und mit Geldstrafe von dreitausend bis zwanzigtausend Lire bestraft.

Die Führer, Anstifter und Ordner werden mit Gefängnis von einem bis zu fünf Jahren und mit Geldstrafe von zehntausend bis fünfzigtausend Lire bestraft.

Die Strafen werden erhöht, wenn es sich um die in Art. 359 Abs. 2 bezeichneten Dienste handelt.

Art. 343.

(Vgl. Art. 432, 435 Cod. Pen.)

Gehorsamsverweigerung gegenüber der Behörde.

Wer, aus Mißachtung, ohne Gewalt oder Drohung, in Widerstand gegen die Behörde den Gehorsam gegenüber einer von ihr getroffenen gesetzmäßigen Anordnung verweigert, wird mit Gefängnis bis zu einem Jahr und mit Geldstrafe bis zu fünftausend Lire bestraft.

Der gleichen Strafe unterliegt, wer, bei Gelegenheit eines Aufstandes, eines öffentlichen Unglücks oder einer gemeinsamen Gefahr oder im Augenblick der Begehung von strafbaren Handlungen ohne berechtigten Grund die Leistung von Mithilfe oder Arbeit oder die Mitteilung von Aufschlüssen oder Angaben verweigert, um die er von dem öffentlichen Beamten oder einem mit einer öffentlichen Dienstleistung Beauftragten bei der Ausübung ihrer Amts- oder Dienstverrichtungen ersucht ist; Gefängnisstrafe von sechs Monaten bis zu zwei Jahren oder Geldstrafe von fünfhundert bis zehntausend Lire tritt ein, wenn er falsche Aufschlüsse oder Angaben macht.

Art. 344.

(ARt. 194, 196 Cod. Pen.)

Beschimpfung eines öffentlichen Beamten.

Wer, mit Wort oder Tat, die Ehre oder das Ansehen eines öffentlichen Beamten in seiner Gegenwart und aus Anlaß oder bei der Ausübung seiner Amtsverrichtungen verletzt, wird mit Gefängnis von sechs Monaten bis zu einem Jahr bestraft.

Die gleiche Strafe trifft denjenigen, der die Tat durch telegraphische oder telephonische Mitteilung oder durch eine an den Beamten gerichtete Schrift oder Zeichnung aus Anlaß seiner Amtsverrichtungen begeht.

Die Strafe beträgt Gefängnis von einem bis zu zwei Jahren, wenn die Beleidigung in dem Vorwurf einer bestimmten Tatsache besteht.

Die Strafen werden erhöht, wenn die Beleidigung in Gegenwart einer oder mehrerer Personen begangen ist.

Art. 345.

(Art. 197 Cod. Pen.)

Beschimpfung einer politischen, verwaltenden oder gerichtlichen Körperschaft.

Wer, mit Wort oder Tat, die Ehre oder das Ansehen einer politischen, verwaltenden oder gerichtlichen Körperschaft oder ihrer Vertretung oder einer öffentlichen Behörde, die zur Versammlung zusammengetreten ist, in deren Gegenwart verletzt, wird mit Gefängnis von sechs Monaten bis zu zwei Jahren bestraft.

Die gleiche Strafe trifft denjenigen, der die Tat durch telegraphische Mitteilung oder durch eine Schrift oder Zeichnung, die an die Körperschaft, die Vertretung oder die Versammlung aus Anlaß ihrer Amtsverrichtungen gerichtet sind, begeht.

Die Strafe beträgt Gefängnis von einem bis zu drei Jahren, wenn die Beleidigung in dem Vorwurf einer bestimmten Tatsache besteht.

Die Strafen werden erhöht, wenn die Beleidigung in Gegenwart einer oder mehrerer Personen begangen ist.

Art. 346.

(Art. 195, 197 Cod. Pen.)

Beschimpfung einer öffentlichen Behörde mittels Gewalt oder Drohung.

Wer zu Zwecken der Beleidigung eines öffentlichen Beamten gegen ihn in seiner Gegenwart und aus Anlaß oder bei Ausübung seiner Amtsverrichtungen Gewalt oder Drohungen anwendet, wird mit Gefängnis von einem bis zu drei Jahren bestraft.

Wenn die Tat gegen eine politische, verwaltende oder gerichtliche Körperschaft oder ihre Vertretung oder eine öffentliche Behörde, die zur Versammlung zusammengetreten ist, begangen ist, beträgt die Strafe Gefängnis von zwei bis zu vier Jahren.

Die gleichen Strafen finden Anwendung, wenn die Drohung mit einem der in Abs. 2 der beiden vorigen Artikel bezeichneten Mittel aus Anlaß der Amtsverrichtungen begangen ist.

Die Strafen werden erhöht, wenn die Tat in Gegenwart einer oder mehrerer Personen begangen ist.

Art. 347.

(Art. 197 Abs. 1 Cod. Pen.)

Beschimpfung eines Richters im Amt.

Wer, mit Wort oder Tat, die Ehre oder das Ansehen eines Richters im Amt verletzt, wird mit Gefängnis von einem bis zu drei Jahren bestraft.

Die Strafe beträgt Gefängnis von zwei bis zu vier Jahren, wenn die Beleidigung durch Vorwurf einer bestimmten Tatsache begangen ist; Gefängnis von drei bis zu sechs Jahren tritt ein, wenn die Beleidigung in der Anwendung von Gewalt oder Drohungen besteht.

Art. 348.

Verleumdung eines öffentlichen Beamten.

Wer, in Abwesenheit eines öffentlichen Beamten, jedoch aus Anlaß seiner Amtsverrichtungen, dessen Ruf verletzt, wird mit Gefängnis bis zu einem Jahr bestraft.

Die Strafe beträgt Gefängnis von drei Monaten bis zu zwei Jahren, wenn die Beleidigung durch den Vorwurf einer bestimmten Tatsache begangen ist.

Ist der Beleidigte eine politische, verwaltende oder gerichtliche Körperschaft oder ihre Vertretung oder eine öffentliche Behörde, die zur Versammlung zusammengetreten ist, so kommen die vorerwähnten Strafen, unter Erhöhung um ein Drittel, zur Anwendung.

In jedem anderen Falle gelten die Bestimmungen der Art. 604 ff.

Art. 349.

Beschimpfung oder Verleumdung eines öffentlichen Angestellten.

Die Bestimmungen der Art. 344, 346 und 348 über die Beleidigung öffentlicher Beamter kommen auch zur Anwendung, wenn die Beleidigung gegen einen Angestellten im öffentlichen Dienst begangen ist; doch werden die Strafen um ein Drittel ermäßigt.

Art. 350.

(Vgl. Art. 446 Abs. 1 Cod. Pen.)

Beleidigung der Behörde mittels Beschädigung von Anschlägen.

Wer, aus Mißachtung gegen die Behörde, Drucksachen, Handschriften oder Zeichnungen, die auf Geheiß der Behörde für die Öffentlichkeit angeschlagen oder ausgestellt sind, entfernt, zerreißt oder anderweit unleserlich oder irdendwie unbrauchbar macht, wird mit Geldstrafe bis zu fünftausend Lire bestraft.

Art. 351.

(Art. 204 Cod. Pen.)

Kreditaufschneiderei.

Wer unter prahlender Anpreisung des Kredits, den er bei einem öffentlichen Beamten oder Angestellten im öffentlichen Dienst genießt, als Preis seiner Vermittlung bei diesem, für sich oder einen Dritten, Geld oder einen andern Vorteil in Empfang nimmt oder sich geben oder versprechen läßt, wird mit Gefängnis von einem bis zu fünf Jahren und mit Geldstrafe von dreitausend bis zwanzigtausend Lire bestraft.

Die Strafe beträgt Gefängnis von zwei bis zu sechs Jahren und Geldstrafe von fünftausend bis dreißigtausend Lire, wenn der Schuldige, für sich oder einen Dritten, Geld oder einen andern Vorteil unter dem Vorwande, daß er die Gunst eines öffentlichen Beamten oder Angestellten kaufen oder ihn dafür entlohnen müsse, empfängt oder geben oder versprechen läßt.

Art. 352.

(Art. 185 Cod. Pen.)

Anmaßung öffentlicher Amtsbefugnisse.

Wer sich ein öffentliches Amt oder die mit einer öffentlichen Anstellung verbundenen Befugnisse anmaßt, wird mit Gefängnis bis zu zwei Jahren bestraft.

Der gleichen Strafe unterliegt der öffentliche Beamte oder Angestellte, der die Amtsverrichtungen oder Befugnisse, nachdem er Mitteilung von der Verfügung, welche diese beendet oder ihn deren enthebt, erhalten hat, weiter ausübt.

Die Verurteilung hat die besondere Veröffentlichung des Urteils zur Folge.

Art. 353.

Mißbrauch der Ausübung eines Berufs.

Wer einen Beruf mißbräuchlich ausübt, für den eine besondere staatliche Befähigung erforderlich ist, wird mit Gefängnis bis zu sechs Monaten oder mit Geldstrafe von tausend bis fünftausend Lire bestraft.

Art. 354.

(Art. 201 Cod. Pen.)

Siegelbruch.

Wer die Siegel beschädigt, die nach gesetzlicher Bestimmung oder auf Anordnung der Behörde zwecks Sicherung der Erhaltung oder der Identität einer Sache angebracht sind, wird mit Gefängnis von sechs Monaten bis zu drei Jahren und mit Geldstrafe von tausend bis zehntausend Lire bestraft.

Ist der Schuldige der Verwahrer der Sache, beträgt die Strafe Gefängnis von drei bis zu fünf Jahren und Geldstrafe von dreitausend bis dreißigtausend Lire.

Ist der Siegelbruch auf Fahrlässigkeit des Verwahrers der Sache zurückzuführen, wird dieser mit Geldstrafe von fünfhhundert bis zehntausend Lire bestraft.

Art. 355.

(Art. 202 Cod. Pen.)

Bruch der öffentlichen Verwahrung von Sachen.

Wer Beweisstücke einer strafbaren Handlung, Akten, Urkunden oder eine andere bewegliche Sache, die sich in besonderer Verwahrung auf einer öffentlichen Dienststelle, bei einem öffentlichen Beamten oder Angestellten im öffentlichen Dienst befindet, beiseiteschafft, unterdrückt, zerstört, zerstreut oder verderben läßt, wird, soweit die Tat nicht ein schwereres Verbrechen darstellt, mit Gefängnis von einem bis zu fünf Jahren bestraft.

Art. 356.

(Art. 443 Abs. 2 Cod. Pen.)

Feilhalten von Drucksachen, deren Beschlagnahme angeordnet ist.

Wer Drucksachen, Handschriften oder Zeichnungen, deren Beschlagnahme die Behörde angeordnet hat, an öffentlichem oder der Öffentlichkeit zugänglichem Ort feilhält, verteilt oder anschlägt, wird mit Geldstrafe bis zu fünftausend Lire bestraft.

Art. 357.

(Art. 299 Abs. 1 und 2 Cod. Pen.)

Störung der Freiheit von Versteigerungen.

Wer mit Gewalt oder Drohung, mit Geschenken, Versprechen, unter Verdunklungen oder mit anderen betrügerischen Mitteln den freien Wettbewerb bei öffentlichen Versteigerungen oder bei privaten Ausbietungen, die für Rechnung öffentlicher Verwaltungen erfolgen, hindert oder stört oder die Bietenden davon fernhält, wird mit Gefängnis bis zu zwei Jahren und mit Geldstrafe von tausend bis zehntausend Lire bestraft.

Wenn der Schuldige eine gesetzlich oder von der Behörde zur Abhaltung der Versteigerungen oder der bezeichneten Ausbietungen berufene Person ist, tritt Gefängnis von einem bis zu fünf Jahren und Geldstrafe von fünftausend bis zwanzigtausend Lire ein.

Die in diesem Artikel bestimmten Strafen kommen auch bei privaten, auf Rechnung von Privatpersonen erfolgenden Ausbietungen, die von einem öffentlichen Beamten oder von einer gesetzmäßig ermächtigten Person geleitet werden, zur Anwendung; doch werden sie auf die Hälfte ermäßigt.

Art. 358.

(Art. 299 letzter Abs. Cod. Pen.)

Fernhaltung von Versteigerungen.

Wer gegen Geld oder einen anderen Vorteil, die ihm oder anderen gegeben oder versprochen sind, sich von dem Mitberwerb bei Versteigerungen oder den im vorigen Artikel bezeichneten Ausbietungen fernhält, wird mit Gefängnis bis zu sechs Monaten oder mit Geldstrafe bis zu fünftausend Lire bestraft.

Art. 359.

(Art. 205 Cod. Pen.)

Nichterfüllung von Verträgen auf öffentliche Lieferungen.

Wer die Verpflichtungen aus einem Lieferungsvertrage an Sachen oder Werkleistungen, der mit dem Staat oder einem andern öffentlichen Verband oder mit einem Unternehmen öffentlicher oder im öffentlichen Interesse notwendiger Dienste abgeschlossen ist, ganz oder zum Teil nicht erfüllt, wird mit Gefängnis von sechs Monaten bis zu fünf Jahren und mit Geldstrafe nicht unter tausend Lire bestraft.

Die Strafe wird erhöht, wenn die Lieferung betrifft:

1. lebenswichtige Nahrungsmittel, Arzneimittel oder Sachen oder Werkleistungen, die für die Verkehrsmittel zu Lande, zu Wasser oder in der Luft oder für die telegraphischen oder telephonischen Verbindungen bestimmt sind;
2. andere Sachen oder Werkleistungen, als die in der vorigen Ziffer bezeichneten, wenn sie für die Bedürfnisse des Heeres bestimmt sind;
3. Sachen oder Werkleistungen, die einer gemeinsamen Gefahr oder einem öffentlichen Unglück vorzubeugen bestimmt sind.

Beruht die völlige Nichterfüllung oder nur teilweise unterbliebene Erfüllung des Vertrages auf Fahrlässigkeit, so werden die Strafen auf die Hälfte ermäßigt.

Die gleichen Bestimmungen finden auf die Unterlieferanten, die Vermittler und die Vertreter der Lieferanten Anwendung, wenn diese unter Verletzung ihrer vertraglichen Pflichten die Nichterfüllung des öffentlichen Lieferungsvertrages verursacht haben.

Art. 360.

(Art. 206 Cod. Pen.)

Betrug bei öffentlichen Lieferungen.

Wer bei der Ausführung der Lieferungsverträge oder bei Erfüllung der anderen im vorstehenden Artikel bezeichneten Vertragspflichten einen Betrug begeht, wird mit Gefängnis von drei bis zu zehn Jahren und mit Geldstrafe nicht unter zwanzigtausend Lire bestraft.

Die Strafe wird in den Fällen des Abs. 2 des genannten Artikels ererhöht.

Art. 361.

(Art. 68 Buchst. a Ges. v. 13. November 1919 Nr. 2205.)

Heimliche Auswanderung: Begünstigung.

Wer die heimliche Auswanderung eines anderen vorbereitet oder in irgendeiner Weise erleichtert, wird mit Gefängnis bis zu zwei Jahren bestraft.

Die gleiche Strafe trifft denjenigen, der unter Umgehung eines Auswanderungsverbots den Auswanderer einem anderen Lande zuführt, als für welches die Ausreiseerlaubnis gewährt war.

Die Strafe wird erhöht:

1. wenn der Schuldige aus Gewinnsucht gehandelt hat;
2. wenn die Tat sich auf zwei oder mehr Personen bezieht;
3. wenn die Tat sich auf Minderjährige oder Frauen bezieht, soweit ihre Ausreise gesetzlich verboten oder von der Behörde nicht genehmigt ist.

Art. 362.

Schädigung an archäologischem, historischem oder künstlerischem Nationalvermögen.

Wer ein Denkmal oder einen anderen besonderen Gegenstand, dessen bedeutender Wert ihm bekannt ist, zerstört, verfallen läßt oder irgendwie beschädigt, wird, wenn durch die Tat dem archäologischen, historischen oder künstlerischen Nationalvermögen ein Schaden erwächst, mit Gefängnis bis zu einem Jahr oder mit Geldstrafe von tausend bis zehntausend Lire bestraft.

Die Einziehung des verfallenen oder irgendwie beschädigten Gegenstandes kann angeordnet werden.

Kapitel III.

Gemeinsame Bestimmungen für die vorigen Kapitel.

Art. 363.

Kriegszeit als strafschärfender Umstand.

Die Strafen wegen der in diesem Titel vorgesehenen Verbrechen werden erhöht, wenn die Tat in Kriegszeiten begangen ist und daraus Schaden oder Gefahr für den inneren Widerstand des Staates gegenüber dem Feinde erwächst.

Art. 364.

(Art. 207 Cod. Pen.)

Begriff des öffentlichen Beamten.

Im Rahmen des Strafgesetzes sind öffentliche Beamte:

1. die Angestellten des Staats oder eines anderen öffentlichen Verbandes, die dauernd oder zeitig eine öffentliche Tätigkeit gesetzgebender, verwaltender oder gerichtlicher Art ausüben;
2. jede andere Person, die dauernd oder zeitig, unentgeltlich oder gegen Vergütung, aus freien Stücken oder pflichtmäßig eine öffentliche Tätigkeit gesetzgebender, verwaltender oder gerichtlicher Art ausübt.

Art. 365.

Begriff des mit einer öffentlichen Dienstleistung Beauftragten.

Im Rahmen des Strafgesetzes sind mit einer öffentlichen Dienstleistung Beauftragte:

1. die Angestellten und Bevollmächtigten des Staats oder eines anderen öffentlichen Verbandes, die dauernd oder zeitig einen öffentlichen Dienst leisten;
2. jede andere Person, die dauernd oder zeitig, unentgeltlich oder gegen Vergütung, aus freien Stücken oder pflichtmäßig einen öffentlichen Dienst leistet.

Art. 366.

(Vgl. Art. 98 Ausführungsverordnung zu dem Gesetz vom 3. April 1926 Nr. 563.)

Personen, die einen im öffentlichen Interesse notwendigen Dienst versehen.

Im Rahmen des Strafgesetzes sind Personen, die einen im öffentlichen Interesse notwendigen Dienst versehen:

1. die Privaten, welche gerichtliche oder Heilberufe oder einen anderen Beruf, dessen Ausübung ohne eine besondere staatliche Befähigung gesetzlich verboten ist, ausüben;
2. die Privaten, die einen Dienst ausüben, der durch einen Akt der öffentlichen Verwaltung für öffentlich notwendig erklärt worden ist.

Art. 367.

(Art. 208 Cod. Pen.)

Ende der Eigenschaft eines öffentlichen Beamten.

Wenn das Gesetz die Eigenschaft eines öffentlichen Beamten oder mit einer öffentlichen Dienstleistung Beauftragten oder des Inhabers eines öffentlich notwendigen Dienstes als Tatbestandsmerkmal oder strafschärfenden Umstand einer strafbaren Handlung ansieht, schließt die Beendigung dieser Eigenschaft im Augenblick der Begehung der Handlung das Vorhandensein des Merkmals und den strafschärfenden Umstand nicht aus, wenn die Tat sich auf die Ausübung des Amtes oder Dienstes bezieht.

Dritter Titel.

Verbrechen gegen die Justizverwaltung.

Kapitel I.

Verbrechen gegen die gerichtliche Tätigkeit.

Art. 368.

(Art. 180 Cod. Pen.; Art. 150, 151, 190 Cod. Proc. Pen.)

Unterlassung der Anzeige einer strafbaren Handlung von seiten des öffentlichen Beamten.

Der öffentliche Beamte, der die Anzeige einer strafbaren Handlung, von der er bei Ausübung oder aus Anlaß seiner Amtsverrichtungen Kenntnis erlangt hat, an das Gericht oder eine andere Behörde, welche diesem davon Mitteilung zu machen hat, unterläßt oder verzögert, wird mit Geldstrafe von fünfhundert bis zehntausend Lire bestraft.

Die Strafe beträgt Gefängnis bis zu einem Jahre, wenn der Schuldige ein Beamter oder Vertreter der gerichtlichen Polizei ist, der irgendwie

Kenntnis von einer strafbaren Handlung, über die er Bericht erstatten muß, erlangt hat.

Die vorstehenden Bestimmungen kommen nicht zur Anwendung, wenn es sich um ein Vergehen handelt, das nur auf Antrag verfolgbar ist.

Art. 369.

Unterlassung der Anzeige von seiten eines mit einer öffentlichen Dienstleistung Beauftragten.

Der mit einer öffentlichen Dienstleistung Beauftragte, der die Anzeige einer strafbaren Handlung, von der er bei Ausübung oder aus Anlaß des Dienstes Kenntnis erlangt hat, an die im vorigen Artikel bezeichnete Behörde unterläßt oder verzögert, wird mit Geldstrafe bis zu tausend Lire bestraft.

Diese Bestimmung kommt im Falle des letzten Absatzes des vorigen Artikels nicht zur Anwendung.

Art. 370.

Strafschärfung bei Unterlassung der Anzeige.

In den Fällen der beiden vorigen Artikel beträgt, wenn die Unterlassung oder die Verzögerung der Anzeige ein Verbrechen gegen das Wesen des Staates betrifft, die Strafe Gefängnis von einem bis zu drei Jahren; sie beträgt zwei bis fünf Jahre, wenn der Schuldige ein Beamter oder Vertreter der gerichtlichen Polizei ist.

Art. 371.

Unterlassung der Anzeige einer strafbaren Handlung von seiten des Staatsangehörigen.

Der Staatsangehörige, der nach Erhalt der Kenntnis von einem Verbrechen gegen das Wesen des Staates, für welches das Gesetz die Todesstrafe oder Dauerzuchthaus festsetzt, es unterläßt oder verzögert, davon der in Art. 368 bezeichneten Behörde Anzeige zu machen, wird mit Gefängnis bis zu einem Jahr oder mit Geldstrafe von tausend bis zehntausend Lire bestraft.

Art. 372.

(Art. 439 Cod. Pen.; Art. 152 Cod. Proc. Pen.)

Unterlassung der Berichterstattung.

Wer, nachdem er bei Ausübung eines Heilberufs seine Hilfe oder Arbeit in Fällen geleistet hat, welche die Merkmale eines von Amts wegen zu verfolgenden Verbrechens aufweisen können, es unterläßt oder verzögert, davon der in Art. 368 bezeichneten Behörde Bericht zu erstatten, wird mit Geldstrafe bis zu fünftausend Lire bestraft.

Diese Bestimmung kommt nicht zur Anwendung, wenn der Bericht die Person, welcher Beistand geleistet worden ist, der strafgerichtlichen Verfolgung aussetzen würde.

Art. 373.

(Art. 210 und 234, teilweise, Cod. Pen.; Art. 177, 178, 232, 245 und 394 Cod. Proc. Pen.)

Verweigerung von Obliegenheiten, zu denen eine gesetzliche Verpflichtung besteht.

Wer, nachdem er vom Gericht zum Sachverständigen, Dolmetscher oder Verwahrer von Sachen, die durch den Strafrichter der Beschlagnahme unterworfen sind, bestellt oder aufgefordert ist, als Zeuge auszusagen, mit betrügerischen Mitteln die Befreiung von der Pflicht zum Erscheinen oder zur Leistung seiner Tätigkeit erreicht, oder wer nach Erscheinen die Übernahme oder Erfüllung seiner Aufgaben verweigert, wird mit Gefängnis bis zu sechs Monaten oder mit Geldstrafe von fünfhundert bis zehntausend Lire bestraft.

Die gleichen Strafen treffen denjenigen, der, nachdem er vom Gericht zur Erfüllung einer der vorgenannten Aufgaben aufgefordert ist, sich weigert, die allgemeinen Angaben über seinen Personenstand zu machen, den von ihm verlangten Eid zu leisten oder überhaupt die Aufgaben zu übernehmen oder zu erfüllen.

Die vorstehenden Bestimmungen finden auf jede andere Person Anwendung, die aufgefordert ist, eine gerichtliche Aufgabe zu erfüllen.

Ist der Schuldige ein Sachverständiger, hat die Verurteilung das Verbot des Berufes oder des Gewerbes zur Folge.

Art. 374.

(Art. 211 Cod. Pen.)

Vorspiegelung einer strafbaren Handlung.

Wer in einer, auch ohne oder unter falschem Namen, an das Gericht oder eine andere Behörde, die gesetzlich zur Mitteilung an dieses verpflichtet ist, gerichteten Anzeige, Antrag oder Ersuchen fälschlich behauptet, daß eine strafbare Handlung geschehen sei, oder wer die Spuren einer solchen derart vorspiegelt, daß ein Strafverfahren zu ihrer Feststellung eingeleitet werden kann, wird mit Gefängnis von einem bis zu drei Jahren bestraft.

Art. 375.

(Art. 212 Cod. Pen.)

Falsche Anschuldigung.

Wer in einer, auch ohne oder unter falschem Namen, an das Gericht oder an eine andere Behörde, die gesetzlich zur Mitteilung an dieses verpflichtet ist, gerichteten Anzeige, Antrag oder Ersuchen einen andern einer strafbaren Handlung beschuldigt, obwohl er von dessen Unschuld weiß, oder wer zu dessen Lasten die Spuren einer strafbaren Handlung vorspiegelt, wird mit Gefängnis von zwei bis zu sechs Jahren bestraft.

Die Bestimmungen des Art. 321 Abs. 3 finden Anwendung.

Art. 376.

(Art. 211 Abs. 2 Cod. Pen.)

Selbstbezichtigung.

Wer durch eine, auch ohne oder unter falschem Namen, erstattete Anzeige, Antrag oder Ersuchen oder durch ein Geständnis gegenüber dem Gericht oder einer anderen Behörde, die gesetzlich zur Mitteilung an dieses verpflichtet ist, sich selbst einer strafbaren Handlung, von deren Nichtbestehen er weiß, oder einer von anderen begangenen strafbaren Handlung bezichtigt, wird mit Gefängnis von einem bis zu drei Jahren bestraft.

Art. 377.

(Art. 213 Cod. Pen.)

Vorspiegelung oder falsche Anschuldigung bei einer Übertretung.

Die in den vorigen Artikeln bestimmten Strafen werden vermindert, wenn die Vorspiegelung oder falsche Anschuldigung eine Tat betrifft, die sich als Übertretung kennzeichnet.

Art. 378.

(Art. 221 Cod. Pen.)

Falscher Parteieid.

Wer als Partei in einem Zivilprozeß falsch schwört, wird mit Gefängnis von einem bis zu drei Jahren bestraft.

Im Falle eines von Amts wegen auferlegten Eides ist der Schuldige straffrei, wenn er die falsche Angabe widerruft, bevor über die Klage endgültig entschieden ist.

Die Verurteilung hat das Verbot der Bekleidung öffentlicher Ämter zur Folge.

Art. 379.

(Art. 214 Cod. Pen.)

Falsche Zeugenaussage.

Wer als Zeuge vor Gericht unwahre Tatsachen behauptet oder wahre ableugnet oder das, was er über die ihm vorgelegten Tatsachen weiß, ganz oder zum Teil verschweigt, wird mit Gefängnis von sechs Monaten bis zu drei Jahren bestraft.

Art. 380.

(Art. 217 Cod. Pen.)

Falsche Begutachtung oder Übersetzung.

Der Sachverständige oder Dolmetscher, der falsche Begutachtungen oder Übersetzungen abgibt, oder dem wahren Sachverhalt nicht entsprechende Tatsachen behauptet, unterliegt den im vorigen Artikel bestimmten Strafen.

Ist der Schuldige ein Sachverständiger, hat die Verurteilung, außer dem Verbot der Bekleidung öffentlicher Ämter, auch die Entziehung der Ausübung des Berufs oder Gewerbes zur Folge.

Art. 381.

Prozeßbetrug.

Wer im Laufe eines Zivil- oder Verwaltungsstreitverfahrens zum Zwecke der Täuschung des Richters bei einer Augenscheinseinnahme oder einer gerichtlichen Untersuchung oder des Sachverständigen bei der Ausführung einer Begutachtung künstlich den Zustand der Örtlichkeit, der Sachen oder Personen ändert, wird, soweit die Tat nicht durch eine besondere Gesetzesvorschrift unter Strafe gestellt ist, mit Gefängnis von sechs Monaten bis zu drei Jahren bestraft.

Die gleiche Bestimmung findet Anwendung, wenn die Tat im Laufe eines Strafverfahrens oder vor diesem begangen ist; doch ist in diesem Falle die Strafbarkeit ausgeschlosssen, wenn es sich um ein Vergehen handelt, für das Strafverfolgung nur auf Antrag oder Ersuchen eintritt und diese nicht gestellt sind.

Art. 382.

Strafschärfende Umstände.

In den Fällen der drei vorhergehenden Artikel beträgt die Strafe Gefängnis von einem bis zu fünf Jahren, wenn die Tat eine Verurteilung zu Gefängnis von nicht mehr als fünf Jahren herbeiführt; Gefängnis von drei bis zu zwölf Jahren tritt ein, wenn durch die Tat eine Verurteilung zu mehr als fünf Jahren Gefängnis herbeigeführt wird, und Gefängnis von sechs bis zu zwanzig Jahren, wenn sie eine Verurteilung zu Dauerzuchthaus zur Folge hat.

Dauerzuchthaus tritt ein, wenn die Tat eine Verurteilung zur Todesstrafe herbeiführt.

Art. 383.

(Art. 216 Cod. Pen.)

Widerruf.

In den Fällen der Art. 379 bis 380 und 382 ist der Schuldige straffrei, der in dem Strafverfahren, in welchem er seine Tätigkeit geleistet hat, die falsche Angabe widerruft und die Wahrheit bekundet, bevor die Untersuchung durch eine das Verfahren einstellende Entscheidung abgeschlossen oder bevor die Hauptverhandlung geschlossen oder mit Rücksicht auf die falsche Bekundung vertagt ist.

Ist die falsche Angabe in einem Zivilprozeß gemacht worden, ist der Schuldige straffrei, wenn er sie widerruft und die Wahrheit bekundet, bevor über die Klage endgültig entschieden ist.

Art. 384.

(Art. 218, 219, 220 Cod. Pen.)

Bestechung.

Wer einem Zeugen, Sachverständigen oder Dolmetscher Geld oder einen anderen Vorteil anbietet oder verspricht, um ihn zu einer falschen Aussage, Begutachtung oder Übersetzung oder zu einem Prozeßbetrug zu bestimmen, unterliegt, wenn das Angebot oder das Versprechen nicht angenommen ist, den in Artikeln 379 bis 381 bestimmten Strafen unter Ermäßigung um die Hälfte bis zu zwei Dritteln.

Die Verurteilung hat das Verbot der Bekleidung öffentlicher Ämter zur Folge.

Art. 385.

(Art. 225 Abs. 1 Cod. Pen.)

Begünstigung.

Wer, abgesehen von den Fällen der Mitwirkung bei der strafbaren Handlung, dem Täter eines Verbrechens, für welches das Gesetz Todesstrafe, Dauerzuchthaus oder Gefängnis festsetzt, dazu verhilft, die Nachforschungen der Behörde zu vereiteln oder sich deren Ermittlungen zu entziehen, wird mit Gefängnis bis zu fünf Jahren bestraft.

Wenn es sich um Verbrechen, für welche das Gesetz eine andere Strafe festsetzt, oder um Übertretungen handelt, tritt Geldstrafe bis zu zehntausend Lire ein.

Die Bestimmungen dieses Artikels finden auch Anwendung, wenn die begünstigte Person nicht zurechnungsfähig oder nicht strafbar ist.

Art. 386.

(Art. 225 Abs. 1 Cod. Pen.)

Strafschärfende Begünstigung.

Wer, abgesehen von den Fällen der Mitwirkung bei der strafbaren Handlung und von dem in Art. 667 vorgesehenen Fall, einem andern dazu verhilft, den Ertrag, Gewinn oder Preis einer strafbaren Handlung zu sichern oder sich der Vollstreckung der Strafe zu entziehen, unterliegt den im vorigen Artikel bestimmten Strafen, unter Erhöhung um ein Drittel.

Die Bestimmung des letzten Absatzes des vorigen Artikels findet Anwendung.

Art. 387.

(Art. 222, 223 Cod. Pen.)

Ungetreue Parteivertretung oder Rechtsberatung.

Der Anwalt oder technische Rechtsberater, der, seinen Berufspflichten ungetreu, den Interessen der von ihm vor einem ordentlichen oder besonderen Richter verteidigten, beratenen oder vertretenen Partei Schaden zufügt, wird mit Gefängnis von einem bis zu drei Jahren und mit Geldstrafe nicht unter fünftausend Lire bestraft.

Die Strafe wird erhöht:

1. wenn der Schuldige die Tat im Zusammenspiel mit der Gegenpartei begangen hat;
2. wenn die Tat zum Schaden eines Angeklagten begangen ist.

Gefängnis von drei bis zu zehn Jahren und Geldstrafe nicht unter zehntausend Lire treten ein, wenn die Tat zum Nachteil einer Person begangen ist, die wegen eines Verbrechens, für welches das Gesetz Todesstrafe, Dauerzuchthaus oder Gefängnis von mehr als fünf Jahren festsetzt, angeklagt ist.

Art. 388.

(Art. 222, 223 Cod. Pen.)

Weitere Untreue des Parteivertreters oder technischen Rechtsberaters.

Der Anwalt oder technische Rechtsberater, der in einem Prozeßverfahren vor einem ordentlichen oder besonderen Richter gleichzeitig, sei es auch durch eine Mittelsperson, seinen Beistand oder seinen Rechtsrat zugunsten von Gegenparteien leiht, wird mit Gefängnis von sechs Monaten bis zu zwei Jahren und mit Geldstrafe von fünftausend bis zwanzigtausend Lire bestraft.

Die Strafe beträgt Gefängnis bis zu einem Jahr und Geldstrafe von dreitausend bis fünfzehntausend Lire, wenn der Anwalt oder Rechtsberater, nachdem er eine Partei verteidigt, beraten oder vertreten hat, ohne deren Zustimmung im gleichen Verfahren die Vertretung oder Rechtsberatung der Gegenpartei übernimmt.

Art. 389.

(Art. 224 Cod. Pen.)

Kreditaufschneiderei des Parteivertreters.

Der Anwalt, der in prahlender Anpreisung des Kredits bei dem Richter oder der zur Stellung der Anträge zuständigen Staatsanwaltschaft oder bei dem Zeugen, Sachverständigen oder Dolmetscher für sich oder einen Dritten Geld oder einen andern Vorteil unter dem Vorwande, daß er sich die Gunst des Richters, Staatsanwalts, Zeugen, Sachverständigen oder Dolmetschers verschaffen oder sie dafür entlohnen müsse, von seiner Partei in Empfang nimmt oder geben oder versprechen läßt, wird mit Gefängnis von zwei bis zu acht Jahren und mit Geldstrafe nicht unter zehntausend Lire bestraft.

Art. 390.

(Art. 222, 223, 224 Cod. Pen.)

Verbot der Bekleidung öffentlicher Ämter oder des Berufs.

Die Verurteilung wegen der in den drei vorhergehenden Artikeln behandelten Verbrechen hat das Verbot der Bekleidung öffentlicher Ämter und des Berufs zur Folge.

Art. 391.

(Art. 215, 217 Cod. Pen.)

Ausschluß der Strafe. Nahe Angehörige.

In den Fällen der Artikel 368 bis 373, 376, 379 bis 381 und 385 ist derjenige nicht strafbar, der die Tat begangen hat, weil er dazu durch die Notwendigkeit gezwungen war, sich oder einen nahen Angehörigen vor einem schweren und nicht vermeidbaren Schaden an Freiheit oder Ehre zu bewahren.

In den Fällen der Artikel 379 und 380 liegt eine strafbare Handlung nicht vor, wenn die Tat von jemand begangen ist, der kraft Gesetzes nicht als Zeuge, Sachverständiger oder Dolmetscher hätte hinzugezogen werden dürfen, oder der von der Befugnis hätte unterrichtet werden müssen, daß er sich der Aussage, Begutachtung oder Übersetzung enthalten könne.

Im Rahmen des Strafgesetzes gelten als NAHE ANGEHÖRIGE die Verwandten aufsteigender Linie, die Abkömmlinge, der Ehegatte, die Geschwister, die Verschwägerten im gleichen Grade, die Onkel und Tanten und deren Nachkommen.

Die Schwägerschaft gilt als mit dem Tode des Ehegatten beendet, wenn keine Nachkommenschaft vorhanden ist.

Kapitel II.

Verbrechen gegen die Wirkung gerichtlicher Entscheidungen.

Art. 392.

(Art. 226, 227, 230, 232 Cod. Pen.)

Entweichung.

Wer, nachdem er gesetzmäßig wegen einer strafbaren Handlung verhaftet oder festgenommen ist, entweicht, wird mit Gefängnis bis zu sechs Monaten bestraft.

Die Strafe beträgt Gefängnis bis zu achtzehn Monaten, wenn der Schuldige die Tat unter Anwendung von Gewalt gegen Personen oder mittels Ausbruchs begeht; sie beträgt zwei bis zu fünf Jahren, wenn die Gewalt mit Waffen oder von mehreren vereinigten Personen verübt ist.

Die vorstehenden Bestimmungen finden auch auf den Verurteilten Anwendung, dem es gestattet ist, außerhalb der Strafanstalt zu arbeiten.

Wenn der Entwichene sich vor der Verurteilung zur Haft stellt, kann die Strafe bis auf ein Drittel vermindert werden.

Art. 393.

Verbrecherische Verabredung unter Festgenommenen.

Wenn mehrere Personen, die gesetzmäßig wegen einer strafbaren Handlung verhaftet oder festgenommen sind, sich verabreden, in einer der in

Abs. 2 des vorigen Artikels bezeichneten Arten zu entweichen, und es zu der Entweichung nicht kommt, wird jeder von ihnen, allein wegen der Tatsache der Verabredung, mit Gefängnis bis zu sechs Monaten bestraft.

Art. 394.

(Art. 228, 229 Cod. Pen.)

Mitwirkung bei der Entweichung.

Wer zu der Entweichung einer gesetzmäßig wegen einer strafbaren Handlung verhafteten oder festgenommenen Person beiträgt oder die Entweichung erleichtert, wird mit Gefängnis von sechs Monaten bis zu fünf Jahren bestraft.

Gefängnis von drei bis zu zehn Jahren tritt ein, wenn die Tat zugunsten eines zum Tode oder zu Dauerzuchthaus Verurteilten begangen ist.

Die Strafe wird erhöht, wenn der Schuldige zur Begehung der Tat eines der in Art. 392 Abs. 2 bezeichneten Mittel anwendet.

Wenn der Schuldige innerhalb von drei Monaten seit der Entweichung dazu verhilft, daß die entwichene Person verhaftet oder der Behörde vorgeführt wird, kann der Richter die Strafe bis auf ein Drittel vermindern.

Die Verurteilung hat in jedem Falle das Verbot der Bekleidung öffentlicher Ämter zur Folge.

Art. 395.

(Art. 229 Abs. 3, 231, 233 Cod. Pen.)

Fahrlässigkeit der Aufsichtsperson.

Wer, aus Gründen seines Amtes, sei es auch nur zeitweise, zur Beaufsichtigung einer wegen einer strafbaren Handlung verhafteten oder festgenommenen Person berufen, fahrlässig deren Entweichen verursacht, wird mit Gefängnis bis zu drei Jahren bestraft.

Der Schuldige ist straffrei, wenn er innerhalb von drei Monaten seit der Entweichung dazu verhilft, daß die entwichene Person verhaftet oder der Behörde vorgeführt wird.

Art. 396.

Vorsätzliche Verhinderung der Vollstreckung einer richterlichen Verfügung.

Wer, um sich der Erfüllung der Zivilverpflichtungen, die sich aus einer verurteilenden Entscheidung ergeben, oder deren Feststellung vor dem Gericht anhängig ist, zu entziehen, verschleierte oder betrügerische Handlungen an seinem oder fremdem Vermögen vornimmt, oder andere betrügerische Maßnahmen trifft, die ganz oder zum Teil die Vollstreckung der Entscheidung unwirksam machen, wird, soweit die Tat nicht ein schwereres Verbrechen darstellt, mit Gefängnis bis zu drei Jahren bestraft.

Die gleiche Strafe trifft denjenigen, der die Vollstreckung einer anderen Verfügung des Zivilrichters vereitelt, welche die Fürsorge Minderjähriger oder anderer unfähiger Personen oder Sicherungsmaßnahmen zum Schutz des Eigentums, Besitzes oder Kredits betrifft.

Art. 397.

(Art. 134 Cod. Pen.)

Nichtbefolgung von Nebenstrafen.

Wer, nachdem er eine Verurteilung erlitten hat, welche das Verbot der Bekleidung öffentlicher Ämter oder das Verbot oder die Enthebung von einem Beruf oder Gewerbe nach sich zieht, die mit diesen Strafen verbundenen Pflichten übertritt, wird mit Gefängnis bis zu einem Jahr oder mit Geldstrafe von fünfhundert bis zehntausend Lire bestraft.

Art. 398.

Erleichterung der Nichtbefolgung von freiheitsentziehenden Sicherungsmaßnahmen.

Wer das Entweichen einer Person, die einer freiheitsentziehenden Sicherungsmaßnahme unterstellt ist, herbeiführt oder erleichtert oder die entwichene Person verborgen hält oder irgendwie begünstigt, daß sie sich den Nachforschungen der Behörde entzieht, wird mit Gefängnis bis zu zwei Jahren bestraft.

Gelingt die Entweichung durch Fahrlässigkeit dessen, der aus Gründen seines Amtes, sei es auch nur zeitweise, die Aufsicht über die der Sicherungsmaßnahme unterstellte Person hat, so wird die Aufsichtsperson mit Geldstrafe bis zu zehntausend Lire bestraft.

Die Bestimmungen der Art. 394 Abs. 4 und 395 Abs. 2 finden Anwendung.

Kapitel III.

Eigenmächtiger Schutz privater Rechte.

Art. 399.

(Art. 235 Abs. 1 Cod. Pen.)

Eigenmächtige Rechtsausübung mit Gewalt an Sachen.

Wer zum Zweck der Ausübung eines angeblichen Rechts in Fällen, in welchen er den Richter anrufen könnte, sich mittels Gewalt an Sachen eigenmächtig Recht verschafft, wird, auf Antrag des Verletzten, mit Geldstrafe bis zu fünftausend Lire bestraft.

Gewalt an Sachen liegt vor, wenn schädigende Handlungen an der Sache begangen sind, oder diese umgestaltet oder ihre Bestimmung geändert ist.

Art. 400.

(Art. 235 Abs. 2, 3 Cod. Pen.)

Eigenmächtige Rechtsausübung mit Gewalt gegen Personen.

Wer zu dem im vorigen Artikel angegebenen Zweck in Fällen, in welchen er den Richter anrufen könnte, sich unter Anwendung von Gewalt oder Drohungen über oder gegen Personen eigenmächtig Recht verschafft, wird, auf Antrag des Verletzten, mit Gefängnis bis zu einem Jahr und mit Geldstrafe bis zu fünftausend Lire bestraft.

Die Strafe wird erhöht:

1. wenn die Tat mit Waffen begangen ist;
2. wenn die Tat auch mit Gewalt an Sachen begangen ist.

Art. 401.

(Art. 237 Cod. Pen.)

Herausforderung zum Zweikampf.

Wer andere zum Zweikampf herausfordert, mag auch die Herausforderung nicht angenommen sein, wird, wenn es zu dem Zweikampf nicht kommt, mit Geldstrafe von fünfhundert bis zweitausend Lire bestraft.

Die gleiche Strafe findet auf denjenigen Anwendung, welchei die Herausforderung annimmt, wenn es zu dem Zweikampf nicht kommt.

Art. 402.

(Art. 241 Abs. 1 Cod. Pen.)

Kartellträger.

Die Kartellträger werden mit Geldstrafe von fünfhundert bis zweitausend Lire bestraft; doch wird die Strafe vermindert, wenn es zu dem Zweikampf nicht kommt.

Art. 403.

(Art. 238 Cod. Pen.)

Gebrauch von Waffen im Zweikampf.

Wer im Zweikampf von Waffen Gebrauch macht, wird, auch wenn er dem Gegner eine Körperverletzung nicht zufügt, mit Gefängnis bis zu sechs Monaten oder mit Geldstrafe von tausend bis zehntausend Lire bestraft.

Der Zweikämpfer wird bestraft:

1. mit Gefängnis bis zu zwei Jahren, wenn die Tat für den Gegner eine Körperverletzung schwerer oder schwerster Art zur Folge hat;
2. mit Gefängnis von einem bis zu fünf Jahren, wenn die Tat den Tod zur Folge hat.

Für Kampfzeugen oder Sekundanten und Personen, welche den Zweikampf erleichtert haben, kommt Geldstrafe von tausend bis zehntausend Lire zur Anwendung.

Sind die Kampfzeugen oder Sekundanten gleichzeitig Kartellträger, finden für sie die Bestimmungen des vorigen Artikels keine Anwendung.

Art. 404.

(Art. 243 Cod. Pen.)

Anwendungsfälle der ordentlichen Strafen für Tötung und Körperverletzung.

An Stelle der Bestimmungen des vorigen Artikels kommen die Bestimmungen in Kapitel I des Titels XI zur Anwendung:

1. wenn die Kampfbedingungen nicht vorher von Kampfzeugen oder Sekundanten festgesetzt sind, oder wenn der Kampf nicht in ihrer Gegenwart stattfindet;
2. wenn die bei dem Kampf gebrauchten Waffen nicht gleich und keine Degen, Säbel oder gleichgeladene Pistolen, oder aber wenn sie Präzisionswaffen oder Waffen mit mehreren Läufen sind;
3. wenn bei der Auswahl der Waffen oder im Kampf mit Betrug oder Verletzung der Kampfbedingungen verfahren ist;
4. wenn ausdrücklich vereinbart ist oder sich aus der Art des Zweikampfes, der Entfernung zwischen den Kämpfenden oder aus anderen Bedingungen ergibt, daß einer der Zweikämpfer getötet werden sollte.

Der Betrug oder die Verletzung der Bedingungen hinsichtlich der Auswahl der Waffen oder des Kampfes geht zu Lasten nicht nur des Täters, sondern auch desjenigen unter den Zweikämpfern, Kampfzeugen oder Sekundanten, der davon vor oder im Augenblick des Kampfes Kenntnis gehabt hat.

Art. 405.

(Art. 237, 238, 241 Cod. Pen.)

Strafschärfende oder -befreiende Umstände.

Hat der eines der Verbrechen nach Art. 401 und 403 Abs. 1 und 2 Schuldige rechtswidrig und bestimmend zu der Tat Anlaß gegeben, wird die Strafe für ihn verdoppelt.

Die Kartellträger, Kampfzeugen oder Sekundanten und diejenigen, welche den Zweikampf erleichtert haben, sind straffrei, wenn sie den Gebrauch von Waffen verhindern oder das Ende des Zweikampfes herbeiführen, bevor dieser eine Körperverletzung zur Folge hat. Gleichermaßen straffrei sind die Kampfzeugen oder Sekundanten, welche vor dem Zweikampf alles daran gesetzt haben, um die Parteien zu versöhnen, oder wenn durch ihre Bemühung der Kampf einen weniger schweren Ausgang, als er im andern Falle haben konnte, genommen hat.

Nicht strafbar ist die Heilperson, welche den Zweikämpfern ihren Beistand leiht.

Art. 406.

(Art. 242 Cod. Pen.)

Unbeteiligter Zweikämpfer.

Wenn einer der Zweikämpfer an der Handlung, welche den Zweikampf verursachte, nicht beteiligt ist und sich an Stelle des unmittelbar Beteiligten schlägt, werden die in Art. 403 Abs. 1 und 2 bestimmten Strafen erhöht.

Diese Straferhöhung tritt nicht ein, wenn der Zweikämpfer ein naher Angehöriger oder wenn er einer der Kampfzeugen oder Sekundanten ist, der sich an Stelle des eigentlich Beteiligten, wenn dieser abwesend ist, schlägt.

Art. 407.

(Art. 244 Cod. Pen.)

Beleidigung bei Verweigerung des Zweikampfes und Anreizung zum Zweikampf.

Wer öffentlich eine Person beleidigt oder sie der öffentlichen Mißachtung preisgibt, weil sie nicht herausgefordert oder die Herausforderung nicht angenommen oder sich nicht im Zweikampf geschlagen hat, wird mit Gefängnis bis zu sechs Monaten oder mit Geldstrafe von tausend bis zehntausend Lire bestraft.

Die gleiche Strafe kommt auf denjenigen zur Anwendung, der unter Bekundung von Mißachtung andere zum Zweikampf anreizt.

Art. 408.

(Art. 245 Cod. Pen.)

Bestimmung zum Zweikampf aus Gewinnsucht.

Wenn derjenige, der zum Zweikampf bestimmt oder herausfordert oder zu bestimmen oder herauszufordern droht, in der Absicht handelt, sich Geld oder einen anderen Vorteil zu verschaffen, finden die Bestimmungen des Artikels 647 Anwendung.

Kommt es zu dem Zweikampf, finden auf ihn überdies die Bestimmungen des Kapitels I des Elften Titels Anwendung.

Vierter Titel.

Verbrechen gegen die öffentliche Ordnung.

Kapitel I.

Verbrechen gegen die Gesetze der öffentlichen Ordnung.

Art. 409.

(Art. 246 Cod. Pen.)

Aufforderung zum Verbrechen.

Wer öffentlich zur Begehung einer oder mehrerer strafbarer Handlungen auffordert, wird, allein um der Tatsache der Aufforderung, bestraft:

1. mit Gefängnis von einem bis zu fünf Jahren, wenn es sich um Aufforderung zur Begehung von Verbrechen handelt;

2. mit Gefängnis bis zu einem Jahr oder mit Geldstrafe bis zu zweitausend Lire, wenn es sich um Aufforderung zur Begehung von Übertretungen handelt.

Handelt es sich um Aufforderung zur Begehung eines oder mehrerer Verbrechen und einer oder mehrerer Übertretungen, findet die Bestimmung der Ziffer 1 Anwendung.

Der Strafe nach Ziff. 1 unterliegt auch derjenige, der sich öffentlich zum Verteidiger eines oder mehrerer Verbrechen aufwirft.

Art. 410.

(Art. 247 Cod. Pen.)

Aufforderung zum Ungehorsam gegen Gesetze.

Wer öffentlich zum Ungehorsam gegen die Gesetze über die öffentliche Ordnung oder zum Klassenhaß auffordert, wird mit Gefängnis von einem bis zu fünf Jahren bestraft.

Art. 411.

(Art. 248 Cod. Pen.)

Verbindung zur Begehung von Verbrechen.

Wenn drei oder mehr Personen sich zum Zweck der Begehung mehrerer Verbrechen verbinden, werden diejenigen, welche die Verbindung vorbereiten, gründen oder ausgestalten, hierfür allein, mit Gefängnis von drei bis zu sieben Jahren bestraft.

Allein für die Tatsache der Beteiligung an der Verbindung beträgt die Strafe Gefängnis von einem bis zu fünf Jahren.

Die Führer unterliegen der gleichen Strafe wie die Gründer.

Die Strafe wird erhöht, wenn die Zahl der Teilnehmer an der Verbindung fünf oder mehr beträgt.

Art. 412.

(Art. 248 Cod. Pen.)

Bewaffneter Haufen.

Wenn die Teilnehmer der Verbindung einen bewaffneten Haufen bilden und das Land und die öffentlichen Straßen durchstreifen, werden die im vorigen Artikel bestimmten Strafen verdoppelt.

Art. 288 Abs. 2 findet Anwendung.

Art. 413.

Sicherungsmaßnahme.

Bei Verurteilung wegen eines der in den beiden vorigen Artikeln vorgesehenen Verbrechen ist stets eine Sicherungsmaßnahme anzuordnen.

Art. 414.

(Art. 249 Cod. Pen.)

Beistand für die Teilnehmer der Verbindung.

Wer, abgesehen von den Fällen des Zusammentreffens bei der strafbaren Handlung oder der Begünstigung, den an der Verbindung teilnehmenden Personen Zuflucht gewährt, Lebensmittel liefert oder Beistand leistet, wird mit Gefängnis bis zu zwei Jahren bestraft.

Die Strafe wird verdoppelt, wenn die Zuflucht, die Lebensmittel oder der Beistand fortgesetzt geleistet werden.

Kapitel II.

Verbrechen gegen die Sicherheitspolizei.

Art. 415.

(Vgl. Art. 252 Cod. Pen.)

Verwüstung und Plünderung.

Wer Handlungen der Verwüstung oder Plünderung begeht, wird mit Gefängnis von acht bis zu fünfzehn Jahren bestraft.

Die Strafe wird erhöht, wenn die Tat begangen ist:

1. an bewohnten Orten oder Gegenden;
2. an Waffen und Munition oder an Lebensmitteln auf Verkaufs- oder Lagerungsplätzen;
3. mittels explodierender Stoffe oder von mehr als fünf Personen mit Waffen oder mehr als zehn Personen ohne solche.

Art. 416.

(Art. 255 Cod. Pen.)

Öffentliche Einschüchterung mittels explodierender Stoffe.

Wer, allein zu dem Zweck, der Öffentlichkeit Furcht einzuflößen oder Aufruhr oder öffentliche Unordnung hervorzurufen, Bomben, Mörser oder andere Maschinen oder Explosivstoffe zum Zerplatzen bringt, wird, wenn die Tat nicht ein schwereres Verbrechen bildet, mit Gefängnis bis zu drei Jahren bestraft.

Art. 417.

Öffentliche Einschüchterung.

Wer in einer Art, daß der Öffentlichkeit Furcht eingeflößt wird, damit droht, Verbrechen gegen die öffentliche Unversehrtheit oder Handlungen der Verwüstung oder Plünderung zu begehen, wird mit Gefängnis bis zu einem Jahr bestraft.

Fünfter Titel.

Verbrechen gegen die öffentliche Unversehrtheit.

Kapitel I.

Gemeingefährliche Gewaltverbrechen.

Art. 418.

(Art. 252 Cod. Pen.)

Blutbad.

Wer ein Blutbad anrichtet, wird mit dem Tode bestraft.

Ein Blutbad liegt vor, wenn in der Absicht, mehrere Personen zu töten, der Tod von wenigstens zwei Personen durch Handlungen, welche die öffentliche Unversehrtheit in Gefahr zu bringen geeignet sind, verursacht ist.

Ist der Tod nur einer Person verursacht, tritt Dauerzuchthaus ein.

Art. 419.

(Ges. vom 19. Juli 1894 Nr. 314.)

Anschläge mittels explodierender Stoffe.

Wer Dynamit oder andere Stoffe von Explosiv-, Erstickungs- oder Erblindungswirkung, Gas oder entzündliche Flüssigkeiten in einer Art, daß daraus der öffentlichen Unversehrtheit Gefahr erwächst, aufstellt, abfeuert, zum Zerplatzen bringt oder anzündet, wird mit Gefängnis von drei bis zu zehn Jahren bestraft.

Gefängnis von einem bis zu fünf Jahren trifft denjenigen, der, in der Absicht eines Anschlags auf die öffentliche Unversehrtheit, einen der in der vorstehenden Bestimmung bezeichneten Stoffe oder Gegenstände, welche zu deren Zusammensetzung oder Herstellung dienen, herstellt, erwirbt oder in Gewahrsam hält.

Art. 420.

(Art. 300 Abs. 1 und 308 Cod. Pen.)

Brandstiftung.

Wer einen Brand verursacht, wird mit Gefängnis von drei bis zu sieben Jahren bestraft.

Die vorstehende Bestimmung kommt auch im Falle der Inbrandsetzung einer eigenen Sache zur Anwendung, wenn durch die Tat Gefahr für die öffentliche Unversehrtheit erwächst.

Art. 421.

Schädigung mit Brandfolge.

Wer, allein zu dem Zweck einer Schädigung fremder Sachen, an eine eigene oder fremde Sache Feuer legt, wird, wenn durch die Tat Gefahr eines Brandes entsteht, mit Gefängnis von einem bis zu drei Jahren bestraft.

Wenn der Brand eintritt, kommen die Bestimmungen des vorigen Artikels zur Anwendung, doch wird die Strafe um ein Drittel bis zur Hälfte ermäßigt.

Art. 422.

(Art. 300, 304 Cod. Pen.)

Strafschärfende Umstände.

In den Fällen der drei vorhergehenden Artikel wird die Strafe erhöht, wenn die Tat begangen ist:

1. an öffentlichen oder zum öffentlichen Gebrauch bestimmten Gebäuden, an Denkmälern, Friedhöfen und den zugehörigen Anlagen;
2. an bewohnten oder zum Gebrauch als Wohnung bestimmten Gebäuden, an industriellen Werken oder Werften, an Bergwerken, Gruben, Quellen, Wasserleitungen oder anderen für die Zuleitung von Wasser bestimmten Bauwerken;
3. an Schiffen oder anderen schwimmenden Bauten, oder an Luftschiffen;
4. an Eisenbahn- oder Schiffahrtsanlagen, Flugplätzen, Speichern oder anderen Lagern von Waren oder Lebensmitteln oder an Stapelplätzen oder Niederlagen von explodierenden, feuerfangenden oder brennbaren Stoffen.

In den Fällen der beiden vorigen Artikel tritt überdies eine Erhöhung der Strafe ein, wenn die Tat an Hainen, Wäldern oder Forsten begangen ist.

Art. 423.

(Art. 302 Cod. Pen.)

Überschwemmung, Erdrutsche oder Lawinen.

Wer mittels Öffnung von Schleusen oder Entfernung von Stauanlagen oder unter Bruch oder sonstiger Beschädigung von Dämmen, Deichen oder von anderen zum Schutz gegen Wasser, Lawinen oder Erdrutsche bestimmten Werken eine Überschwemmung oder ein anderes Unglück hervorruft, wird mit Gefängnis von fünf bis zu zwölf Jahren bestraft.

Art. 424.

(Art. 303 Cod. Pen.)

Schädigung mittels Überschwemmung, Erdrutsch oder Lawinen.

Wer Schleusen, Stauanlagen, Dämme, Deiche oder andere zum Schutz gegen Wasser, Lawinen oder Erdrutsche bestimmte Werke beschädigt, wird, wenn durch die Tat die Gefahr einer Überschwemmung oder eines anderen Unglücks erwächst, mit Gefängnis von einem bis zu fünf Jahren bestraft.

Wenn die Überschwemmung oder das Unglück eintritt, beträgt die Strafe Gefängnis von drei bis zu zehn Jahren.

Art. 425.

(Art. 304, 306, 308 Cod. Pen.)

Strandung, Untergang oder Flugunglück.

Wer die Strandung oder den Untergang eines Schiffes oder anderen scwimmenden Baues oder den Sturz eines Luftschiffes, fremden Eigentums, verursacht, wird mit Gefängnis von fünf bis zu zwölf Jahren bestraft.

Die Strafe beträgt Gefängnis von fünf bis zu fünfzehn Jahren, wenn die Tat unter Zerstörung, Entfernung oder Nichtbenutzung der Laternen oder anderen Signale oder unter Anwendung falscher Signale oder anderer betrügerischer Mittel begangen ist.

Die Bestimmungen dieses Artikels kommen auch zur Anwendung, wenn der Schuldige die Strandung oder den Untergang eines Schiffes oder anderen schwimmenden Baues oder den Sturz eines Luftschiffes, die ihm selbst gehören, verursacht, wenn durch die Tat Gefahr für die öffentliche Unversehrtheit erwächst.

Art. 426.

(Art. 306 Cod. Pen.)

Schädigung mit Strandungsfolge.

Wer ein Schiff, einen schwimmenden Bau oder ein Luftschiff oder einen für die Sicherheit der Schiffahrt vorgeschriebenen Apparat beschädigt, wird, wenn durch die Tat Gefahr für Strandung, Untergang oder ein Flugunglück entsteht, mit Gefängnis von einem bis zu fünf Jahren bestraft.

Wenn die Tat die Strandung, den Untergang oder das Unglück zur Folge hat, beträgt die Strafe Gefängnis von drei bis zu zehn Jahren.

Art. 427.

(Art. 312 Cod. Pen.)

Eisenbahnunglück.

Wer ein Eisenbahnunglück verursacht, wird mit Gefängnis von fünf bis zu fünfzehn Jahren bestraft.

Art. 428.

(Art. 313, 316, 317 Cod. Pen.)

Gefahr eines Eisenbahnunglücks infolge Beschädigung. Eisenbahnen.

Wer eine Eisenbahn oder die zu ihrem Betrieb dienenden Maschinen, Fahrzeuge, Instrumente, Apparate oder sonstigen Gegenstände beschädigt, wird, wenn durch die Tat Gefahr für ein Eisenbahnunglück entsteht, mit Gefängnis von zwei bis zu sechs Jahren bestraft.

Hat die Tat das Unglück zur Folge, tritt Gefängnis von drei bis zu zehn Jahren ein.

Unter der Bezeichnung EISENBAHNEN begreift das Strafgesetz, außer den gewöhnlichen Eisenbahnen, jede andere Bahn mit metallischen Gleisen, die mit Dampf oder irgendeinem selbsttreibenden Motor betrieben wird.

Art. 429.

(Art. 313 Abs. 2, 317 Cod. Pen.)

Anschläge auf die Transportsicherheit.

Wer, abgesehen von den in den vorigen Artikeln vorgesehenen Fällen, Handlungen begeht, welche die Sicherheit der öffentlichen Transporte zu Lande, zu Wasser oder in der Luft gefährden, wird mit Gefängnis von einem bis zu fünf Jahren bestraft.

Die gleiche Strafe trifft denjenigen, der stumpfe Gegenstände oder Wurfgeschosse gegen einen Zug in Bewegung oder gegen ein Schiff in Fahrt schleudert.

Hat die Tat ein Unglück zur Folge, tritt Gefängnis von drei bis zu zehn Jahren ein.

Art. 430.

(Art. 315, 317 Cod. Pen.)

Anschläge auf die Sicherheit der elektrischen Kraft- und Gasanlagen oder der öffentlichen Verbindungen.

Wer einen Anschlag auf die Sicherheit der Anlagen für die Erzeugung von elektrischer Kraft oder Gas, die für die Beleuchtung oder für industrielle Betriebe bestimmt sind, oder auf die Sicherheit von Werken, Apparaten oder anderen für die Übertragung von elektrischer Kraft oder Gas bestimmten Mitteln verübt, wird, soweit aus der Tat Gefahr für die öffentliche Unversehrtheit erwächst, mit Gefängnis von einem bis zu fünf Jahren bestraft.

Hat die Tat ein Unglück zur Folge, tritt Gefängnis von drei bis zu zehn Jahren ein.

Die gleiche Strafe trifft denjenigen, der einen Anschlag auf die Sicherheit der öffentlichen telegraphischen oder telephonischen Verbindungen verübt, soweit aus der Tat Gefahr für die öffentliche Unversehrtheit erwächst.

Art. 431.

Einsturz von Bauten oder andere vorsätzliche Unglücksfälle.

Wer, abgesehen von den in den vorigen Artikeln vorgesehenen Fällen, den Einsturz eins Baues oder eines Teils davon oder ein anderes Unglück herbeiführt, wird, wenn durch die Tat Gefahr für die öffentliche Unversehrtheit erwächst, mit Gefängnis von drei bis zu zwölf Jahren bestraft.

Art. 432.

(Art. 307 Cod. Pen.)

Beiseiteschaffung, Verbergung oder Unbrauchbarmachung von Apparaten zum öffentlichen Schutz gegen Unglücksfälle.

Wer bei Gelegenheit eines Brandes, einer Überschwemmung, eines Unterganges, einer Strandung oder eines anderen Unglücks oder öffentlichen Unfalls Gerätschaften, Apparate oder andere zum Löschen des Brandes oder für das Schutz-, Rettungs- oder Hilfswerk bestimmte Mittel beiseite schafft, verbirgt oder unbrauchbar macht, oder irgendwie verhindert, daß der Brand gelöscht oder das Schutz- oder Beistandswerk geleistet wird, wird mit Gefängnis von zwei bis zu sieben Jahren bestraft.

Art. 433.

Vorsätzliche Entfernung oder Abstellung von Vorrichtungen gegen Unglücksfälle bei der Arbeit.

Wer Anlagen, Apparate oder Signale, die dazu bestimmt sind, Unglück oder Unfällen bei der Arbeit vorzubeugen, entfernt oder beschädigt, wird mit Gefängnis von sechs Monaten bis zu fünf Jahren bestraft.

Hat die Tat ein Unglück oder einen Unfall zur Folge, tritt Gefängnis von drei bis zu zehn Jahren ein.

Art. 434.

Verbrechen übermäßiger Fahrgeschwindigkeit.

Wer an bewohntem Ort oder zu Zeiten öffentlichen Auflaufs ein Gefährt mit übermäßiger Geschwindigkeit treibt, so daß Gefahr für die öffentliche Unversehrtheit entsteht, wird mit Gefängnis bis zu einem Jahr oder mit Geldstrafe von tausend bis zehntausend Lire bestraft.

Wenn die Tat den Tod einer Person zur Folge hat, tritt Gefängnis von drei bis zu acht Jahren ein; wenn sie eine Körperverletzung herbeiführt, kommen die Strafen nach Art. 581 und 583, ermäßigt auf ein Drittel, zur Anwendung.

Hat die Tat den Tod oder die Verletzung mehrerer Personen zur Folge, so finden die Bestimmungen des Art. 79 Abs. 1 Anwendung; doch kann die Gesamtstrafe an Gefängnis im Falle des Todes einer Person und der Verletzung einer oder mehrerer Personen zwanzig Jahre, in den anderen Fällen fünfzehn Jahre nicht überschreiten.

Die Bestimmungen des Artikels 119 finden Anwendung.

Art. 435.

(Art. 311 Cod. Pen.)

Fahrlässige Schadensverbrechen.

Wenn eine der in Art. 420, 423, 425, 427 und 431 vorgesehenen Taten aus Fahrlässigkeit begangen ist, kommen die dort bestimmten Strafen zur Anwendung, unter Ermäßigung um die Hälfte bis zu zwei Dritteln.

Art. 436.

(Art. 314 Cod. Pen.)

Fahrlässige Gefährdungsverbrechen.

Wer durch eine fahrlässige Handlung oder Unterlassung die Gefahr eines Eisenbahnunglücks, einer Strandung, einer Überschwemmung, eines Einsturzes oder anderen Unglücks, das die öffentliche Unversehrtheit beeinträchtigen kann, heraufbeschwört oder bestehen läßt, wird mit Gefängnis bis zu zwei Jahren bestraft.

Gefängnis nicht unter einem Jahre tritt ein, wenn der Schuldige einer besonderen Auflage der Behörde, die auf die Beseitigung der Gefahr gerichtet ist, zuwider gehandelt hat.

Art. 437.

(Art. 307 Cod. Pen.)

Fahrlässige Abstellung von Vorrichtungen oder Schutzmaßnahmen gegen Unglück oder Unfälle bei der Arbeit.

Wer fahrlässig Apparate oder andere für das Löschen eines Brandes oder zum Zweck der Rettung oder der Hilfe bei Unglück oder Arbeitsunfällen bestimmte Mittel aufzustellen unterläßt oder diese entfernt oder unbrauchbar macht, wird mit Gefängnis bis zu einem Jahre oder mit Geldstrafe von tausend bis fünftausend Lire bestraft.

Kapitel II.

Gemeingefährliche Betrugsverbrechen.

Art. 438.

Seuche.

Wer durch Verbreitung von Bazillen oder Keimen oder anderer Krankheit erzeugender Mikroorganismen eine Seuche hervorruft, wird mit Dauerzuchthaus bestraft.

Hat die Tat den Tod mehrerer Personen zur Folge, tritt Todesstrafe ein.

Art. 439.

(Art. 218 Cod. Pen.)

Vergiftung von Wassern und von Nahrungsmitteln.

Wer Trinkwasser oder zur Ernährung bestimmte Stoffe vergiftet, bevor sie geschöpft oder für den Verbrauch verteilt sind, wird mit Gefängnis nicht unter fünfzehn Jahren bestraft.

Hat die Tat den Tod einer Person zur Folge, tritt Dauerzuchthaus, und im Falle des Todes mehrerer Personen Todesstrafe ein.

Art. 440.

(Art. 318 Cod. Pen.)

Verfälschung und Nachmachung von Nahrungsmitteln.

Wer in einer der öffentlichen Gesundheit Gefahr bringenden Weise Trinkwasser verdirbt oder für die Ernährung bestimmte Stoffe verdirbt oder verfälscht, bevor sie geschöpft oder für den Gebrauch verteilt sind, wird mit Gefängnis von drei bis zu zehn Jahren bestraft.

Die gleiche Strafe trifft denjenigen, der in einer der öffentlichen Gesundheit Gefahr bringenden Weise Nahrungsmittel, die für den Handel bestimmt sind, nachmacht.

Die Strafe wird erhöht, wenn Arzneimittel verfälscht oder nachgemacht sind.

Art. 441.

(Art. 319 Cod. Pen.)

Verfälschung und Nachmachung anderer Sachen zum Schaden der öffentlichen Gesundheit.

Wer in die öffentliche Gesundheit gefährdender Weise andere als die im vorigen Artikel bezeichneten, für den Handel bestimmte Sachen verfälscht oder nachmacht, wird mit Gefängnis von einem bis zu fünf Jahren oder mit Geldstrafe nicht unter dreitausend Lire bestraft.

Art. 442.

(Art. 319 Cod. Pen.)

Handel mit nachgemachten oder verfälschten Nahrungsmitteln.

Wer, ohne bei den in den drei vorhergehenden Artikeln behandelten Vergehen beteiligt zu sein, einen der dort bezeichneten Stoffe, die von anderen in einer die öffentliche Gesundheit gefährdenden Weise vergiftet, verdorben, verfälscht oder nachgemacht sind, für den Handel in Gewahrsam hält, in den Handel bringt oder für den Verbrauch verteilt, unterliegt den in den genannten Artikeln bestimmten Strafen.

Art. 443.

(Art. 59 Ges. über das Gesundheitswesen.)

Handel oder Lieferung verdorbener Arzneimittel.

Wer verdorbene oder mangelhafte Arzneimittel für den Handel in Gewahrsam hält, in Handel bringt oder liefert, wird mit Gefängnis von sechs Monaten bis zu drei Jahren und mit Geldstrafe nicht unter tausend Lire bestraft.

Art. 444.

(Art. 320 Cod. Pen.)

Handel mit schädlichen Nahrungsmitteln oder Sachen.

Wer für die Ernährung bestimmte Stoffe, die nicht nachgemacht und nicht verfälscht, jedoch für die öffentliche Gesundheit gefährlich sind, für den Handel in Gewahrsam hält, in Handel bringt oder für den Verbrauch verteilt, wird mit Gefängnis von sechs Monaten bis zu drei Jahren und mit Geldstrafe nicht unter fünfhundert Lire bestraft.

Die Strafe wird vermindert, wenn die schädliche Beschaffenheit der Sachen der Person, welche sie erwirbt oder sie in Empfang nimmt, bekannt ist.

Die in Abs. 1 dieses Artikels bestimmte Strafe trifft auch denjenigen, der für die Ernährung nicht bestimmte Sachen, welche für die öffentliche Gesundheit gefährlich sind, verkauft oder für den Gebrauch verteilt, wenn er nicht der Person, welche die Sachen erwirbt oder sie in Empfang nimmt, von der Gefahr Mitteilung gemacht hat.

Art. 445.

(Art. 321 Cod. Pen. u. Art. 59 Ges. über das Gesundheitswesen.)

Lieferung von Arzneimitteln in einer die öffentliche Gesundheit gefährdenden Weise.

Wer bei dem Verkauf von Arzneimitteln, auch wenn er mißbräuchlich erfolgt, sie in einer Art, Beschaffenheit oder Menge liefert, die den ärztlichen Anordnungen nicht entspricht, oder anders als angegeben oder vereinbart, wird mit Gefängnis von sechs Monaten bis zu zwei Jahren und mit Geldstrafe von tausend bis zehntausend Lire bestraft.

Art. 446.

(Art. 323 Cod. Pen.)

Fahrlässige Verbrechen gegen die öffentliche Gesundheit.

Wenn eine der in den Artikeln 438 und 439 vorgesehenen Taten aus Fahrlässigkeit begangen ist, tritt an die Stelle der Todesstrafe Gefängnis von acht bis zu zwölf Jahren, an Stelle von Dauerzuchthaus Gefängnis von drei bis zu acht Jahren. Die Gefängnisstrafe beträgt zwei bis zu sechs Jahren.

Wenn eine der in den übrigen Artikeln vorgesehenen Taten aus Fahrlässigkeit begangen ist, kommen die dort bestimmten Strafen, unter Ermäßigung auf ein Drittel, zur Anwendung.

Art. 447.

(Art. 1 Ges. vom 18. Feb. 1923 Nr. 396.)

Heimlicher oder betrügerischer Handel mit betäubenden Stoffen.

Wer in heimlicher oder betrügerischer Weise Handel mit Stoffen von betäubender Wirkung treibt, oder sie zum Zweck des heimlichen oder betrügerischen Handels in Gewahrsam hält, oder sie anderen heimlich oder betrügerisch liefert oder beschafft, wird mit Gefängnis von einem bis zu drei Jahren bestraft.

Die Strafe wird erhöht, wenn einer der erwähnten Stoffe an Minderjährige unter achtzehn Jahren oder an Personen im Zustande der Geisteskrankheit oder Geistesschwäche, oder welche dem Genuß von Stoffen mit betäubender Wirkung ergeben sind, verkauft oder übergeben ist.

Art. 448.

(Art. 8, 10 Ges. w. o.)

Vorsätzliche Erleichterung des Genusses betäubender Stoffe.

Wer, ohne bei dem im vorigen Artikel behandelten Verbrechen beteiligt zu sein, einen öffentlichen oder privaten Raum zu einer Zusammenkunft von Personen, welche ihn zwecks Genusses von Stoffen mit betäubender Wirkung aufsuchen, verwendet oder zur Verwendung überläßt, unterliegt der dort bestimmten Strafe.

Gefängnis bis zu sechs Monaten oder Geldstrafe von tausend bis fünftausend Lire trifft denjenigen, welcher die erwähnten Räume zwecks Genusses von Stoffen mit betäubender Wirkung aufsucht.

Kapitel III.

Gemeinsame Bestimmungen für die vorigen Kapitel.

Art. 449.

Nebenstrafen.

Wenn für eins der in diesem Titel vorgesehenen Verbrechen Todesstrafe oder Dauerzuchthaus auferlegt wird, hat die Verurteilung die allgemeine Vermögenseinziehung zur Folge.

Wenn das Verbrechen aus politischem Beweggrunde begangen ist, hat die Verurteilung zu einer der erwähnten Strafen den Verlust der Staatsangehörigkeit zur Folge.

Die Verurteilung wegen eines der in Kapitel II dieses Titels behandelten vorsätzlichen Verbrechen hat die besondere Veröffentlichung des Urteils zur Folge.

Art. 450.

Sicherungsmaßnahmen.

Bei den in Kapitel II dieses Titels behandelten vorsätzlichen Verbrechen kann der Richter, wenn sie von einer Person, die Handel oder Gewerbe betreibt, begangen sind, die Schließung des Betriebs, Geschäftes oder der Niederlassung auch während der Untersuchung oder des Verfahrens anordnen.

Sechster Titel.

Verbrechen gegen den öffentlichen Glauben.

Kapitel I.

Falschmünzerei, Fälschung von Staatsschuldpapieren und Stempelwerten.

Art. 451.

(Art. 256 Cod. Pen.)

Geldfälschung, Ausgabe und Einführung von Falschgeld im Inland nach zuvoriger Übereinkunft.

Mit Gefängnis von drei bis zu zwölf Jahren und mit Geldstrafe von zehntausend bis fünfzigtausend Lire wird bestraft:

1. wer heimisches oder fremdes Geld, das im Inlande oder Auslande Gesetzes- oder Handelskurs hat, nachmacht;
2. wer in irgendeiner Weise echtes Geld verfälscht, um ihm den Anschein eines höheren Wertes zu geben;
3. wer, ohne bei der Nachmachung oder Verfälschung beteiligt zu sein, jedoch im Einverständnis mit dem Täter oder einer Mittelsperson nachgemachtes oder verfälschtes Geld im Inlande einführt, in Gewahrsam hält, es ausgibt oder anderweit in Umlauf setzt;
4. wer, in der Absicht es in Umlauf zu setzen, nachgemachtes oder verfälschtes Geld von dem Fälscher oder einer Mittelsperson erwirbt.

Art 452.

(Art. 257 Cod. Pen.)

Geldverfälschung.

Wer Geld der im vorigen Artikel bezeichneten Art verfälscht, indem er in irgendwelcher Weise den Wert verringert oder hinsichtlich des in dieser Weise verfälschten Geldes eine der in Ziff. 3 und 4 des genannten Artikels angegebenen Taten begeht, wird mit Gefängnis von einem bis zu fünf Jahren und mit Geldstrafe von dreitausend bis zehntausend Lire bestraft.

Art. 453.

(Art. 258 Abs. 1 Cod. Pen.)

Ausgabe und Einführung von Falschgeld im Inland ohne Übereinkunft.

Wer, abgesehen von den in den beiden vorigen Artikeln vorgesehenen Fällen, nachgemachtes oder verfälschtes Geld in der Absicht, es in Umlauf zu setzen, im Inlande einführt, erwirbt oder in Gewahrsam hält, oder es ausgibt oder anderweit in Umlauf setzt, unterliegt den in den genannten Artikeln bestimmten Strafen, unter Ermäßigung um ein Drittel bis zur Hälfte.

Art. 454.

Strafschärfende Umstände.

Die in den Art. 451 und 453 bestimmten Strafen werden erhöht, wenn die dort vorgesehenen Taten eine Verminderung des Wertes der Währung oder der Staatspapiere zur Folge haben, oder der Staatskredit auf inländischen oder ausländischen Märkten beeinträchtigt wird.

Art. 455.

(Art. 258 Abs. 2 Cod. Pen.)

Ausgabe von Falschgeld, das in gutem Glauben in Empfang genommen ist.

Wer nachgemachtes oder verfälschtes Geld, das er in gutem Glauben angenommen hat, ausgibt oder anderweit in Umlauf setzt, wird mit Gefängnis bis zu sechs Monaten oder mit Geldstrafe bis zu zehntausend Lire bestraft.

Art. 456.

(Art. 263 Cod.)

Gleichstellung der Staatsschuldpapiere mit Geld.

Im Rahmen des Strafgesetzes werden dem Geld die Staatsschuldpapiere gleichgestellt.

Unter STAATSCHULDPAPIEREN sind, außer denjenigen mit gesetzlichem Kurs als Geld, die von den Regierungen ausgegebenen Inhaberpapiere und -schuldverschreibungen, die handelsfähige Wertpapiere darstellen, und alle anderen mit Gesetzes- oder Handelskurs, die von dazu ermächtigten Instituten ausgegeben sind, zu verstehen.

Art. 457.

(Vgl. Art. 268, 271 Cod. Pen. und Art. 77, 78 Kgl. Dkt. vom 30. Dez. 1923 Nr. 3268.)

Fälschung von Stempelwerten, Einführung im Inland, Erwerb, Gewahrsam oder Inumlaufsetzung von gefälschten Stempelwerten.

Die Bestimmungen der Art. 451, 453 und 455 kommen auch auf die Nachmachung oder Verfälschung von Stempelwerten und auf die Einführung im Inland, den Erwerb, Gewahrsam oder Inumlaufsetzung von nachgemachten Stempelwerten zur Anwendung; doch werden die Strafen um ein Drittel ermäßigt.

Im Rahmen des Strafgesetzes sind unter Stempelwerten Stempelpapier, Stempelmarken, Briefmarken und andere Werte, die diesen durch besondere Gesetze gleichgestellt sind, zu verstehen.

Art. 458.

(Art. 269 Cod. Pen. Art. 77, 78, 79 Kgl. Dkt. vom 30. Dez. 1923 w. o.)

Nachmachung von Papier, das zum Gebrauch für die Herstellung von Staatsschuldpapieren und Stempelwerten mit Wasserzeichen versehen ist.

Wer das zum Gebrauch für die Herstellung von Staatsschuldpapieren oder Stempelwerten mit Wasserzeichen durchsetzte Papier nachmacht oder derart nachgemachtes Papier erwirbt, in Gewahrsam hält oder veräußert, wird, soweit die Tat nicht ein schwereres Vergehen darstellt, mit Gefängnis von zwei bis zu sieben Jahren und mit Geldstrafe von zehntausend bis dreißigtausend Lire bestraft.

Art. 459.

(Art. 260 Cod. Pen. Art. 77, 78, 79 Kgl. Dkt. vom 30. Dez. w. o.)

Herstellung oder Gewahrsam von Wasserzeichen oder von Werkzeugen, die für die Fälschung von Geld, Stempelwerten oder Wasserzeichenpapier bestimmt sind.

Wer Wasserzeichen oder Werkzeuge, die ausschließlich zur Nachahmung oder Verfälschung von Geld, Stempelwerten oder Wasserzeichenpapier bestimmt sind, herstellt oder in Gewahrsam hält, wird, soweit die Tat nicht ein schwereres Vergehen darstellt, mit Gefängnis von einem bis zu fünf Jahren und mit Geldstrafe von tausend bis zehntausend Lire bestraft.

Art. 460.

(Art. 273 Cod. Pen.)

Fälschung von Fahrkarten öffentlicher Transportunternehmen.

Wer Fahrkarten von Eisenbahnen oder anderen öffentlichen Transportunternehmen nachmacht oder verfälscht, oder sie, ohne bei der Nachmachung oder Verfälschung beteiligt zu sein, erwirbt oder sie zum Zweck der Inumlausetzung in Gewahrsam hält, oder solche nachgemachten oder verfälschten Fahrkarten in Umlauf setzt, wird mit Gefängnis bis zu einem Jahre und mit Geldstrafe von zweitausend bis fünftausend Lire bestraft.

Art. 461.

(Art. 262 Cod. Pen.)

Straffreiheit.

Straffrei ist der Schuldige eines der in den vorhergehenden Artikeln behandelten Verbrechen, wenn es ihm gelingt, bevor die Behörde davon Kenntnis hat, die Nachmachung, Verfälschung, Fälschung oder den Umlauf der in diesen Artikeln bezeichneten Sachen zu verhindern.

Art. 462.

(Art. 270 Cod. Pen. und Art. 77, 78, Kgl. Dkt. vom 30. Dez. 1923 Nr. 3268.)

Gebrauch von nachgemachten oder verfälschten Stempelwerten.

Wer von nachgemachten oder verfälschten Stempelwerten Gebrauch macht, wird mit Gefängnis bis zu drei Jahren und mit Geldstrafe bis zu fünftausend Lire bestraft.

Sind die Werte in gutem Glauben angenommen worden, kommt die in Artikel 455 bestimmte Strafe, unter Ermäßigung um ein Drittel, zur Anwendung.

Art. 463.

(Art. 273 Cod. Pen.)

Gebrauch von gefälschten Fahrkarten öffentlicher Transportunternehmen.

Wer, ohne bei der Nachmachung oder Verfälschung beteiligt zu sein, von nachgemachten oder verfälschten Fahrkarten der Eisenbahnen oder anderer öffentlicher Transportunternehmen Gebrauch macht, wird mit Gefängnis bis zu einem Jahr und mit Geldstrafe von zweihundert bis fünfhundert Lire bestraft.

Sind die Fahrkarten in gutem Glauben angenommen, kommt nur Geldstrafe zur Anwendung.

Art. 464.

(Art. 274 Cod. Pen.)

Unterdrückung der Zeichen zur Entwertung bei Stempelwerten oder Fahrkarten und Gebrauch der so verfälschten Gegenstände.

Wer von Stempelwerten oder von Fahrkarten der Eisenbahnen oder anderer öffentlicher Transportunternehmen die Zeichen, welche darauf zur Kenntlichmachung des schon erfolgten Gebrauchs gesetzt sind, auslöscht oder in irgendeiner Weise verschwinden läßt, wird, sofern er davon Gebrauch macht oder andere Gebrauch machen läßt, mit Gefängnis bis zu sechs Monaten und mit Geldstrafe bis zu tausend Lire bestraft.

Die gleiche Strafe trifft denjenigen, der, ohne bei der Verfälschung beteiligt zu sein, von den Stempelwerten oder Fahrkarten Gebrauch macht. Nur Geldstrafe kommt zur Anwendung, wenn die Sachen in gutem Glauben angenommen sind.

Kapitel II.

Fälschung bei Siegeln, Werkzeugen oder Stempeln für Beglaubigung, Bestätigung oder Anerkennung.

Art. 465.

(Art. 264 Cod. Pen.)

Nachmachung des Staatssiegels und Gebrauch des nachgemachten Siegels.

Wer das Staatssiegel, das dafür bestimmt ist, den Regierungsakten beigesetzt zu werden, nachmacht, oder von dem durch andere nachgemachten Siegel Gebrauch macht, wird mit Gefängnis von drei bis zu sechs Jahren und mit Geldstrafe von tausend bis zwanzigtausend Lire bestraft.

Art. 466.

(Art. 265, 266 Abs. 1 Cod. Pen.)

Nachmachung von anderen öffentlichen Siegeln oder Werkzeugen, die für öffentliche Beglaubigungen oder Bestätigungen bestimmt sind, und Gebrauch solcher nachgemachten Siegel und Werkzeuge.

Wer das Siegel eines öffentlichen Verbandes oder einer öffentlichen Dienststelle nachmacht oder, ohne bei der Nachmachung beteiligt zu sein, von solchem nachgemachten Siegel Gebrauch macht, wird mit Gefängnis von einem bis zu fünf Jahren und mit Geldstrafe von tausend bis zehntausend Lire bestraft.

Die gleiche Strafe findet auf den Anwendung, der andere Werkzeuge, die für die öffentliche Beglaubigung oder Bestätigung bestimmt sind, nachmacht oder, ohne bei der Nachmachung beteiligt zu sein, von solchen Werkzeugen Gebrauch macht.

Art. 467.

(Art. 267 Cod. Pen.)

Nachmachung der Abdrücke einer öffentlichen Beglaubigung oder Bestätigung.

Wer mit anderen Mitteln als den in den vorigen Artikeln bezeichneten Werkzeugen die Abdrücke einer öffentlichen Beglaubigung oder Bestätigung nachmacht, unterliegt den in den genannten Artikeln bestimmten Strafen, unter Ermäßigung um ein Drittel.

Art. 468.

(Art. 266 Abs. 2 Cod. Pen.)

Verkauf, Erwerb oder Gebrauch von Sachen mit nachgemachten Abdrücken einer öffentlichen Beglaubigung oder Bestätigung.

Wer, abgesehen von den Fällen der Mitwirkung bei den in den vorigen Artikeln behandelten strafbaren Handlungen, Sachen, auf welche nachgemachte Abdrücke einer öffentlichen Beglaubigung oder Bestätigung gesetzt sind, in Verkauf bringt, erwirbt oder davon Gebrauch macht, unterliegt den für die genannten strafbaren Handlungen bestimmten Strafen.

Art. 469.

Mißbräuchliche Benutzung von echten Siegeln und Werkzeugen.

Wer, nachdem er sich echte Siegel oder echte Werkzeuge für eine öffentliche Beglaubigung oder Bestätigung beschafft hat, davon zum Schaden anderer oder zu seinem oder anderer Nutzen Gebrauch macht, wird mit Gefängnis bis zu drei Jahren und mit Geldstrafe bis zu dreitausend Lire bestraft.

Art. 470.

(Art. 294 Cod. Pen.)

Benutzung oder Gewahrsam von Maßen oder Gewichten mit falschem Aufdruck.

Wer von Maßen oder Gewichten mit nachgemachtem oder verfälschtem gesetzlichen Aufdruck oder von irgendwie verfälschten Maßen oder Gewichten zum Schaden anderer Gebrauch macht, wird mit Gefängnis bis zu einem Jahr und mit Geldstrafe bis zu fünftausend Lire bestraft.

Die gleiche Strafe trifft denjenigen, der bei Ausübung des Handels oder in einem der Öffentlichkeit zugänglichen Ausschank Maße oder Gewichte mit nachgemachtem oder verfälschtem gesetzlichen Aufdruck oder irgendwie verfälschte Maße oder Gewichte in Gewahrsam hält.

Art. 471.

(Art. 296 Cod. Pen.)

Nachmachung, Verfälschung oder Gebrauch der Unterscheidungszeichen von Geisteswerken oder gewerblichen Erzeugnissen.

Wer die einheimischen oder ausländischen Unterscheidungsmarken oder -zeichen der Geisteswerke oder gewerblichen Erzeugnisse nachmacht oder verfälscht, oder, ohne bei der Nachmachung oder Verfälschung beteiligt zu sein, von sochen nachgemachten oder verfälschten Marken oder Zeichen Gebrauch macht, wird mit Gefängnis bis zu drei Jahren und mit Geldstrafe bis zu zwanzigtausend Lire bestraft.

Der gleichen Strafe unterliegt, wer die einheimischen oder ausländischen gewerblichen Entwürfe oder Modelle nachmacht oder verfälscht oder, ohne bei der Nachmachung oder Verfälschung beteiligt zu sein, von solchen nachgemachten oder verfälschten Entwürfen oder Modellen Gebrauch macht.

Die vorstehenden Bestimmungen kommen nicht zur Anwendung, wenn die Vorschriften der Sondergesetze für den Schutz des geistigen oder gewerblichen Eigentums nicht beobachtet worden sind.

Art. 472.

(Art. 297 Cod. Pen.)

Einführung im Inlande und Handel von Erzeugnissen mit falschen Zeichen.

Wer, abgesehen von den Fällen der Mitwirkung bei den im vorigen Artikel behandelten Verbrechen, im Inlande Geisteswerke oder gewerbliche Erzeugnisse mit nachgemachten oder verfälschten, einheimischen oder ausländischen, Unterscheidungsmarken oder -zeichen einführt, um damit Handel zu treiben, zum Verkauf in Gewahrsam hält, zum Verkauf bringt oder anderweit in Umlauf setzt, wird mit Gefängnis bis zu zwei Jahren und mit Geldstrafe bis zu zwanzigtausend Lire bestraft.

Die Bestimmungen des letzten Absatzes des vorigen Artikels finden Anwendung.

Art. 473.

Nebenstrafe.

Die Verurteilung wegen eines der in den beiden vorigen Artikeln behandelten Verbrechen hat die besondere Veröffentlichung des Urteils zur Folge.

Kapitel III.

Urkundenfälschung.

Art. 474.

(Art. 275 Cod. Pen.)

Materielle Fälschung in öffentlichen Urkunden durch den öffentlichen Beamten.

Der öffentliche Beamte, der bei Ausübung seiner Amtsverrichtungen eine ganz oder teilweise falsche Urkunde errichtet oder eine echte verfälscht, wird mit Gefängnis von zwei bis zu sieben Jahren bestraft.

Betrifft die Fälschung Urkunden oder Teile von solchen, die bis auf Fälschungsklage vollen Beweis begründen, tritt Gefängnis von vier bis zu zwölf Jahren ein.

Art. 475.

(Art. 285 Ziff. 1 und 2, Art. 287 Cod. Pen)

Materielle Fälschung in behördlichen Zeugnissen oder Berechtigungsscheinen durch den öffentlichen Beamten.

Der öffentliche Beamte, der bei Ausübung seiner Amtsverrichtungen behördliche Zeugnisse oder Berechtigungsscheine fälscht oder verfälscht oder mittels Fälschung oder Verfälschung die für ihre Gültigkeit erforderlichen Voraussetzungen als erfüllt erscheinen läßt, wird mit Gefängnis von einem bis zu drei Jahren bestraft.

Art. 476.

(Art. 277 Cod. Pen.)

Materielle Fälschung in beglaubigten Abschriften von öffentlichen oder privaten Urkunden und in Bescheinigungen aus dem Inhalt von Urkunden durch den öffentlichen Beamten.

Der öffentliche Beamte, der, in Vortäuschung einer öffentlichen oder privaten Urkunde, eine angebliche Abschrift davon in gesetzlicher Form ausfertigt, oder aber Abschrift einer öffentlichen oder privaten Urkunde unter Abweichung von der Urschrift erteilt, wird mit Gefängnis von einem bis zu fünf Jahren bestraft.

Betrifft die Fälschung Urkunden oder Teile davon, die bis auf Fälschungsklage vollen Beweis begründen, tritt Gefängnis von drei bis zu zehn Jahren ein.

Ist die Fälschung von dem öffentlichen Beamten in einer Bescheinigung über den Inhalt von Urkunden begangen, beträgt die Strafe Gefängnis von einem bis zu vier Jahren.

Art. 477.

(Art. 276 Cod. Pen.)

Ideologische Fälschung in öffentlichen Urkunden durch den öffentlichen Beamten.

Der bei Ausübung seiner Amtsverrichtungen eine Urkunde aufnehmende oder errichtende öffentliche Beamte, der fälschlich bezeugt, daß eine

Handlung von ihm vorgenommen oder in seiner Gegenwart erfolgt ist, oder Erklärungen, die ihm nicht abgegeben sind, als von ihm aufgenommen bezeugt, oder von ihm aufgenommene Erklärungen übergeht oder verfälscht, oder überhaupt fälschlich Tatsachen bezeugt, deren Wahrheit zu beweisen die Urkunde berufen ist, unterliegt den in Art. 474 bestimmten Strafen.

Art. 478.

(Art. 290 Cod. Pen.)

Ideologische Fälschung in behördlichen Zeugnissen oder Berechtigungsscheinen durch den öffentlichen Beamten.

Der öffentliche Beamte, der in behördlichen Zeugnissen oder Berechtigungsscheinen Tatsachen, deren Wahrheit zu beweisen die Urkunde berufen ist, fälschlich bezeugt, wird mit Gefängnis von sechs Monaten bis zu drei Jahren bestraft.

Art. 479.

(Art. 289 Cod. Pen.)

Ideologische Fälschung in Zeugnissen durch eine Person, die einen Heil- oder Gerichtsberuf ausübt.

Wer bei Ausübung eines Heil- oder Gerichtsberufs in einem Zeugnis Tatsachen, deren Wahrheit zu beweisen die Urkunde berufen ist, fälschlich bezeugt, wird mit Gefängnis bis zu einem Jahr oder mit Geldstrafe von fünfhundert bis dreitausend Lire bestraft.

Auf Gefängnis ist immer zu erkennen, wenn die Tat aus Gewinnsucht begangen ist.

Art. 480.

(Art. 278 Cod. Pen.)

Materielle Fälschung durch eine Privatperson.

Wer, ohne die Eigenschaft eines öffentlichen Beamten zu besitzen, eine der in Artikeln 474 bis 476 vorgesehenen Taten begeht, wird mit den dort bestimmten Strafen, unter Ermäßigung um ein Drittel, bestraft.

Art. 481.

(Art. 279 Cod. Pen.)

Ideologische Fälschung in einer öffentlichen Urkunde durch die Privatperson.

Wer dem öffentlichen Beamten in einer öffentlichen Urkunde Tatsachen, deren Wahrheit zu beweisen die Urkunde berufen ist, fälschlich bezeugt, wird mit Gefängnis bis zu zwei Jahren bestraft.

Die Strafe wird erhöht, wenn es sich um falsche Bescheinungen bei Personenstandsurkunden handelt.

Art. 482.

(Art. 280 Cod. Pen.)

Fälschung in einer Privaturkunde.

Wer, um sich oder anderen einen Vorteil zu verschaffen oder andern einen Schaden zuzufügen, eine ganz oder teilweise falsche Privaturkunde errichtet oder eine echte Privaturkunde verfälscht, wird, wenn er davon Gebrauch macht oder andere Gebrauch machen läßt, mit Gefängnis bis zu drei Jahren bestraft.

Als Verfälschungen gelten auch fälschlich auf eine echte Urkunde, nachdem diese endgültig errichtet war, gesetzte Zusätze.

Art. 483.

(Art. 288 Cod. Pen.)

Fälschung in Registern und Anmeldungen.

Wer gesetzlich zur Vornahme von Eintragungen, welche der Aufsicht der Behörde unterstehen, oder von Anmeldungen an diese Behörde über seine gewerblichen, handelsgewerblichen oder beruflichen Maßnahmen verpflichtet ist, wird, wenn er falsche Angaben einträgt oder eintragen läßt, mit Gefängnis bis zu sechs Monaten oder mit Geldstrafe bis zu dreitausend Lire bestraft.

Art. 484.

(Art. 418 Cod. Pen.)

Fälschung in einem Blankoschein. Privaturkunde.

Wer, um sich oder anderen einen Vorteil zu verschaffen oder andern einen Schaden zuzufügen, einen in Blanko unterzeichneten Schein, den er mit der Verpflichtung oder der Befugnis zur Ausfüllung in Besitz hat, dazu mißbraucht, daß er darauf eine private, Rechtswirkungen hervorrufende Beurkundung, die von derjenigen, zu welcher er verpflichtet oder ermächtigt war, abweicht, einträgt oder eintragen läßt, wird, wenn er von dem Schein Gebrauch macht oder andere davon Gebrauch machen läßt, mit Gefängnis von einem bis zu drei Jahren bestraft.

Als in Blanko unterzeichnet gilt der Schein, bei dem der Unterzeichner einen zur Ausfüllung bestimmten Raum freigelassen hat.

Art. 485.

Fälschung in einem Blankoschein. Öffentliche Urkunde.

Der öffentliche Beamte, der unter Mißbrauch eines in Blanko unterzeichneten Scheins, den er mit der Verpflichtung oder der Befugnis zur Ausfüllung in Besitz hat, darauf eine öffentliche Beurkundung, die von derjenigen, zu welcher er verpflichtet oder ermächtigt war, abweicht, einträgt oder eintragen läßt, unterliegt den in Art. 477 und 478 bestimmten Strafen.

Ist die Tat von jemand begangen, der nicht die Eigenschaft eines öffentlichen Beamten hat, kommen die in den genannten Artikeln bestimmten Strafen, unter Ermäßigung um ein Drittel, zur Anwendung.

Art. 486.

Fälschung in einem Blankoschein. Anwendbarkeit der Bestimmungen über materielle Fälschungen.

In allen Fällen der Fälschung in einem Blankoschein, die von den in den vorigen Artikeln behandelten abweichen, kommen die Bestimmungen über materielle Fälschungen in öffentlichen oder privaten Urkunden zur Anwendung.

Art. 487.

(Art. 281 Cod. Pen.)

Gebrauch einer falschen Urkunde.

Wer, ohne bei der Fälschung beteiligt zu sein, von einer falschen Urkunde Gebrauch macht, unterliegt den in den vorstehenden Artikeln bestimmten Strafen, unter Ermäßigung um ein Drittel.

Handelt es sich um private Urkunden, so ist der Täter nicht strafbar, wenn er nicht zu dem Zwecke gehandelt hat, sich oder anderen einen Vorteil zu verschaffen oder andern einen Schaden zuzufügen.

Art. 488.

(Art. 283 Cod. Pen.)

Unterdrückung, Vernichtung und Verbergung von echten Urkunden.

Wer echte, öffentliche oder private, Urkunden ganz oder teilweise vernichtet, unterdrückt oder verborgen hält, unterliegt den in Art. 474, 475, 480 und 482 bestimmten Strafen, je nach den darin enthaltenen Unterscheidungen.

Die Bestimmung des Abs. 2 des vorigen Artikels findet Anwendung.

Art. 489.

(Art. 284 Cod. Pen.)

Urkunden, die den öffentlichen Urkunden hinsichtlich der Strafe gleichgestellt sind.

Betrifft eine der in den vorstehenden Artikeln behandelten Fälschungen ein eigenhändiges Testament, einen Wechsel oder ein anderes durch Indossament übertragbares oder auf den Inhaber gestelltes Forderungspapier, kommt an Stelle der für die Fälschung einer Privaturkunde in Art. 482 bestimmten Strafe die Strafe nach Art. 474 Abs. 1 zur Anwendung.

Im Falle der Fälschung oder Verfälschung einer der genannten Urkunden unterliegt derjenige, welcher davon Gebrauch macht, ohne bei der Fälschung beteiligt zu sein, der für den Gebrauch einer falschen öffentlichen Urkunde in Art. 487 bestimmten Strafe.

Art. 490.

(Art. 275 letzter Abs. Cod. Pen.)

Ausfertigungen, welche die fehlenden Urschriften ersetzen.

Im Rahmen der vorstehenden Bestimmungen werden unter der Bezeichnung ÖFFENTLICHE URKUNDEN und PRIVATE URKUNDEN die Urschriften und deren Ausfertigungen, wenn sie nach Vorschrift des Gesetzes an Stelle der fehlenden Urschriften treten, verstanden.

Art. 491.

Teile der öffentlichen Urkunde, die bis auf Fälschungsklage vollen Beweis erbringen.

Bis auf Fälschungsklage erbringen vollen Beweis diejenigen Teile einer Urkunde, in denen der öffentliche Beamte von ihm vorgenommene oder in seiner Gegenwart erfolgte Handlungen bezeugt.

Art. 492.

(Art. 284 Cod. Pen.)

Personen, die den öffentlichen Beamten hinsichtlich der Strafe gleichgestellt sind.

Die Bestimmungen der vorstehenden Artikel über die Fälschungen durch öffentliche Beamte kommen auch auf die Angestellten oder Bevollmächtigten des Staates oder eines anderen öffentlichen Verbandes und auf die mit einer öffentlichen oder im öffentlichen Interesse notwendigen Dienstleistung Beauftragten hinsichtlich der Urkunden, die sie bei Ausübung ihrer Befugnisse aufsetzen, zur Anwendung.

Kapitel IV.

Personenfälschung.

Art. 493.

(Unterschiebung einer Person.)

Wer, um sich oder anderen einen Vorteil zu verschaffen oder andern einen Schaden zuzufügen, einen Irrtum in einem andern dadurch hervorruft, daß er rechtswidrig seine Person einer andern unterschiebt, oder sich oder anderen einen falschen Namen, einen falschen Stand oder falsche persönliche Verhältnisse beilegt, wird mit Gefängnis bis zu zwei Jahren bestraft.

Art. 494.

(Art. 286 Cod. Pen.)

Falsche Bescheinigung oder Erklärung gegenüber einem öffentlichen Beamten über die Identität oder über persönliche Verhältnisse seiner selbst oder von anderen.

Wer dem öffentlichen Beamten in einer öffentlichen Urkunde die Identität, den Stand oder andere Verhältnisse seiner selbst oder einer anderen Person fälschlich bescheinigt, wird mit Gefängnis bis zu drei Jahren bestraft.

Die gleiche Strafe trifft denjenigen, der die Tat in einer Erklärung begeht, die zur Wiedergabe in einer öffentlichen Urkunde bestimmt ist.

Gefängnis nicht unter einem Jahre tritt ein:

1. wenn es sich um Erklärungen in Personenstandsurkunden handelt;
2. wenn die falsche Erklärung über die eigene Identität, den eigenen Stand oder über die eigenen persönlichen Verhältnisse von einem Angeklagten dem Gericht gegenüber abgegeben, oder wenn infolge der falschen Erklärung im Strafregister eine Strafentscheidung unter falschem Namen eingetragen ist.

Die Strafe wird vermindert, wenn die falschen Erklärungen darauf gerichtet sind, für sich oder andere die Ausstellung von behördlichen Zeugnissen oder Berechtigungsscheinen unter falschem Namen oder mit anderen unwahren Angaben zu erlangen.

Art. 495.

(Vgl. Art. 436 Cod. Pen.)

Falsche Angaben über die Identität oder über persönliche Verhältnisse seiner selbst oder anderer.

Wer, abgesehen von den in den vorstehenden Artikeln bezeichneten Fällen, einem öffentlichen Beamten oder einem mit einer öffentlichen Dienstleistung Beauftragten bei der Ausübung seiner Amts- oder Dienstverrichtungen auf die Frage über die Identität, den Stand oder andere Verhältnisse seiner selbst oder eines andern unwahre Angaben macht, wird mit Gefängnis bis zu einem Jahr und mit Geldstrafe bis zu fünftausend Lire bestraft.

Art. 496.

(Art. 628 Cod. Proc. Pen.)

Betrug bei Ausstellung und unbefugter Gebrauch der Auszüge aus dem Strafregister.

Wer sich betrügerisch einen Strafauszug über einen anderen verschafft oder davon zu einem anderen Zwecke, als für den er nachgesucht ist, Gebrauch macht, wird mit Gefängnis bis zu sechs Monaten oder mit Geldstrafe bis zu fünftausend Lire bestraft.

Art. 497.

(Art. 186 Cod. Pen.)

Anmaßung von Titeln oder Ehren.

Wer in der Öffentlichkeit die Dienstkleidung oder die Kennzeichen eines öffentlichen Amts oder einer öffentlichen Anstellung oder einer politischen, verwaltenden oder gerichtlichen Körperschaft oder auch eines Berufes, für den eine besondere staatliche Befähigung erforderlich ist, oder aber das geistliche Gewand mißbräuchlich trägt, wird mit Geldstrafe von tausend bis zehntausend Lire bestraft.

Die gleiche Strafe trifft denjenigen, der sich akademische Würden oder Grade, Titel, Auszeichnungen oder andere öffentliche Ehrenzeichen oder die mit einem der in vorstehender Bestimmung bezeichneten Ämter, Anstellungen oder Berufe verbundenen Eigenschaften anmaßt.

Die Verurteilung hat die besondere Veröffentlichung des Urteils zur Folge.

Siebenter Titel.

Verbrechen gegen die öffentliche Wirtschaft, Industrie und Handel.

Kapitel I.

Verbrechen gegen die öffentliche Wirtschaft.

Art. 498.

(Art. 300 bis 305 Cod. Pen.) [1]).

Vernichtung von Rohstoffen, von landwirtschaftlichen oder industriellen Erzeugnissen oder Mitteln der Erzeugung.

Wer Rohstoffe, landwirtschaftliche oder industrielle Erzeugnisse oder Mittel der Erzeugung in einer Art vernichtet, daß daraus erheblicher Schaden für die heimische Erzeugung oder den heimischen Verbrauch entsteht, wird mit Gefängnis nicht unter zehn Jahren und mit Geldstrafe nicht unter fünfzigtausend Lire bestraft.

Art. 499.

(Art. 293 Cod. Pen.)

Betrügerische Hebung und Senkung von Preisen auf dem öffentlichen Markt oder an den Handelsbörsen.

Wer im Inland oder Ausland falsche, übertriebene oder in bestimmter Richtung entstellte Nachrichten verbreitet oder andere betrügerische Mittel anwendet, die geeignet sind, auf dem öffentlichen Markt oder an den Handelsbörsen, auch im Zusammentreffen mit anderen Ursachen, eine Erhöhung oder Verminderung der Preise bei Löhnen, Lebensmitteln, Waren, Mieten oder auf dem öffentlichen Markt handelsfähigen oder in den Börsenlisten zugelassenen Wertpapieren hervorzurufen, wird mit Gefängnis von einem bis zu fünf Jahren und mit Geldstrafe nicht unter zehntausend Lire bestraft.

---

[1]) Hier scheint im italienischen Text ein Druckfehler vorzuliegen, da nur ein Zusammenhang mit Art. 300 Abs. 1 Cod. Pen., der u. a. von der Brandstiftung an Bodenerzeugnissen handelt, zu erkennen ist.

Die Strafen werden erhöht:

1. wenn die Tat eine Entwertung der heimischen Währung oder der Staatspapiere oder die Verteuerung von Waren allgemeinen oder starken Verbrauchs zur Folge hat;
2. wenn die Tat begangen ist, um staatsfremde Interessen zu begünstigen.

Die Verurteilung hat das Verbot der Bekleidung öffentlicher Ämter zur Folge.

Art. 500.

(Art. 326 Cod. Pen.)

Herbeiführung eines Mangels an Gegenständen allgemeinen oder starken Verbrauchs.

Wer im Inland oder Ausland falsche, übertriebene oder in bestimmter Richtung entstellte Nachrichten verbreitet oder andere betrügerische Mittel anwendet, die geeignet sind, auch im Zusammentreffen mit anderen Ursachen, im Inlande Mangel an Gegenständen allgemeinen oder starken Verbrauchs hervorzurufen, wird mit Gefängnis von einem bis zu fünf Jahren und mit Geldstrafe nicht unter fünftausend Lire bestraft.

Die Strafe wird erhöht, wenn die Tat begangen ist, um staatsfremde Interessen zu begünstigen.

Die Verurteilung hat das Verbot der Bekleidung öffentlicher Ämter zur Folge.

Art. 501.

Verbreitung von Nachrichten, welche die heimische Wirtschaft gefährden.

Wer im Inland oder Ausland falsche, übertriebene oder in bestimmter Richtung entstellte Nachrichten über politische, wirtschaftliche oder soziale Verhältnisse des Landes veröffentlicht oder anderweit verbreitet, so daß die heimische Wirtschaft gefährdet wird, wird mit Gefängnis bis zu fünf Jahren und mit Geldstrafe nicht unter dreitausend Lire bestraft.

Hat der Schuldige zwecks Begünstigung staatsfremder Interessen gehandelt, tritt Gefängnis von zwei bis zu zehn Jahren ein, und die Geldstrafe kann nicht unter zehntausend Lire betragen.

Art. 502.

Vorsätzliche Verbreitung einer Krankheit an Pflanzen oder Tieren.

Wer die Verbreitung einer Krankheit an Pflanzen oder Tieren, welche der Land- oder Forstwirtschaft oder dem Tierbestand des Landes gefährlicl ist, verursacht, wird mit Gefängnis bis zu drei Jahren bestraft.

Kommt es zu der Verbreitung aus Fahrlässigkeit, tritt Geldstrafe von tausend bis zwanzigtausend Lire ein.

Art. 503.

(Art. 166 Cod. Pen.; Art. 18 Ges. über die Syndikate.)

Aussperrung und Streik zu vertraglichen Zwecken.

Der Arbeitgeber, der, allein zu dem Zweck, seinen Untergebenen Änderungen an den vorher festgesetzten Bedingungen aufzuerlegen oder sich Änderungen dieser Bedingungen zu widersetzen, oder auch eine abweichende Anwendung der Bedingungen oder bestehenden Übungen zu erlangen oder zu verhindern, ganz oder teilweise die Arbeit in seinen Niederlassungen, Betrieben oder Geschäftsstellen aussetzt, wird mit Geldstrafe nicht unter zehntausend Lire bestraft.

Die den Niederlassungen, Betrieben oder Geschäftsstellen angehörigen Arbeitnehmer, die zu drei oder mehr Personen gemeinschaftlich die Arbeit aufgeben oder sie in einer Art leisten, daß die Fortdauer oder der regelmäßige Verlauf gestört ist, allein zu dem Zweck, den Arbeitgebern andere als die vorher festgesetzten Bedingungen aufzuerlegen oder sich Abänderungen dieser Bedingungen zu widersetzen, oder überhaupt eine andere Anwendung der Bedingungen oder bestehenden Übungen zu erlangen oder zu verhindern, werden mit Geldstrafe bis zu tausend Lire bestraft.

Art. 504.

(Art. 95 Syndikatsverordnung, Art. 165 Cod. Pen.)

Aussperrung und Streik zu nichtvertraglichen Zwecken.

Der Arbeitgeber oder die Arbeitnehmer, die zu politischen Zwecken eine der im vorigen Artikel behandelten auf sie bezüglichen Taten begehen, werden mit Gefängnis bis zu einem Jahr und mit Geldstrafe nicht unter zehntausend Lire, wenn es sich um den Arbeitgeber handelt, oder mit Gefängnis bis zu sechs Monaten und mit Geldstrafe bis zu tausend Lire, wenn es sich um Arbeitnehmer handelt, bestraft.

Ist die Tat zu nicht politischen, jedoch zu anderen als den im vorigen Artikel angegebenen Zwecken begangen, kommen die dort bestimmten Strafen zur Anwendung.

Art. 505.

Zwang auf die öffentliche Behörde mittels Aussperrung oder Streik.

Wenn die Aussetzung der Arbeit von seiten des Arbeitgebers oder die Gesamtaufgabe oder unregelmäßige Leistung der Arbeit von seiten der Arbeitnehmer zu dem Zweck erfolgt sind, die öffentliche Behörde zur Anordnung oder zur Unterlassung einer Maßnahme zu zwingen oder irgendwie auf ihre Entscheidungen Einfluß zu gewinnen, kommt Gefängnisstrafe bis zu zwei Jahren in Anwendung.

Die Führer, Anstifter und Ordner werden mit Gefängnis von zwei bis zu sieben Jahren und mit Geldstrafe nicht unter zwanzigtausend Lire bestraft.

Art. 506.

Gewaltsame Aussperrung und Streik.

Wenn die Aussetzung der Arbeit, die Gesamtaufgabe oder die unregelmäßige Leistung der Arbeit von Gewaltakten gegen die Person oder an Sachen oder von Akten der Drohung begleitet sind, unterliegen die Arbeitgeber, die sich an der Aussetzung beteiligt haben, oder die Arbeitnehmer, die an der Aufgabe oder unregelmäßigen Leistung der Arbeit teilgenommen haben, allein um der Tatsache ihrer Gegenwart bei den Gewalt- oder Drohungsakten willen, den in den drei vorhergehenden Artikeln bestimmten Strafen, unter Erhöhung bis zu einem Drittel.

Art. 507.

Boykott.

Wer eigenmächtig zu einem wirtschaftlichen oder politischen Zweck mittels Werbung oder unter Ausnutzung des durch Parteien, Verbände oder Vereinigungen begründeten Übergewichts eine oder mehrere Personen veranlaßt, Arbeitsverträge nicht abzuschließen, für die Arbeit notwendige Gegenstände oder Werkzeuge nicht zu liefern oder die landwirtschaftlichen oder industriellen Erzeugnisse anderer nicht zu erwerben, wird mit Gefängnis von sechs Monaten bis zu fünf Jahren bestraft.

Art. 508.

Eigenmächtiges Eindringen und Besetzung von landwirtschaftlichen oder industriellen Betrieben. Unbrauchbarmachung.

Wer, allein zu dem Zweck, die natürliche Entwicklung der Industrie oder der Arbeit zu hindern oder zu stören, in einen fremden landwirtschaftlichen oder industriellen Betrieb eigenmächtig eindringt oder ihn besetzt, oder eigenmächtig über fremde Maschinen, Vorräte, Apparate, Werkzeuge, die für die landwirtschaftliche oder industrielle Erzeugung bestimmt sind, verfügt, wird mit Gefängnis bis zu drei Jahren und mit Geldstrafe nicht unter tausend Lire bestraft.

Gefängnis von sechs Monaten bis zu vier Jahren und Geldstrafe nicht unter fünftausend Lire treffen, soweit die Tat nicht ein schwereres Vergehen bildet, denjenigen, der die zu dem landwirtschaftlichen oder industriellen Betrieb verwandten Gebäude oder eine andere der vorgenannten Sachen zerstört, zerstreut oder, ganz oder teilweise, unbrauchbar macht.

Art. 509.

(Art. 22 Ges. über die Syndikate.)

Nichtbefolgung der Entscheidungen des Arbeitsamtes.

Der Arbeitgeber und die Arbeitnehmer, welche unter irgend einem Vorwand die Ausführung der Entscheidungen des Arbeitsamtes verweigern oder irgendwie unterlassen, werden, soweit die Tat nicht ein schwereres

Vergehen bildet, mit Gefängnis bis zu einem Jahr und mit Geldstrafe bis zu fünftausend Lire bestraft.

Ist die Tat von dem Leiter einer gesetzlich anerkannten Vereinigung begangen, beträgt die Gefängnisstrafe sechs Monate bis zu zwei Jahren und die Geldstrafe zweitausend bis zehntausend Lire; die Verurteilung hat stets die Entziehung jedes Syndikatsamtes für die Dauer von fünf Jahren zur Folge.

Art. 510.

Strafschärfende Umstände.

Wenn die in Art. 503 ff. vorgesehenen Taten lärmende Kundgebungen, Aufstände oder Volksaufruhr hervorgerufen haben, werden die in diesen Artikeln bestimmten Strafen erhöht.

Art. 511.

(Art. 10, 19, 22 Ges. über die Syndikate; Art. 167 Cod. Pen.)

Strafe für die Führer, Anstifter und Ordner.

Wenn bei einer der in Art. 503 ff. vorgesehenen Taten nur Geldstrafe bestimmt ist, tritt für die Führer, Anstifter oder Ordner, außer dieser nach Maßgabe des Art. 109 Ziff. 3 zu erhöhenden Strafe, auch Gefängnis von einem bis zu zwei Jahren ein.

Kapitel II.

Verbrechen gegen Industrie und Handel.

Art. 512.

(Art. 165 Cod. Pen.)

Störung der Freiheit von Industrie oder Handel.

Wer, abgesehen von den Fällen nach Art. 507, Gewalt an Sachen oder betrügerische Mittel anwendet, um den Betrieb eines Gewerbes oder eines Handels zu verhindern oder zu stören, wird, wenn die Tat nicht ein schwereres Vergehen bildet, mit Gefängnis bis zu zwei Jahren und mit Geldstrafe von tausend bis zehntausend Lire bestraft.

Die Strafverfolgung tritt nur auf Antrag ein.

Art. 513.

(Art. 296, 297 Cod. Pen.)

Vorsätzliche Schädigung heimischer Erzeugnisse.

Wer auf heimischen oder ausländischen Märkten gewerbliche Erzeugnisse mit nachgemachten oder verfälschten Unterscheidungsnamen, -marken oder -zeichen zum Verkauf bringt oder anderweit in Umlauf setzt, wird, wenn dadurch einem heimischen Gewerbe Schaden erwächst, mit Gefängnis von einem bis zu fünf Jahren und mit Geldstrafe von zehntausend bis fünfzigtausend Lire bestraft.

Diese Bestimmung kommt auch zur Anwendung, wenn für die Unterscheidungsmarken oder -zeichen die Bestimmungen der Sondergesetze über den Schutz des geistigen oder gewerblichen Eigentums nicht beobachtet worden sind.

Art. 514.

(Art. 322 Cod. Pen.)

Verkauf von verfälschten Nahrungsmitteln als unverfälschte.

Wer verfälschte Nahrungsmittel als unverfälschte zum Verkauf stellt oder anderweit in den Handel bringt, wird mit Gefängnis bis zu sechs Monaten und mit Geldstrafe bis zu zehntausend Lire bestraft.

Bei Rückfall ist die Schließung des Betriebs anzuordnen.

Art. 515.

(Art. 297 Cod. Pen.)

Verkauf von gewerblichen Erzeugnissen mit falschen Zeichen.

Wer Geisteswerke oder gewerbliche Erzeugnisse mit heimischen oder ausländischen Unterscheidungsnamen, -marken oder -zeichen, die geeignet sind, den Käufer über Ursprung, Herkunft oder Art der Arbeit oder des Erzeugnisses zu täuschen, zum Verkauf bringt oder anderweit in Umlauf setzt, wird mit Gefängnis bis zu einem Jahre und mit Geldstrafe bis zu zehntausend Lire bestraft.

Diese Bestimmung kommt auch zur Anwendung, wenn es sich um Unterscheidungszeichen oder -marken handelt, die nicht bestehenden Firmen zugeteilt sind, oder für welche die Bestimmungen der Sondergesetze über den Schutz des geistigen oder gewerblichen Eigentums nicht beobachtet worden sind.

Art. 516.

(Art. 295 Cod. Pen.)

Betrug bei Ausübung des Handels.

Wer bei Ausübung einer handelsgewerblichen Tätigkeit dem Erwerber eine Sache für eine andere oder eine nach Ursprung, Herkunft, Art oder Menge von der angegebenen oder ausbedungenen verschiedene Sache übergibt, wird, soweit die Tat nicht ein schwereres Verbrechen bildet, mit Gefängnis bis zu einem Jahr oder mit Geldstrafe bis zu zehntausend Lire bestraft.

Wenn die Tat Wertgegenstände betrifft, tritt Gefängnis bis zu drei Jahren und Geldstrafe nicht unter tausend Lire ein.

Art. 517.

Verrat von wissenschaftlichen oder industriellen Entdeckungen oder Erfindungen zum Schaden der einheimischen Industrie.

Der Staatsangehörige, der im Inland oder Ausland, ohne die Ermächtigung der Regierung, Nachrichten über von ihm oder einem anderen Staatsangehörigen gemachte wissenschaftliche Entdeckungen oder Erfindungen oder neue industrielle Verfahren, welche, wenn offenbart, der heimischen Industrie Schaden verursachen können, veröffentlicht, verbreitet oder auch nur offenbart, wird mit Gefängnis bis zu drei Jahren und mit Geldstrafe nicht unter fünfzigtausend Lire bestraft.

Tritt die Schädigung ein, wird die Strafe erhöht.

Für diese Bestimmung kommt der letzte Absatz des Art. 8 zur Anwendung.

Kapitel III.

Gemeinsame Bestimmungen für die vorigen Kapitel.

Art. 518.

Besondere Veröffentlichung des Urteils.

In den Fällen der Artikel 499 bis 501 und 513 bis 516 hat die Verurteilung die besondere Veröffentlichung des Urteils zur Folge.

Achter Titel.

Verbrechen gegen die öffentliche Moral und die gute Sitte.

Kapitel I.

Verbrechen gegen die geschlechtliche Freiheit.

Art. 519.

(Art. 331, 332 Cod. Pen.)

Notzucht.

Wer mit Gewalt oder Drohung einen andern zum Beischlaf zwingt, wird mit Gefängnis von drei bis zu zehn Jahren bestraft.

Der gleichen Strafe unterliegt, wer mit einer Person geschlechtlich verkehrt, die im Augenblick der Tat:

1. nicht vierzehn Jahre vollendet hat;
2. nicht sechzehn Jahre oder, wenn es eine Frau ist, nicht achtzehn Jahre vollendet hat, sofern der Schuldige ein Verwandter aufsteigender Linie oder der Vormund oder eine andere Person ist, welcher der Minderjährige aus Gründen der Pflege, Erziehung, Unterweisung, Überwachung oder Aufsicht anvertraut ist;

3. geisteskrank oder infolge ihres Zustandes geistiger oder körperlicher Minderwertigkeit, auch wenn diese von der Tat des Schuldigen unabhängig ist, nicht imstande ist, Widerstand zu leisten;
4. in Irrtum versetzt worden ist, weil der Schuldige sich einer andern Person untergeschoben hatte.

Art. 520.

Begehung der Tat durch einen öffentlichen Beamten oder durch einen mit einer öffentlichen Dienstleistung Beauftragten.

Der öffentliche Beamte oder mit einer öffentlichen Dienstleistung Beauftragte, der, abgesehen von den Fällen des vorigen Artikels, mit einer verhafteten oder festgenommenen Person, deren Aufsicht er aus Gründen seines Amtes oder Dienstes hat, oder die ihm in Ausführung einer Anordnung der zuständigen Behörde anvertraut ist, geschlechtlich verkehrt, wird mit Gefängnis von zwei bis zu acht Jahren bestraft.

Die gleiche Bestimmung findet Anwendung, wenn die Tat von einem andern öffentlichen Beamten, der aus Gründen seines Amtes mit einer Gewaltbefugnis hinsichtlich der bewachten Person ausgestattet ist, begangen ist.

Art. 521.

(Art. 333 Cod. Pen.)

Notzuchtshandlungen.

Wer unter Anwendung von Kunstgriffen oder Ausnutzung der in den beiden vorigen Artikeln angegebenen Verhältnisse an einem andern Unzuchtshandlungen außer der geschlechtlichen Vereinigung begeht, unterliegt den in diesen Artikeln bestimmten Strafen, unter Ermäßigung um ein Drittel.

Die gleichen Strafen finden Anwendung, wenn ein anderer gezwungen oder veranlaßt ist, die Unzuchtshandlungen an sich selbst oder an der Person des Schuldigen zu begehen.

Art. 522.

(Art. 340, 341 Cod. Pen.)

Gewaltsame Entführung einer Frau zu Zwecken der Ehe.

Wer mit Gewalt, Drohung oder Täuschung eine Frau, die vierzehn Jahre vollendet hat und nicht verheiratet ist, zu Zwecken der Ehe entführt oder festhält, wird mit Gefängnis von einem bis zu drei Jahren bestraft.

Die Strafe wird erhöht, wenn die Tat zum Schaden einer Person begangen ist, die noch nicht achtzehn Jahre vollendet hatte.

Art. 523.

(Art. 340, 341 Cod. Pen.)

Gewaltsame Entführung einer Frau zu Zwecken der Unzucht.

Wer mit Gewalt, Drohung oder Täuschung eine Person, die vierzehn, aber noch nicht einundzwanzig Jahre vollendet hat, oder eine volljährige Frau zu Zwecken der Unzucht entführt oder festhält, wird mit Gefängnis von drei bis zu fünf Jahren bestraft.

Die Strafe wird erhöht, wenn die Tat zum Nachteil einer Person, die noch nicht achtzehn Jahre vollendet hatte, oder einer verheirateten Frau begangen ist.

Art. 524.

(Art. 340, 341 Cod. Pen.)

Entführung eines Minderjährigen unter vierzehn Jahren oder Kranken zu Zwecken der Unzucht oder Ehe.

Die in den beiden vorigen Artikeln unter Abs. 2 bestimmten Strafen treffen auch denjenigen, der die dort vorgesehene Tat ohne Gewalt, Drohung oder Täuschung zum Nachteil eines Minderjährigen unter vierzehn Jahren oder Geisteskranken oder einer Person, die infolge ihres Zustandes körperlicher oder geistiger Minderwertigkeit, auch wenn diese von der Tat des Schuldigen unabhängig ist, irgendwie nicht imstande ist, Widerstand zu leisten, begeht.

Art. 525.

Verführung mit Eheversprechen seitens einer verheirateten Person.

Wer mit dem Versprechen der Ehe eine Frau unter Verschweigung des Umstandes, daß er verheiratet ist, verführt, wird mit Gefängnis von sechs Monaten bis zu drei Jahren bestraft.

Ist die Frau minderjährig, wird die Strafe erhöht.

Art. 526.

(Art. 342 Cod. Pen.)

Strafmildernde Umstände.

Die in Art. 522 bis 524 bestimmten Strafen werden vermindert, wenn der Schuldige vor der Verurteilung, ohne eine Unzuchtshandlung an der entführten Person begangen zu haben, sie unter Zurückführung in das Haus, wo er sie an sich brachte, oder dasjenige ihrer Familie, oder Unterbringung an einem andern sichern Ort, zur Verfügung ihrer Familie aus eigenem Entschluß freigibt.

Kapitel II.

Angriffe auf die Scham und die geschlechtliche Ehre.

Art. 527.

(Art. 338 Cod. Pen.)

Unzüchtige Handlungen.

Wer an öffentlichem oder der Öffentlichkeit zugänglichem oder ausgesetztem Ort sich Handlungen oder mündlicher Äußerungen unzüchtiger Art schuldig macht, wird mit Gefängnis von sechs Monaten bis zu drei Jahren bestraft.

Art. 528.

Gleichgeschlechtliche Beziehungen.

Wer, außerhalb der Fälle nach Art. 519 bis 521, Unzuchtshandlungen an einer Person des gleichen Geschlechts vornimmt, oder sich zu solchen Handlungen hergibt, wird, wenn durch die Tat ein öffentliches Ärgernis entsteht, mit Gefängnis von sechs Monaten bis zu drei Jahren bestraft.

Die Strafe beträgt Gefängnis von einem bis zu fünf Jahren:

1. wenn der über einundzwanzig Jahre alte Schuldige die Tat an einer Person unter achtzehn Jahren begeht;
2. wenn die Tat gewohnheitsmäßig oder aus Gewinnsucht begangen ist.

Art. 529.

(Art. 339 Cod. Pen.; A.t. 1 Genfer Kovention vom 12, Sept. 1923 gegen unzüchtige Veröffentlichungen; Art. 115 Ges. über die öffentliche Sicherheit.)

Unzüchtige Veröffentlichungen.

Wer zu dem Zweck, damit einen Handel oder Vertrieb zu eröffnen oder sie öffentlich auszustellen, Handschriften, Zeichnungen, Drucke, Gemälde, Bücher, Drucksachen irgendwelcher Art, Bilder, Abzeichen, Photographien, kinomatographische Filme oder andere Gegenstände unzüchtiger Art herstellt, im Inlande einführt, erwirbt, in Gewahrsam hält, ausführt oder in Umlauf setzt, wird mit Gefängnis von sechs Monaten bis zu drei Jahren und mit Geldstrafe von fünftausend bis fünfzigtausend Lire bestraft.

Die gleiche Strafe trifft denjenigen, der, auch heimlich, mit den in der vorstehenden Bestimmung bezeichneten Gegenständen Handel treibt, oder sie verteilt oder öffentlich ausstellt.

Art. 530.

(Art. 339 Cod. Pen.; Art. 1 Konvention w. o.)

Unzüchtige Veröffentlichungen oder Schaustellungen.

Die im vorigen Artikel bestimmten Strafen sind auch gegen denjenigen anzuwenden:

1. der irgendein Mittel der Veröffentlichung anwendet, das geeignet ist, den Umlauf oder Handel mit den in diesem Artikel bezeichneten Gegenständen zu begünstigen;
2. der öffentliche Theater- oder Filmvorstellungen oder öffentliche Vorträge oder Darbietungen unzüchtiger Art veranstaltet.

Im Falle der Ziff. 2 wird die Strafe erhöht, wenn die Tat trotz behördlichen Verbots begangen ist.

Art. 531.

(Konvention und Artikel w. o.: Art. 115 Ges. über die öffentliche Sicherheit.)

Unzüchtige Handlungen und Gegenstände: Begriff.

Im Rahmen des Strafgesetzes sind als unzüchtig die Handlungen, Äußerungen, Drucksachen, Zeichnungen und anderen Gegenstände anzusehen, welche das öffentliche oder private Schamgefühl verletzen.

Als nicht unzüchtig gilt das Kunstwerk oder wissenschaftliche Werk, außer wenn es einer Person unter achtzehn Jahren zum Kauf angeboten, verkauft oder irgendwie überlassen wird.

Art. 532.

Anreizung zu Maßnahmen gegen die Zeugung.

Wer öffentlich zu Maßnahmen gegen die Zeugung anreizt oder dafür wirbt, wird mit Gefängnis bis zu einem Jahre und mit Geldstrafe bis zu zwanzigtausend Lire bestraft.

Die gleiche Strafe trifft denjenigen, der aus Gewinnsucht Mittel zur Verhinderung der Empfängnis liefert, außer wenn die Lieferung aus prophylaktischen Gründen erfolgt.

Art. 533.

(Art. 335 Cod. Pen.)

Sittliches Verderben Minderjähriger.

Wer, außerhalb der Fälle der Art. 519 bis 521, Unzuchtshandlungen an einer Person unter sechzehn Jahren oder in ihrer Gegenwart begeht, oder sie zu solcher Begehung veranlaßt, wird mit Gefängnis von zwei bis zu fünf Jahren bestraft.

Eine strafbare Handlung ist nicht vorhanden, wenn der Minderjährige eine Person ist, welche der gewerbsmäßigen Unzucht nachgeht oder irgendwie sittlich verdorben ist.

Art. 534.

(Art. 345, 346 Cod. Pen.)

Verleitung Minderjähriger zur gewerbsmäßigen Unzucht und Begünstigung.

Wer, um fremder Unzucht zu dienen, eine minderjährige Person der gewerbsmäßigen Unzucht zuführt oder ihr sittliches Verderben herbeiführt, wird mit Gefängnis von einem bis zu fünf Jahren und mit Geldstrafe von dreitausend bis zehntausend Lire bestraft; fördert er nur deren gewerbsmäßige Unzucht oder sittliches Verderben, beträgt die Strafe Gefängnis von sechs Monaten bis zu drei Jahren und Geldstrafe von dreitausend bis zehntausend Lire.

Die Strafe wird erhöht, wenn die Tat zum Nachteil einer verheirateten Minderjährigen oder einer minderjährigen Person, welche dem Schuldigen aus Gründen des Dienstes oder der Arbeit anvertraut ist, begangen ist.

Die Strafe wird verdoppelt:

1. wenn die Tat zum Nachteil einer Person begangen ist, die noch nicht vierzehn Jahre vollendet hat;
2. wenn der Schuldige ein Verwandter aufsteigender Linie, ein Verschwägerter in gerader aufsteigender Linie, der Adoptivvater oder die Adoptivmutter, der Ehegatte, der Bruder, die Schwester, der Vormund oder eine andere Person ist, welcher der Minderjährige aus Gründen der Pflege, Erziehung, Unterweisung, Überwachung oder Aufsicht anvertraut ist.

Art. 535.

Verleitung eines weiblichen Abkömmlings, der Ehefrau, der Schwester oder einer unter Vormundschaft stehenden Person zur gewerbsmäßigen Unzucht.

Wer den weiblichen Abkömmling, die Ehefrau, die Schwester oder eine seiner Vormundschaft unterstellte Person, die volljährig sind, der gewerbsmäßigen Unzucht zuführt, wird mit Gefängnis von zwei bis zu sechs Jahren und mit Geldstrafe von dreitausend bis zehntausend Lire bestraft.

Ist die Tat mittels Gewalt oder Drohung begangen, wird die Strafe verdoppelt.

Wenn der Schuldige die gewerbsmäßige Unzucht nur gefördert hat, wird die in Abs. 1 dieses Artikels bestimmte Strafe um die Hälfte ermäßigt.

Art. 536.

Ausbeutung von Personen, welche der gewerbsmäßigen Unzucht nachgehen.

Wer sich, sei es auch teilweise, von einer Frau unterhalten läßt, indem er den Gewinn, den sie aus ihrer gewerbsmäßigen Unzucht erzielt, ausbeutet, wird, soweit die Tat nicht ein schwereres Verbrechen darstellt, mit Gefängnis von zwei bis zu sechs Jahren und mit Geldstrafe von tausend bis zehntausend Lire bestraft.

Art. 537.

(Art. 12 letzter Abs. Ges. vom 13. Nov. 1919 Nr. 2205 über die Auswanderung und Genfer Konvention.)

Handel mit Frauen und Minderjährigen.

Wer eine minderjährige Person veranlaßt, sich ins Ausland zu begeben, obwohl er weiß, daß sie dort der gewerbsmäßigen Unzucht zugeführt wird, oder wer sich mit der Förderung ihrer Abreise befaßt, wird mit Gefängnis von einem bis zu fünf Jahren und mit Geldstrafe nicht unter zehntausend Lire bestraft.

Die Strafe wird erhöht, wenn die Tat begangen ist:

1. zum Nachteil eines Minderjährigen, der noch nicht vierzehn Jahre vollendet hat, oder einer minderjährigen verheirateten Frau;
2. zum Nachteil von zwei oder mehr Minderjährigen, auch wenn sie in verschiedene Länder geleitet sind.

Die gleiche Strafe trifft denjenigen, der eine volljährige Frau mittels Gewalt, Drohung oder Täuschung oder unter Mißbrauch ihres mangelhaften geistigen Zustandes verleitet, sich ins Ausland zu begeben, obwohl er weiß, daß sie dort der gewerbsmäßigen Unzucht zugeführt wird, oder wer sich mit der Förderung ihrer Abreise befaßt. Die Strafe wird erhöht, wenn es sich um eine verheiratete Frau handelt.

Art. 538.

Sicherungsmaßnahme.

Zu der Verurteilung wegen eines der in Art. 528 Ziff. 2 und 534 bis 537 vorgesehenen Verbrechen tritt stets die Anordnung einer freiheitsentziehenden Sicherungsmaßnahme.

Kapitel III.

Gemeinsame Bestimmungen für die vorigen Kapitel.

Art. 539.

Verwandtschaftsbeziehung.

Im Rahmen des Strafgesetzes wird, soweit die Verwandtschaftsbeziehung als Tatbestandsmerkmal oder als strafschärfender, -mildernder oder -ausschließender Umstand angesehen wird, dem ehelichen Kindschaftsverhältnis das außereheliche gleichgestellt.

Der Nachweis des außerehelichen Kindschaftsverhältnisses bestimmt sich nach den Zivilgesetzen.

Art. 540.

(Art. 348, 349 Cod. Pen.)

Nebenstrafen.

Die Verurteilung wegen eines der in diesem Titel behandelten Verbrechen hat den Verlust der väterlichen oder ehemännlichen Gewalt oder die dauernde Entziehung jedes mit der Vormundschaft und Pflegschaft zusammenhängenden Amtes zur Folge, soweit die Eigenschaft des Vaters, Ehemanns, Vormunds oder Pflegers Tatbestandsmerkmal oder strafschärfender Umstand ist.

Die Verurteilung wegen eines der in den Artikeln 519, 521, 533, 534, 535 und 536 behandelten Verbrechen hat den Verlust des Unterhaltsrechts und der Erbfolgerechte gegenüber dem Verletzten zur Folge.

Art. 541.

(Art. 336, 348 Cod. Pen.)

Antrag des Verletzten.

Bei den in Kapitel I und in Art. 533 vorgesehenen Verbrechen tritt Strafverfolgung nur auf Antrag ein.

Indessen ist von Amts wegen einzuschreiten:

1. wenn die Tat von dem Vater, dem Vormund oder einem öffentlichen Beamten oder mit einer öffentlichen Dienstleistung Beauftragten begangen ist;
2. wenn die Tat mit einem andern Verbrechen verbunden ist, bei dem Strafverfolgung von Amts wegen erfolgen muß.

Art. 542.

Der Antragsberechtigte.

Das Antragsrecht steht, außer dem Verletzten und denjenigen, die ihn nach Maßgabe der Artikel 121 und 122 vertreten, auch im eigenen Namen den Verwandten aufsteigender Linie und dem Ehegatten zu.

Der einmal gestellte Antrag ist unwiderruflich.

Art. 543.

(Art. 352 Cod. Pen.)

Besonderer Erlöschensgrund der strafbaren Handlung.

Bei den in Kapitel I und in Art. 533 vorgesehenen Verbrechen bringt der Eheschluß, welchen der Täter mit der verletzten Person eingeht, die strafbare Handlung zum Erlöschen, auch hinsichtlich derjenigen, die an ihr teilgenommen haben.

Ist Verurteilung erfolgt, entfallen die Vollstreckung der Strafe und die Strafwirkungen der Verurteilung. Sicherungsmaßnahmen sind nicht anzuwenden.

Neunter Titel.

Verbrechen gegen die Religionsgemeinschaften und das religiöse Gefühl.

Kapitel I.

Verbrechen gegen die Religionsgemeinschaften.

Art. 544.

(Art. 140 Cod. Pen.)

Störung der Freiheit der Religionsgemeinschaften.

Wer die Ausübung von religiösen Verrichtungen, Feierlichkeiten oder Handlungen, die in Gegenwart eines Dieners der Religionsgemeinschaft oder an für den Gottesdienst bestimmtem oder an öffentlichem oder der Allgemeinheit zugänglichem Ort vorgenommen werden, in einer Weise hindert oder stört, daß dadurch die Freiheit einer der im Staate zugelassenen Religionsgemeinschaften geschmälert wird, wird mit Gefängnis bis zu zwei Jahren bestraft.

Art. 545.

(Art. 140, 141 Cod. Pen.)

Beleidigung der Religionsgemeinschaft mittels Beschimpfung von Personen.

Wer öffentlich eine der im Staate zugelassenen Religionsgemeinschaften mittels beschimpfender Worte oder Taten gegenüber einer Person, die sich zu der Gemeinschaft bekennt, beleidigt, wird mit Gefängnis bis zu einem Jahre bestraft.

Ist die beschimpfte Person ein Diener der Religionsgemeinschaft, beträgt die Strafe ein bis drei Jahre.

Art. 546.

(Art. 142 Abs. 1 Cod. Pen.)

Beleidigung der Religionsgemeinschaft mittels Beschimpfung von Sachen.

Wer an für den Gottesdienst bestimmtem oder öffentlichem oder der Allgemeinheit zugänglichem Ort eine der im Staate zugelassenen Religionsgemeinschaften durch irgendeine beschimpfende Kundgebung gegenüber Sachen, welche Gegenstand der religiösen Verehrung bilden, der Verehrung geweiht oder notwendigerweise zu ihrer Ausübung bestimmt sind, beleidigt, wird mit Gefängnis von einem bis zu drei Jahren bestraft.

Art. 547.

Strafschärfender Umstand bei Verbrechen gegen die katholische Religion.

Wenn eine der in den vorigen Artikeln vorgesehenen Taten gegen die katholische Religion begangen ist, wird die Strafe erhöht.

Art. 548.

(Art. 16 Verordnung über die Presse in Ausdehnung auf die römischen Provinzen gemäß Kgl. Dekret 19. Okt. 1870 Nr. 5940.)

Beschimpfung der offiziellen Staatsreligion.

Wer, abgesehen von den in den vorigen Artikeln bezeichneten Fällen, die offizielle Staatsreligion öffentlich beschimpft, wird mit Gefängnis bis zu einem Jahr bestraft.

Kapitel II.

Verbrechen gegen das religiöse Gefühl.

Art. 549.

(Art. 144 Cod. Pen.)

Grabschändung.

Wer auf Friedhöfen oder anderen Begräbnisstätten beschimpfende Handlungen an Gräbern, Särgen oder Urnen oder an für die Verehrung der Toten oder zum Schutz oder Schmuck der Friedhöfe bestimmten Sachen begeht, wird mit Gefängnis von einem bis zu fünf Jahren bestraft.

Der gleichen Strafe unterliegt, wer in irgendeiner Weise das Grab, den Sarg oder die Urne schändet.

Art. 550.

Störung einer Leichenfeier oder eines Begräbnisses.

Wer, abgesehen von den Fällen des Art. 544, eine Leichenfeier oder ein Begräbnis hindert oder stört, wird mit Gefängnis bis zu einem Jahr bestraft.

Art. 551.

(Art. 544 Abs. 1 Cod. Pen.)

Beschimpfung eines Leichnams.

Wer einen Leichnam oder seine Asche beschimpft, wird mit Gefängnis von einem bis zu drei Jahren bestraft.

Wenn der Schuldige den Leichnam verunstaltet oder verstümmelt oder an ihm sonstige Handlungen der Rohheit begeht, wird er mit Gefängnis von drei bis zu sechs Jahren bestraft.

Diese Strafe trifft auch denjenigen, der leichenschändende Handlungen begeht.

Art. 552.

Vernichtung oder Unterdrückung eines Leichnams.

Wer einen Leichnam oder einen Teil desselben vernichtet oder unterdrückt oder dessen Asche zerstreut, wird mit Gefängnis von drei bis zu sieben Jahren bestraft.

Art. 553.

Verborgenhalten eines Leichnams.

Wer einen Leichnam oder einen Teil desselben verborgen hält oder dessen Asche verbirgt, wird mit Gefängnis von einem bis zu drei Jahren bestraft.

Art. 554.

(Art. 144 Cod. Pen.)

Beiseiteschaffen eines Leichnams.

Wer einen Leichnam oder einen Teil desselben oder dessen Asche beiseite schafft, wird mit Gefängnis von zwei bis zu fünf Jahren bestraft.

Ist die Tat auf Friedhöfen oder anderen Begräbnisstätten oder Stätten der Aufbahrung oder Bewachung begangen, wird die Strafe erhöht.

Art. 555.

Unbefugter Gebrauch eines Leichnams.

Wer einen von anderen verstümmelten, verborgen gehaltenen oder beiseite geschafften Leichnam oder einen Teil desselben zu wissenschaftlichen oder Lehrzwecken zerschneidet oder anderweit benutzt, wird mit Gefängnis bis zu einem Jahr bestraft.

Die Strafe beträgt Gefängnis bis zu sechs Monaten oder Geldstrafe bis zu fünftausend Lire, wenn jemand einen Leichnam oder einen Teil desselben in gesetzlich nicht zugelassenen Fällen zu wissenschaftlichen oder Lehrzwecken zerschneidet oder anderweit benutzt.

Zehnter Titel.

Verbrechen gegen die Familie.

Kapitel I.

Verbrechen gegen die Ehe.

Art. 556.

(Art. 359 Cod. Pen.)

Doppelehe.

Wer, obwohl er durch eine Ehe gebunden ist, eine andere eingeht, wird mit Gefängnis von einem bis zu fünf Jahren bestraft. Die gleiche Strafe trifft denjenigen, der, ohne verheiratet zu sein, die Ehe mit einer verheirateten Person eingeht.

Die Strafe wird erhöht, wenn der Schuldige in der Person, mit welcher er die Ehe geschlossen hat, einen Irrtum über die Freiheit seines oder ihres Personenstandes erregt hat.

Wenn die früher von dem doppelt Verheirateten geschlossene Ehe für nichtig erklärt oder die zweite Ehe aus einem anderen Grunde als dem der Doppelehe ungültig ist, erlischt die strafbare Handlung auch hinsichtlich der Teilnehmer an derselben; ist bereits Verurteilung erfolgt, entfallen die Vollstreckung und die Wirkungen der Strafe. Sicherungsmaßnahmen sind nicht anzuwenden.

Art. 557.

(Art. 360 Cod. Pen.)

Verjährung der strafbaren Handlung.

Die Verjährungsfrist für das im vorigen Artikel vorgesehene Verbrechen läuft von dem Tage, an dem eine der beiden Ehen aufgelöst oder die zweite infolge der Doppelehe für nichtig erklärt ist.

Art. 558.

(Art. 127 Cod. Civ.)

Täuschung bei einer Eheschließung.

Wer bei Eingehen einer Ehe den andern Ehegatten über das Bestehen eines anderen Hindernisses als das aus dem Bestehen einer früheren Ehe herzuleitende in Unkenntnis läßt, wird, wenn die Ehe infolge des verschwiegenen Hindernisses für ungültig erklärt wird, mit Gefängnis bis zu zwei Jahren bestraft.

Art. 559.

(Art. 353 Cod. Pen.)

Ehebruch.

Die ehebrecherische Frau wird mit Gefängnis bis zu drei Jahren bestraft.

Die gleiche Strafe trifft den Mitschuldigen der Ehebrecherin.

Die Strafe wird im Falle eines ehebrecherischen Verhältnisses erhöht.

Strafverfolgung tritt nur auf Antrag des Ehemannes ein.

Art. 560.

(Art. 354 Cod. Pen.)

Wilde Ehe.

Der Ehemann, der in der ehelichen Wohnung mit einer fremden Person in wilder Ehe lebt, oder offenkundig an anderer Stelle, wird mit Gefängnis bis zu drei Jahren bestraft.

Die Mitschuldige wird mit der gleichen Strafe bestraft.

Strafverfolgung tritt nur auf Antrag der Ehefrau ein.

Art. 561.

(Art. 355, 356, 357 Cod. Pen.)

Nichtvorhandensein der strafbaren Handlung. Strafmildernder Umstand.

In den Fällen der beiden vorigen Artikel ist eine strafbare Handlung nicht vorhanden, wenn die Tat von der Ehefrau nach Verleitung oder Anreizung zur gewerbsmäßigen Unzucht seitens des Ehemanns begangen ist, oder wenn dieser irgendwie den Gewinn aus der gewerbsmäßigen Unzucht ausgebeutet hat.

Die Strafe wird vermindert, wenn die Tat von dem gesetzmäßig getrennten oder von dem durch den anderen Ehegatten unbefugt verlassenen Ehegatten begangen ist.

Art. 562.

(Art. 354 Abs. 1 Cod. Pen.)

Nebenstrafe und zivilrechtliche Bestimmung.

Die Verurteilung wegen eines der in den Artikeln 556 uud 560 vorgesehenen Verbrechen hat den Verlust der ehemännlichen Gewalt zur Folge.

Mit dem Strafurteil wegen Ehebruchs oder wegen wilder Ehe kann der Richter, auf Antrag des verletzten Ehegatten, die persönliche Trennung der Ehegatten aussprechen und die weiteren Maßnahmen treffen, die nach den Zivilgesetzen dem Ehegatten zur Last fallen, aus dessen Verschulden die Trennung ausgesprochen wird.

Art. 563.

(Art. 358 Cod. Pen.)

Erlöschen der strafbaren Handlung.

In den Fällen der Art. 559 und 560 bewirkt die Zurücknahme des Antrags das Erlöschen der strafbaren Handlung, auch wenn sie nach der Verurteilung erfolgt.

Weiter bringen die strafbare Handlung zum Erlöschen:

1. der Tod des verletzten Ehegatten;
2. die Ungültigkeitserklärung der Ehe des an dem Ehebruch oder der wilden Ehe Schuldigen.

Das Erlöschen der strafbaren Handlung wirkt auch hinsichtlich der Mitschuldigen und jeder Person, die an der strafbaren Handlung teilgenommen hat. Ist bereits Verurteilung erfolgt, entfallen die Vollstreckung und die Wirkungen der Strafe; Sicherungsmaßnahmen sind nicht anzuwenden.

Kapitel II.

Verbrechen gegen die Familiensitten.

Art. 564.

(Art. 337 Cod. Pen.)

Blutschande.

Wer, abgesehen von den Fällen des Art. 519, Blutschande mit einem Verwandten absteigender oder aufsteigender Linie, mit einem Verschwägerten in gerader Linie oder mit Schwester oder Bruder begeht, wird mit Gefängnis von zwei bis zu fünf Jahren bestraft.

Die Strafe wird bis zu einem Drittel erhöht:

1. wenn die Tat ein öffentliches Ärgernis zur Folge hat;
2. wenn die Blutschande von einer volljährigen Person mit einer minderjährigen unter achtzehn Jahren begangen ist; in diesem Falle tritt die Strafverschärfung nur bei der volljährigen Person ein.

Der Ausspruch der Verurteilung gegen den Vater hat den Verlust der väterlichen Gewalt oder der gesetzlichen Vormundschaft zur Folge.

Art. 565.

Besondere Bestimmungen für die periodische Presse.

Wer bei der Erzählung oder Besprechung von Ereignissen, in darauf bezüglichen Abbildungen oder Zeichnungen, die in Zeitungen oder anderen periodischen Schriften enthalten sind, oder durch Anzeigen, die zum Zwecke der Veröffentlichung gemacht sind, Umstände ausführt oder hervorhebt, die geeignet sind, die Sittlichkeit oder die gute Sitte der Familie zu stören, wird mit Geldstrafe von tausend bis fünftausend Lire bestraft.

Kapitel III.

Verbrechen gegen den Familienstand.

Art. 566.

(Art. 361 Cod. Pen.)

Unterschiebung oder Unterdrückung des Personenstandes.

Wer in die Personenstandsregister eine nicht erfolgte Geburt aufnehmen läßt, wird mit Gefängnis von drei bis zu zehn Jahren bestraft.

Die gleiche Strafe trifft denjenigen, der mittels Verborgenhalten eines Neugeborenen dessen Personenstand unterdrückt.

Art. 567.

(Art. 361 Cod. Pen.)

Verfälschung des Personenstandes.

Wer mittels Unterschiebung eines Neugeborenen dessen Personenstand verfälscht, wird mit Gefängnis von drei bis zu zehn Jahren bestraft.

Gefängnis von fünf bis zu fünfzehn Jahren trifft denjenigen, der bei der Aufsetzung einer Geburtsurkunde den Personenstand eines Neugeborenen mittels falscher Bescheinigungen, falscher Zeugnisse oder anderer Fälschungen verfälscht.

Art. 568.

(Art. 362 Cod. Pen.)

Verschweigung des Personenstandes eines ehelichen oder für ehelich erklärten Kindes.

Wer ein eheliches oder für ehelich erklärtes Kind, das schon in den Personenstandsregistern eingetragen ist, in einem Findelhaus oder an einer anderen Stätte der Wohltätigkeit niederlegt, oder es unter Verschweigung des Personenstandes überreicht, wird mit Gefängnis von zwei bis zu fünf Jahren bestraft.

Die Strafe wird erhöht, wenn der Schuldige ein Verwandter aufsteigender Linie des niedergelegten oder überreichten Kindes ist.

Art. 569.

Nebenstrafe.

Der Ausspruch der Verurteilung wegen eines der in diesem Kapitel vorgesehenen Verbrechen gegen den Vater hat den Verlust der väterlichen Gewalt oder der gesetzlichen Vormundschaft zur Folge.

Kapitel IV.

Verbrechen gegen den Schutz der Familie.

Art. 570.

Verletzung der Beistandspflichten gegenüber der Familie.

Wer sich den sittlichen Beistandspflichten, die mit der väterlichen Gewalt, der gesetzlichen Vormundschaft, der ehemännlichen Gewalt oder der Eigenschaft als Ehegatte verbunden sind, entzieht, wird mit Gefängnis bis zu einem Jahr oder mit Geldstrafe von tausend bis zehntausend Lire bestraft.

Die Strafe wird erhöht, und es tritt immer Gefängnis ein, wenn der Vater oder der Ehegatte den Familienwohnsitz verlassen haben.

Gefängnis nicht unter sechs Monaten ist immer gegen denjenigen anzuwenden, der unter Vergeudung oder Veruntreuung des Vermögens des minderjährigen Kindes, des Mündels oder des Ehegatten oder unter Verletzung oder Vernachlässigung der Pflicht zur Leistung des Unterhalts gegenüber dem Ehegatten, den Verwandten absteigender oder aufsteigender Linie, den Brüdern oder Schwestern diesen die Mittel zum Lebensunterhalt vorenthält.

Die Bestimmungen dieses Artikels finden keine Anwendung, wenn die Tat von einer anderen Gesetzesvorschrift als ein schwereres Vergehen vorgesehen ist.

Art. 571.

(Art. 390 Cod. Pen.)

Mißbrauch der Straf- oder Zuchtmittel.

Wer unter Mißbrauch der Straf- oder Zuchtmittel gegenüber einer seiner Gewalt unterstellten oder ihm aus Gründen der Erziehung, Unterweisung, Pflege, Überwachung oder Aufsicht oder für die Ausübung eines Berufes oder Gewerbes anvertrauten Person für diese die Gefahr einer Krankheit an Körper oder Geist entstehen läßt, wird mit Gefängnis bis zu sechs Monaten bestraft.

Hat die Tat den Tod zur Folge, tritt Gefängnis von drei bis zu acht Jahren ein; bewirkt sie eine Körperverletzung, sind die in Art. 581 und 583 bestimmten Strafen unter Ermäßigung auf ein Drittel anzuwenden.

Art. 572.

(Art. 391 Cod. Pen.)

Mißhandlungen in der Familie oder gegenüber Kindern.

Wer abgesehen von den Fällen des vorigen Artikels Mißhandlungen gegenüber einem Familienmitglied oder einem Minderjährigen unter vierzehn Jahren oder einer seiner Gewalt unterstellten oder ihm aus Gründen der Erziehung, Unterweisung, Pflege, Überwachung oder Aufsicht oder für die Ausübung eines Berufes oder Gewerbes anvertrauten Person verübt, wird mit Gefängnis von sechs Monaten bis zu drei Jahren bestraft.

Art. 573.

(Art. 341 Abs. 2, 343 Cod. Pen.)

Raub mit Einwilligung.

Wer zu Zwecken der Eheschließung einen Minderjährigen, der vierzehn, jedoch noch nicht achtzehn Jahre vollendet hat, mit seiner Einwilligung entführt oder festhält, wird mit Gefängnis bis zu einem Jahre bestraft.

Ist die Tat zu unzüchtigen Zwecken begangen, beträgt die Strafe Gefängnis von sechs Monaten bis zu zwei Jahren.

Das Antragsrecht steht dem Vater oder Vormund zu.

Die Bestimmungen der Art. 526 und 543 finden Anwendung.

Art. 574.

(Art. 148 Cod. Pen.)

Entführung Minderjähriger.

Wer einen Minderjährigen denen, welche die väterliche oder vormundschaftliche Gewalt über ihn ausüben, unbefugt entführt, wird, soweit die Tat nicht durch eine andere Gesetzesvorschrift als strafbare Handlung vorgesehen ist, mit Gefängnis bis zu zwei Jahren bestraft.

Die gleiche Strafe trifft denjenigen, der einen Geisteskranken denen, welche die Vormundschaft oder Pflege, auch nur vorläufig, oder die Überwachung oder Aufsicht über ihn haben, unbefugt entführt.

Das Antragsrecht steht dem Vater, dem Vormund oder dem Pfleger zu.

Elfter Titel.

Verbrechen gegen die Person.

Kapitel I.

Verbrechen gegen das Leben und die persönliche Unversehrtheit.

Art. 575.

(Art. 364 Cod. Pen.)

Mord.

Wer, in Tötungsabsicht, den Tod eines anderen verursacht, wird mit Gefängnis nicht unter einundzwanzig Jahren bestraft.

Art. 576.

(Art. 366 Cod. Pen.)

Strafschärfende Umstände. Todesstrafe.

Die Todesstrafe tritt ein, wenn die in dem vorigen Artikel vorgesehene Tat begangen ist:

1. zu dem Zweck oder im Augenblick der Begehung eines der in Art. 519, 520 und 521 vorgesehenen Verbrechen, oder sofort nach deren Begehung oder dem Versuch derselben, um die Spuren oder Beweise der Verbrechen zu unterdrücken oder sich Straflosigkeit zu sichern;
2. seitens des Flüchtigen, um sich der Festnahme oder der Verhaftung zu entziehen oder das vorher begangene Verbrechen zu verdecken oder sich die Mittel für den Lebensunterhalt während des Verborgenseins zu verschaffen;
3. seitens einer der zur Begehung von Verbrechen zusammenge-

schlossenen Personen, um eins der Verbrechen, für welches die Verbindung gebildet wurde, zu begehen oder zu verdecken, oder um sich der Festnahme oder Verhaftung zu entziehen;

4. gegen die Person eines Verwandten aufsteigender oder absteigender Linie, wenn einer der Umstände der Ziffern 1 und 2 des Art. 62 vorliegt, oder wenn ein vergiftendes oder anderes hinterhältiges Mittel angewendet ist.

Im Rahmen des Strafgesetzes gilt als flüchtig derjenige, bei dem die Voraussetzungen der Ziffer 7 des Art. 62 vorliegen.

Art. 577.

(Art. 365 Cod. Pen.)

Strafschärfende Umstände. Dauerzuchthaus.

Die Strafe des Dauerzuchthauses tritt ein, wenn die in Art. 575 vorgesehene Tat begangen ist:

1. gegen die Person eines Verwandten aufsteigender oder absteigender Linie;
2. mittels vergiftender Stoffe oder durch andere hinterhältige Mittel;
3. wenn einer der Umstände der Ziff. 1, 2 und 4 des Art. 62 vorliegt;
4. mittels Brandstiftung, Überschwemmung, Versenkung oder eines anderen gemeingefährlichen Gewaltverbrechens.

Die in Art. 575 bestimmte Strafe wird erhöht, wenn die Tat gegen die Person des Ehegatten, des Bruders oder der Schwester, des Adoptivvaters oder der Adoptivmutter oder des Adoptivkindes oder der Verschwägerten in gerader Linie begangen ist.

Art. 578.

(Art. 369 Cod. Pen.)

Kindesmord aus Gründen der Ehre.

Wenn die in Art. 575 vorgesehene Tat sofort nach der Niederkunft an der Person eines Neugeborenen, um die eigene Ehre oder die Ehre eines nahen Angehörigen zu retten, begangen ist, beträgt die Strafe Gefängnis von drei bis zu zehn Jahren.

Die in Art. 62 und 63 bestimmten Strafverschärfungen finden keine Anwendung.

Art. 579.

Tötung mit Einwilligung.

Wenn jemand den Tod einer Person mit deren Einwilligung herbeiführt, ist Gefängnisstrafe von fünf bis zu zwölf Jahren anzuwenden. Den strafschärfenden Umständen der Art. 62, 63, 576 und 577 ist nicht Rechnung zu tragen.

Diese Bestimmung findet keine Anwendung, wenn die Tat begangen ist:

1. gegen einen Minderjährigen unter achtzehn Jahren;
2. gegen einen Kranken oder Geisteskranken oder eine Person, die sich infolge anderer Erkrankung oder infolge Mißbrauchs alkoholischer oder betäubender Stoffe im Zustande geistiger Minderwertigkeit befindet;
3. gegen eine Person, deren Einwilligung mit Gewalt oder Drohung erpreßt oder durch Täuschung abgelistet ist.

Art. 580.

(Art. 370 Cod. Pen.)

Verleitung oder Anreizung zum Selbstmord.

Wer andere zum Selbstmord verleitet oder sie dabei unterstützt oder in anderer Weise den Selbstmord anderer fördert, wird, wenn es zu dem Selbstmord kommt, mit Gefängnis von fünf bis zu zwölf Jahren bestraft.

Die Strafe wird erhöht, wenn die Tat gegen eine der Personen begangen ist, bei denen die Voraussetzungen der Ziff. 1 und 2 des vorigen Artikels vorliegen.

Art. 581.

(Art. 372 Abs. 1 Cod. Pen.)

Körperverletzung.

Wer, ohne Tötungsabsicht, bei anderen eine Körperverletzung verursacht, wird mit Gefängnis bis zu zewi Jahren bestraft.

Körperverletzung ist jede verletzende Einwirkung, die ein körperliches oder geistiges Übel zur Folge hat.

Art. 582.

(Art. 372 letzter Absatz Cod. Pen.)

Schläge.

Wer einen andern schlägt, wird, wenn die Tat ein körperliches oder geistiges Übel nicht zur Folge hat, mit Gefängnis bis zu sechs Monaten oder mit Geldstrafe bis zu dreitausend Lire bestraft.

Strafverfolgung tritt nur auf Antrag ein.

Art. 583.

(Art. 372 Abs. 2 Cod. Pen.)

Strafschärfende Umstände.

Die Körperverletzung des Art. 581 ist schwer, und es tritt Gefängnis von drei bis zu sechs Jahren ein, wenn die Tat zur Folge hat:

1. eine das Leben des Verletzten gefährdende Krankheit oder eine Krankheit von langer Dauer oder die Unfähigkeit, der gewöhnlichen Beschäftigung für lange Zeitdauer nachzugehen;

2. die Beschleunigung der Niederkunft der verletzten Person
3. die dauernde Schwächung eines Sinnes oder Organs.

Die Körperverletzung ist schwerster Art, und es tritt Gefängnis von sechs bis zu zwölf Jahren ein, wenn die Tat zur Folge hat:

1. eine bestimmt oder voraussichtlich unheilbare Krankheit;
2. die Fehlgeburt der verletzten Person;
3. den Verlust eines Sinnes;
4. den Verlust oder die Verstümmelung eines Gliedes oder den Verlust des Gebrauchs eines Organs oder der Zeugungsfähigkeit, oder eine dauernde und schwere Behinderung der Sprache;
5. die dauernde Entstellung, Verunstaltung oder Vernarbung des Gesichts.

Art. 584.

(Art. 368 Cod. Pen.)

Körperverletzungen mit Todesfolge.

Wenn die in Art. 581 vorgesehene Tat den Tod des Verletzten zur Folge hat, beträgt die Strafe Gefängnis von zehn bis zu achtzehn Jahren.

Art. 585.

(Art. 373 Cod. Pen.)

Strafschärfende Umstände.

In den Fällen der Art. 581, 583 und 584 wird die Strafe um ein Drittel bis zur Hälfte erhöht, wenn einer der strafschärfenden Umstände des Art. 576 vorliegt; sie wird bis zu einem Drittel erhöht, wenn einer der strafschärfenden Umstände des Art. 577 vorliegt, oder wenn die Tat mit Waffen oder ätzenden Stoffen begangen ist.

Art. 586.

Ansteckung mit Syphilis oder mit einer Geschlechtskrankheit.

Wer, ohne die Absicht der Übertragung einer Ansteckung auf andere, behaftet mit Syphilis oder einer Geschlechtskrankheit und unter Verbergung dieses seines Zustandes, an einem anderen Handlungen vornimmt, die geeignet sind, die Gefahr einer Ansteckung hervorzurufen, wird, wenn es zu der Ansteckung kommt, mit Gefängnis bis zu zwei Jahren bestraft.

Strafverfolgung tritt nur auf Antrag ein.

Wenn die Tat den Tod der angesteckten Person zur Folge gehabt hat, beträgt die Strafe Gefängnis von zwei bis zu acht Jahren; die Strafverfolgung erfolgt von Amts wegen.

Die vorstehenden Bestimmungen finden auch im Falle einer anderen ansteckenden Krankheit, bei der die Verpflichtung zur Anzeige an die Behörde besteht, Anwendung.

Art. 587.

Tod oder Verletzungen als ungewollte Folge der Tat.

Vorbehaltlich anderer Bestimmung des Gesetzes findet, wenn eine als vorsätzliches Verbrechen vorgesehene Tat als von dem Schuldigen nicht gewollte Folge den Tod oder die Verletzung einer Person herbeiführt, außer der Strafe für die erwähnte Tat, auch die für die vorsätzliche Tötung oder vorsätzliche Körperverletzung bestimmte Strafe, unter Ermäßigung um ein Drittel, Anwendung. Indessen werden bei dem nichtgewollten Erfolg dem Täter die strafschärfenden Umstände, welche die Verhältnisse oder die Eigenschaften des Verletzten oder die Beziehungen zwischen Verletztem und Schuldigem betreffen, nicht zur Last gelegt.

Bestimmt das Gesetz für die vorsätzliche Tötung Todesstrafe oder Dauerzuchthaus, tritt bei dem vorliegenden Verbrechen Gefängnis von acht bis zu fünfzehn Jahren ein.

Art. 588.

(Art. 377 Cod. Pen.)

Tötung und Körperverletzung aus Gründen der Ehre.

Wenn das in Art. 577 vorgesehene Verbrechen aus Gründen der Ehre und im Zustande des Zorns, hervorgerufen durch Ehebruch oder ein außereheliches Geschlechtsverhältnis, an der Person des Ehegatten, der Tochter oder der Schwester oder an der mit ihnen in ehebrecherischer oder geschlechtlicher Beziehung stehenden Person begangen ist, wird der Schuldige mit Gefängnis von drei bis zu zehn Jahren bestraft.

Die Strafe beträgt Gefängnis von sechs Monaten bis zu fünf Jahren, wenn der Schuldige, ohne Tötungsabsicht, den genannten Personen unter den gleichen Umständen eine Körperverletzung beibringt, und Gefängnis von zwei bis zu acht Jahren, wenn die Tat des Schuldigen den Tod zur Folge hat.

Den allgemeinen strafschärfenden oder -mildernden Umständen der Art. 62 bis 64 ist nicht Rechnung zu tragen, ebensowenig den strafschärfenden oder -mildernden Umständen des vorliegenden Kapitels.

Straffrei ist derjenige, der unter den gleichen Umständen gegen die genannten Personen die in Art. 582 vorgesehene Tat begeht.

Art. 589.

Körperverletzung mit Einwilligung.

Wenn jemand die Verletzung einer Person mit deren Einwilligung herbeiführt, wird die Strafe vermindert; den strafschärfenden Umständen in Artikeln 62, 63 und 585 ist nicht Rechnung zu tragen.

Die vorstehenden Bestimmungen kommen in den Fällen des Art. 579 Abs. 2 nicht zur Anwendung.

Art. 590.

(Art. 379 Cod. Pen.)

Schlägerei.

Wer an einer Schlägerei teilnimmt, wird mit Geldstrafe bis zu dreitausend Lire bestraft.

Wenn bei der Schlägerei eine Person getötet wird oder eine Körperverletzung erleidet, beträgt die Strafe für den Teilnehmer an der Schlägerei Gefängnis von sechs Monaten bis zu fünf Jahren. Die gleiche Strafe tritt ein, wenn die Tötung oder Körperverletzung im unmittelbaren Anschluß an die Schlägerei und als deren Folge eintritt.

Art. 591.

(Art. 371 Cod. Pen.)

Fahrlässige Tötung.

Wer den Tod eines andern aus Fahrlässigkeit verursacht, wird mit Gefängnis von einem bis zu sechs Jahren bestraft.

Bei Tod von mehreren Personen oder nur einer Person und Körperverletzung einer oder mehrerer Personen findet die Bestimmung des Art. 79 Abs. 1 Anwendung; doch kann die Gesamtstrafe fünfzehn Jahre nicht überschreiten.

Art. 592.

(Art. 375 Cod. Pen.)

Fahrlässige Körperverletzungen.

Wer aus Fahrlässigkeit einem anderen eine Körperverletzung zufügt, unterliegt:

1. wenn es sich um die Verletzungen gemäß Art. 581 handelt, der Gefängnisstrafe bis zu einem Jahr oder der Geldstrafe bis zu fünftausend Lire; Strafverfolgung tritt nur auf Antrag ein;
2. wenn es sich um die Verletzungen gemäß Art. 583 handelt, den dort bestimmten Strafen unter Ermäßigung auf ein Sechstel.

Bei Verletzung mehrerer Personen findet die Bestimmung des Art. 79 Abs. 1 Anwendung; doch ist die Strafe Gefängnis, und dieses kann insgesamt zehn Jahre nicht überschreiten.

Art. 593.

(Art. 386, 387 Cod. Pen.; Art. 13 Ges. über die Auswanderung.)

Verlassen minderjähriger oder unfähiger Personen.

Wer einen Minderjährigen unter vierzehn Jahren oder eine Person, die infolge eines geistigen oder körperlichen Übels oder infolge Alters unfähig ist, für sich selbst zu sorgen, und deren Aufsicht er hat oder Pflege ihm obliegt, verläßt, wird mit Gefängnis von einem bis zu fünf Jahren bestraft.

Die gleiche Strafe trifft denjenigen, der im Auslande einen unter achtzehn Jahren alten italienischen Staatsangehörigen, der ihm im Inlande aus Gründen der Arbeit anvertraut ist, verläßt.

Die Strafen werden erhöht, wenn die Tat von dem Vater, dem Sohn, dem Vormund oder dem Ehegatten oder von dem an Kindes Statt Annehmenden oder Angenommenen begangen ist.

Art. 594.

(Art. 388 Cod. Pen.)

Verlassen eines Neugeborenen aus Gründen der Ehre.

Wer einen Neugeborenen unmittelbar nach der Geburt verläßt, um die eigene Ehre oder die Ehre eines nahen Angehörigen zu retten, wird mit Gefängnis von sechs Monaten bis zu zwei Jahren bestraft.

Die Strafe beträgt Gefängnis von einem bis zu fünf Jahren, wenn die Tat eine Körperverletzung, und von drei bis zu acht Jahren, wenn sie den Tod des Neugeborenen zur Folge hat.

Die in Artikeln 62 und 63 bestimmten Strafschärfungen sind nicht anzuwenden.

Art. 595.

(Art. 389 Cod. Pen.)

Unterlassung von Hilfeleistung.

Wer ein Kind unter zehn Jahren oder eine andere Person, die infolge eines geistigen oder körperlichen Übels oder infolge Alters unfähig ist, für sich selbst zu sorgen, verlassen oder verirrt findet und es unterläßt, davon sogleich der Behörde Mitteilung zu machen, wird mit Geldstrafe bis zu fünftausend Lire oder mit Gefängnis bis zu sechs Monaten bestraft.

Der gleichen Strafe unterliegt, wer einen menschlichen Körper, der keine Lebenszeichen von sich gibt, oder eine verwundete oder anderweit in Gefahr befindliche Person findet und es unterläßt, auch nur aus einfacher Fahrlässigkeit, den erforderlichen Beistand zu leisten oder davon sogleich der Behörde Anzeige zu machen.

Art. 596.

(Art. 383 Cod. Pen.)

Abtreibung ohne Einwilligung.

Wer einer Frau ohne deren Einwilligung die Frucht abtreibt, wird mit Gefängnis von acht bis zu zwölf Jahren bestraft.

Art. 597.

(Art. 381, 382 Cod. Pen.)

Abtreibung mit Einwilligung.

Wer einer Frau mit deren Einwilligung die Frucht abtreibt, wird mit Gefängnis von zwei bis zu fünf Jahren bestraft.

Die gleiche Strafe ist auf die Frau anzuwenden, welche der Abtreibung zugestimmt hat oder an sich die Abtreibung vornimmt.

Die Bestimmung des vorigen Artikels findet Anwendung, wenn die Frau unter vierzehn Jahren alt ist, oder wenn die in Ziff. 2 und 3 des Art. 579 bezeichneten Umstände vorliegen.

Art. 598.

Aufforderung zur Abtreibung.

Wer, abgesehen von den Fällen des vorigen Artikels, eine schwangere Frau zur Abtreibung auffordert oder ihr die dazu geeigneten Mittel liefert, wird, hierfür allein, mit Gefängnis von sechs Monaten bis zu zwei Jahren bestraft.

Art. 599.

(Art. 382, 383 Cod. Pen.)

Tod oder Verletzung der Frau.

Wenn die in Art. 597 vorgesehene Tat den Tod der Frau zur Folge hat, tritt Gefängnis von sechs bis zu zwölf Jahren ein.

Hat sie eine Körperverletzung zur Folge, so wird derjenige, welcher die Abtreibung verursacht hat, mit Gefängnis von drei bis zu acht Jahren bestraft.

Art. 600.

(Art. 383 letzter Absatz Cod. Pen.)

Strafschärfende Umstände.

In den Fällen der Abtreibung ohne Einwilligung wird die Strafe erhöht:

1. wenn der Schuldige der Ehemann ist;
2. wenn die Tat gegen den ausdrücklichen Willen der Frau begangen ist.

Art. 601.

(Art. 385 Cod. Pen.)

Gründe der Ehre.

Ist eine der in den Artikeln 596 bis 599 vorgesehenen Taten begangen, um die eigene Ehre oder die Ehre eines nahen Angehörigen zu retten, finden die dort bestimmten Strafen unter Verminderung um die Hälfte bis zu zwei Dritteln Anwendung; den strafschärfenden Umständen des vorigen Artikels und denjenigen der Art. 62 und 63 ist nicht Rechnung zu tragen.

Art. 602.

(Art. 384 Cod. Pen.)

Nebenstrafen.

Liegt bei den in diesem Kapitel vorgesehenen strafbaren Handlungen einer der strafschärfenden Umstände der Ziffern 1 und 4 des Art. 63 vor, hat die Verurteilung das dauernde Verbot der Bekleidung öffentlicher Ämter zur Folge.

Bei Rückfall ist das Verbot des Berufs oder Gewerbes dauernd.

Kapitel II.

Verbrechen gegen die Ehre.

Art. 603.

(Art. 393, 395 Cod. Pen.)

Beleidigung.

Wer durch Wort oder Tat die Ehre oder die Würde eines anderen in seiner Gegenwart verletzt, wird mit Gefängnis bis zu sechs Monaten oder mit Geldstrafe bis zu fünftausend Lire bestraft.

Die gleiche Strafe trifft denjenigen, der die Tat mittels telegraphischer oder telephonischer Mitteilung oder durch ein Schriftstück oder Zeichnungen, die an den Verletzten gerichtet sind, begeht.

Die Strafe beträgt Gefängnis bis zu einem Jahr oder Geldstrafe bis zu zehntausend Lire, wenn die Beleidigung in der Zuschreibung einer bestimmten Tatsache besteht.

Die Strafen werden erhöht, wenn die Beleidigung in Gegenwart mehrerer Personen begangen ist.

Art. 604.

(Art. 393 Cod. Pen.)

Üble Nachrede.

Wer, abgesehen von den Fällen des vorigen Artikels, im Austausch mit mehreren Personen, den Ruf eines andern verletzt, wird mit Gefängnis bis zu einem Jahr oder mit Geldstrafe bis zu zehntausend Lire bestraft.

Besteht die Beleidigung in der Zuschreibung einer bestimmten Tatsache, tritt Gefängnis bis zu zwei Jahren oder Geldstrafe bis zu zwanzigtausend Lire ein.

Ist die Tat mittels der Presse oder durch ein anderes Mittel der Veröffentlichung oder in einer öffentlichen Urkunde begangen, beträgt die Strafe Gefängnis von sechs Monaten bis zu drei Jahren oder Geldstrafe von fünftausend bis fünfzigtausend Lire.

Art. 605.

(Art. 394 Cod. Pen.)

Ausschluß des Entlastungsbeweises.

Der Schuldige der Verbrechen nach den vorstehenden Artikeln ist nicht berechtigt, zu seiner Rechtfertigung die Wahrheit oder Offenkundigkeit der Tatsache, welche dem Verletzten zugeschrieben ist, nachzuweisen.

Art. 606.

(Art. 400 Cod. Pen.)

Antrag und Erlöschen der strafbaren Handlung.

Bei den Verbrechen nach Art. 603 und 604 tritt Strafverfolgung nur auf Antrag ein.

Der Antrag ist nicht zulässig oder ist erloschen, wenn die Beleidigung in der Zuschreibung einer bestimmten Tatsache besteht und der Verletzte und der Beleidiger den Tatbestand vor dem Erlaß eines rechtskräftigen Urteils einem Ehrengericht unterbreiten.

Stirbt der Verletzte vor dem Ablauf der für die Stellung des Antrags bestimmten Frist, oder handelt es sich um Verletzung des Andenkens eines Toten, können die nächsten Verwandten, der an Kindes statt Annehmende, der Angenommene und die Testamentserben den Antrag einbringen. Stirbt der Verletzte nach Einreichung des Antrags, können die nächsten Verwandten, der an Kindes statt Annehmende, der Angenommene und die Testamentserben die im vorigen Absatz bezeichnete Befugnis ausüben.

Art. 607.

(Art. 398 Cod. Pen.)

Beleidigungen in Schriftsätzen und Reden vor Gericht oder Verwaltungsbehörden.

Bei Beleidigungen in Schriftsätzen oder Reden, die von Parteien oder ihren Bevollmächtigten in Verfahren vor einem ordentlichen oder Sonderrichter oder vor einer Verwaltungsbehörde gehalten sind, tritt Strafverfolgung nicht ein, wenn die Beleidigungen den Gegenstand des Rechtsstreits oder der Verwaltungsbeschwerde betreffen.

Der in der Sache erkennende Richter kann, außer Disziplinarmaßnahmen, die Unterdrückung der beleidigenden Schriftstücke ganz oder zum Teil anordnen und dem Verletzten eine Geldsumme als Ersatz für den nichtvermögensrechtlichen Schaden anweisen.

Art. 608.

(Art. 397 Cod. Pen.)

Vergeltung und Herausforderung.

In den Fällen des Art. 603 kann der Richter, wenn die Beleidigungen gegenseitig sind, einen oder beide Beleidiger für straffrei erklären.

Straflos bleibt derjenige, der eine der in den Art. 603 und 604 vorgesehenen Taten im Zustande des Zorns, hervorgerufen durch ein rechtswidriges Tun anderer und unmittelbar im Anschluß daran, begangen hat.

Kapitel III.

Verbrechen gegen die Wesensfreiheit.

1. Abschnitt.

Verbrechen gegen die menschliche Persönlichkeit.

Art. 609.

(Art. 145 Cod. Pen.)

Überführung in Sklaverei.

Wer eine Person in Sklaverei oder in ein anderes ähnliches Verhältnis, wenn auch mit ihrer Zustimmung, überführt, wird mit Gefängnis von fünf bis zu fünfzehn Jahren bestraft.

Art. 610.

(Art. 335 ff. Cod. Marina Mercantile (Handelsmarine); Art. 172 Entwurf Cod. Pen. Eritreo (für Eritrea); Genfer Convention 24. September 1926.)

Handel und Verkehr mit Sklaven.

Wer Sklaven oder Personen in einem anderen ähnlichen Verhältnis dem Handel zuführt oder irgendwie Handel damit treibt, wird mit Gefängnis von fünf bis zu zwanzig Jahren bestraft.

Art. 611.

(Art. 172 Entwurf Cod. Pen. eritreo.)

Veräußerung oder Erwerb von Sklaven.

Wer, abgesehen von den Fällen des vorigen Artikels, einen Sklaven oder eine in anderem ähnlichen Verhältnis befindliche Person veräußert oder übereignet, sich ihrer bemächtigt, sie erwirbt oder sie im Zustande der Sklaverei oder in dem erwähnten Verhältnis hält, wird mit Gefängnis von drei bis zu zwölf Jahren bestraft.

Straflos bleibt, wer, nach Erwerb des Sklaven oder einer der in diesem Artikel bezeichneten Personen, sie vor dem Verfahren freigibt.

Art. 612.

(Art. 145 Cod. Pen.)

Versklavung.

Wer eine Person seiner Gewalt unterstellt und sie in einen derartigen Zustand der Untertänigkeit versetzt, daß die Wesensfreiheit völlig unterdrückt ist, wird mit Gefängnis von fünf bis zu fünfzehn Jahren bestraft.

2. Abschnitt.

Verbrechen gegen die persönliche Freiheit.

Art. 613.

(Art. 146 Cod. Pen.)

Freiheitsberaubung.

Wer einen andern der persönlichen Freiheit beraubt, wird mit Gefängnis von zwei bis zu acht Jahren bestraft.

Art. 614.

(Art. 147 Cod. Pen.)

Freiheitsberaubung seitens eines öffentlichen Beamten.

Der öffentliche Beamte, der unter Anmaßung einer ihm gesetzlich nicht übertragenen Gewalt, Überschreitung der Grenzen seiner Zuständigkeit, Mißbrauch seiner Gewalt oder außerhalb der gesetzlich bestimmten Fälle einen anderen der persönlichen Freiheit beraubt, wird mit Gefängnis von drei bis zu zehn Jahren bestraft.

Beraubt der öffentliche Beamte einen anderen der persönlichen Freiheit, ohne die gesetzlich vorgeschriebenen Förmlichkeiten zu beobachten, findet die in vorstehender Bestimmung festgesetzte Strafe, ermäßigt um die Hälfte bis zu zwei Dritteln, Anwendung.

Art. 615.

(Art. 150 Cod. Pen.)

Unbefugte Beschränkung der persönlichen Freiheit.

Der einem Gerichtsgefängnis oder einer für die Vollstreckung einer Strafe oder einer Sicherungsmaßnahme bestimmten Anstalt vorgesetzte öffentliche Beamte, der einen anderen ohne Anordnung der zuständigen Behörde aufnimmt oder dem von dieser gegebenen Entlassungsbefehl nicht willfahrt oder die Vollstreckung der Strafe oder Sicherungsmaßnahme unbefugt hinauszieht, wird mit Gefängnis von sechs Monaten bis zu drei Jahren bestraft.

Art. 616.

(Art. 152 Cod. Pen.)

Mißbrauch der Gewalt gegen Gefangene.

Der aus Gründen seines Amts zur auch nur zeitigen Aufsicht über eine festgenommene oder in Haft befindliche oder ihm in Ausführung einer Verfügung der zuständigen Behörde anvertraute Person berufene öffentliche Beamte, der, zum Schaden dieser Person, sich eine ihm gesetzlich nicht übertragene Gewalt anmaßt, die Grenzen seiner Zuständigkeit überschreitet, seine Gewalt mißbraucht oder außerhalb der gesetzlich bestimmten Fälle handelt, wird mit Gefängnis bis zu dreißig Monaten bestraft.

Hat der öffentliche Beamte zu privaten Zwecken gehandelt, wird die Strafe erhöht.

Die gleichen Bestimmungen finden Anwendung, wenn die Tat von einem anderen öffentlichen Beamten, der aus Gründen seines Amts mit irgend einer Gewaltbefugnis hinsichtlich der beaufsichtigten Person ausgestattet ist, begangen ist.

Art. 617.

(Art. 149 Cod. Pen.)

Eigenmächtige Durchsuchung und Besichtigung an der Person.

Der öffentliche Beamte, der unter Mißbrauch einer ihm gesetzlich nicht übertragenen Gewalt, Überschreitung der Grenzen seiner Zuständigkeit, Mißbrauch seiner Gewalt oder außerhalb der gesetzlich bestimmten Fälle eine Durchsuchung oder Besichtigung an der Person vornimmt, wird mit Gefängnis bis zu einem Jahr bestraft.

Hat der öffentliche Beamte zu privaten Zwecken gehandelt, wird die Strafe erhöht.

Ist die Durchsuchung oder Besichtigung ohne Beobachtung der gesetzlich vorgeschriebenen Förmlichkeiten ausgeführt, kommen die in vorstehenden Bestimmungen festgesetzten Strafen, ermäßigt um die Hälfte bis zu zwei Dritteln, zur Anwendung.

3. Abschnitt.

Verbrechen gegen die moralische Freiheit.

Art. 618.

(Art. 154 Cod. Pen.)

Private Nötigung.

Wer mittels Gewalt oder Drohung einen anderen zu einer Handlung, Duldung oder Unterlassung nötigt, wird mit Gefängnis bis zu vier Jahren bestraft.

Die Strafe wird erhöht, wenn die Gewalt oder Drohung mit Waffen, von einer verkleideten Person, von mehreren Personen gemeinschaftlich, durch eine anonyme Schrift oder in symbolischer Art, oder unter Ausnutzung der einschüchternden Kraft wirklich oder angeblich bestehender geheimer Verbindungen begangen ist.

Art. 619.

Nötigung zur Begehung eines Verbrechens mittels Gewalt oder Drohung.

Wer mittels Gewalt oder Drohung einen anderen zur Begehung einer Tat, die eine strafbare Handlung bildet, nötigt oder verleitet, wird mit Gefängnis bis zu fünf Jahren bestraft.

Die Strafe wird in den Fällen des Abs. 2 des vorigen Artikels erhöht.

Art. 620.

(Art. 156 Cod. Pen.)

Bedrohung.

Wer einem andern einen rechtswidrigen Nachteil androht, wird auf Antrag mit Geldstrafe bis zu fünfhundert Lire bestraft.

Ist die Drohung schwerer Art oder in der in Art. 618 Abs. 2 bezeichneten Weise erfolgt, tritt Gefängnis bis zu einem Jahre ein, und die Strafverfolgung erfolgt von Amts wegen.

Art. 621.

Herbeiführung des Zustandes der Unfähigkeit mittels Gewalt.

Wer mittels hypnotischer Suggestion oder Suggestion im Wachzustande, mittels Verwendung alkoholischer oder betäubender Stoffe oder durch ein anderes Mittel einen anderen ohne dessen Zustimmung in den Zustand der Einsichts- oder Willensunfähigkeit versetzt, wird mit Gefängnis bis zu einem Jahre bestraft.

Die Zustimmung der in Art. 579 Abs. 2 bezeichneten Personen schließt die strafbare Handlung nicht aus.

Wenn die unfähig gemachte Person in diesem Zustande eine Tat begeht, die vom Gesetz als Verbrechen vorgesehen ist, tritt Gefängnis bis zu fünf Jahren ein.

4. Abschnitt.

Verbrechen gegen die Unverletzlichkeit des Hauses.

Art. 622.

(Art. 157 Cod. Pen.)

Hausfriedensbruch.

Wer in eine fremde Wohnung oder eine andere Stätte privaten Aufenthalts oder zugehörige Räume gegen den ausdrücklichen oder stillschweigenden Willen dessen, der das Recht zur Hinausweisung hat, eindringt, oder sich dort heimlich oder durch Täuschung Eingang verschafft, wird mit Gefängnis bis zu drei Jahren bestraft.

Der gleichen Strafe unterliegt, wer sich in diesen Örtlichkeiten gegen den audsrücklichen Willen dessen, der das Recht der Hinausweisung hat, oder aber heimlich oder unter Täuschung aufhält.

Die Strafe wird erhöht, wenn die Tat bei Nacht, mit Gewalt an Sachen, mit Waffen oder von mehreren Personen gemeinschaftlich begangen ist.

Die Strafverfolgung tritt nur auf Antrag ein, außer wenn die Tat mit Waffen oder mit Gewalt gegenüber Personen begangen ist.

Art. 623.

(Art. 158 Cod. Pen.)

Hausfriedensbruch seitens eines öffentlichen Beamten.

Der öffentliche Beamte, der unter Anmaßung einer ihm gesetzlich nicht übertragenen Gewalt, Überschreitung der Grenzen seiner Zuständigkeit, Mißbrauch seiner Gewalt oder außerhalb der gesetzlich bestimmten Fälle in die im vorigen Artikel bezeichneten Örtlichkeiten eindringt, oder sich dort aufhält, wird mit Gefängnis von einem bis zu fünf Jahren bestraft.

Allein für die Tatsache des Eindringens in besagte Örtlichkeiten ohne Beobachtung der gesetzlich vorgeschriebenen Förmlichkeiten beträgt die Strafe Gefängnis bis zu einem Jahr.

Die Strafen werden erhöht, wenn der öffentliche Beamte zu privaten Zwecken gehandelt hat.

5. Abschnitt.

Verbrechen gegen die Unverletzlichkeit der Geheimnisse.

Art. 624.

(Art. 159 Cod. Pen.)

Verletzung verschlossener Mitteilungen.

Wer von dem Inhalt verschlossener Mitteilungen brieflicher, telegraphischer oder telephonischer Natur, die nicht an ihn gerichtet sind, Kenntnis nimmt, wird mit Gefängnis bis zu sechs Monaten oder mit Geldstrafe von dreihundert bis fünftausend Lire bestraft.

Art. 625.

(Art. 159 Cod. Pen.)

Verletzung offener Mitteilungen.

Wer durch irgendein betrügerisches Mittel von dem Inhalt offener Mitteilungen brieflicher, telegraphischer oder telephonischer Natur, die nicht an ihn gerichtet, ihm auch nicht aus Gründen der Übermittelung, Verteilung oder Aufsicht übergeben oder anvertraut sind, Kenntnis nimmt, wird mit Geldstrafe bis zu zweitausend Lire bestraft.

Art. 626.

Betrügerische Kenntnis von telegraphischen oder telephonischen Nachrichten.

Wer durch irgendein betrügerisches Mittel von einer telegraphischen Mitteilung, die nicht an ihn gerichtet ist, oder von einer telephonischen Unterhaltung zwischen anderen Personen Kenntnis nimmt, wird mit Geldstrafe von fünfhundert bis fünftausend Lire bestraft.

Art. 627.

(Art. 159, 160 Cod. Pen.)

Beseitigung von Mitteilungen.

Wer verschlossene oder offene Mitteilungen brieflicher, telegraphischer oder telephonischer Natur, die nicht an ihn gerichtet sind, beseitigt oder hinterzieht, oder sich ihrer zu dem Zwecke, davon Kenntnis zu nehmen oder nehmen zu lassen, betrügerisch bemächtigt, wird mit Gefängnis bis zu einem Jahre bestraft.

Art. 628.

(Art. 160 Cod. Pen.)

Unterdrückung von Mitteilungen.

Wer Mitteilungen brieflicher, telegraphischer oder telephonischer Natur, verschlossen oder offen, die nicht an ihn gerichtet sind, ganz oder zum Teil vernichtet, oder sie unterdrückt, wird, wenn die Tat nicht ein schwereres Vergehen bildet, mit Gefängnis bis zu einem Jahr bestraft.

Art. 629.

Betrügerisches Abfangen telegraphischer oder telephonischer Nachrichten.

Wer durch irgendein betrügerisches Mittel eine nicht an ihn gerichtete telegraphische Mitteilung oder eine telephonische Unterhaltung zwischen anderen Personen verhindert oder abfängt, wird mit Gefängnis bis zu einem Jahre bestraft.

Art. 630.

(Art. 159 Abs. 2, Art. 160 Abs. 2 Cod. Pen.)

Verrat des Inhalts von Mitteilungen, der mittels einer strafbaren Handlung in Erfahrung gebracht ist.

Wer, nachdem er in einer der in den vorigen Artikeln bezeichneten Arten oder irgendwie durch eine andere strafbare Handlung von dem Inhalt eines Schriftwechsels oder einer telegraphischen Mitteilung, die nicht an ihn gerichtet sind, oder von einer telephonischen Unterhaltung zwischen anderen Personen Kenntnis erlangt hat, ihn ganz oder zum Teil ohne berechtigten Grund offenbart, wird, sofern die Tat einen Schaden verursacht, mit Gefängnis bis zu drei Jahren bestraft.

Art. 631.

(Art. 161 Cod. Pen.)

Verrat des Inhalts von Mitteilungen.

Wer, abgesehen von den Fällen des vorigen Artikels, den Inhalt von in seinem Besitz befindlichen Mitteilungen brieflicher, telegraphischer oder telephonischer Natur, die nicht an ihn gerichtet sind und die geheim bleiben müssen, ohne berechtigten Grund offenbart, wird, sofern die Tat Schaden verursacht, mit Gefängnis bis zu sechs Monaten oder mit Geldstrafe von tausend bis fünftausend Lire bestraft.

Art. 632.

(Art. 162 Cod. Pen.)

Begehung strafbarer Handlungen seitens einer Person, die dem Post-, Telegraphen- oder Telephondienst zugeteilt ist.

Wenn eine der in den Artikeln 624, 627, 628, 630 und 631 vorgesehenen Taten von einer dem Post-, Telegraphen- oder Telephondienst zugeteilten Person unter Mißbrauch dieser Eigenschaft begangen ist, beträgt die Strafe Gefängnis: von sechs Monaten bis zu drei Jahren in den Fällen der Art. 624, 627 und 631; von sechs Monaten bis zu fünf Jahren in den Fällen der Art. 628 und 630.

Art. 633.

(Art. 162 Cod. Pen.)

Begehung strafbarer Handlungen seitens einer Person, die dem Post-, Telegraphen- oder Telephondienst zugeteilt ist.

Wer in der Eigenschaft einer dem Post-, Telegraphen- oder Telephondienst zugeteilten Person von dem Inhalt eines offenen Schriftwechsels, einer telegraphischen Mitteilung oder einer telephonischen Unterhaltung Kenntnis hat und ihn ohne berechtigten Grund einer andern Person als dem Empfänger oder denjenigen, zwischen denen die Mitteilung oder die Unterhaltung ausgetauscht ist, offenbart, wird mit Gefängnis von sechs Monaten bis zu drei Jahren bestraft.

Art. 634.

Betrügerische Kenntnis von geheimen Urkunden.

Wer durch irgendein betrügerisches Mittel von dem Inhalt fremder, öffentlicher oder privater, keinen Nachrichtenaustausch darstellender Urkunden, der geheim bleiben muß, Kenntnis nimmt, wird, sofern die Tat Schaden verursachen kann, mit Gefängnis bis zu sechs Monaten oder mit Geldstrafe von dreihundert bis fünftausend Lire bestraft.

Art. 635.

Verrat geheimer Urkunden.

Wer, nachdem er mittels einer strafbaren Handlung von dem Inhalt einer der im vorigen Artikel bezeichneten Urkunden, der geheim bleiben muß, Kenntnis erlangt hat, ihn ohne berechtigten Grund offenbart, wird, sofern die Tat Schaden verursacht, mit Gefängnis bis zu drei Jahren bestraft.

Art. 636.

(Art. 163 Cod. Pen.)

Verrat eines Berufsgeheimnisses.

Wer aus Gründen seines Standes oder Amtes, seines Berufes oder Gewerbes von einem Geheimnis Kenntnis hat und es ohne berechtigten Grund offenbart, wird, sofern die Tat Schaden verursachen kann, mit Gefängnis bis zu einem Jahr oder mit Geldstrafe von dreihundert bis fünftausend Lire bestraft.

Art. 637.

(Art. 298 Cod. Pen.)

Verrat von wissenschaftlichen oder industriellen Geheimnissen.

Wer Nachrichten über wissenschaftliche Entdeckungen oder Erfindungen oder industrielle Verfahren, von denen er aus Gründen seines Standes oder Amtes, seines Berufes oder Gewerbes Kenntnis erlangt hat, und die geheim bleiben müssen, offenbart, wird mit Gefängnis bis zu zwei Jahren bestraft.

Art. 638.

Strafschärfende Umstände.

In den Fällen der Art. 624 bis 633 wird die Strafe erhöht, wenn es sich um amtliche oder chiffrierte Schriftwechsel, Mitteilungen oder Unterhaltungen handelt.

In den Fällen der Art. 630 bis 637 wird die Strafe erhöht, wenn die Offenbarung mittels der Presse erfolgt ist.

In den Fällen der Artikel 627, 628, 629, 632, 633, 634, 636 und 638 wird die Strafe bis zu einem Drittel erhöht, wenn durch die Tat ein Schaden entstanden ist; in den Fällen der genannten Artikel und der Artikel 630, 631 und 635 wird die Strafe von einem bis zu zwei Dritteln erhöht, wenn der Schaden schwerer Art ist.

Art. 639.

(Art. 164 Cod. Pen.)

Antrag des Verletzten.

Bei den Verbrechen nach Art. 624 bis 631 und 634 bis 637 tritt Strafverfolgung nur auf Antrag ein.

Kapitel IV.

Gemeinsame Bestimmungen für Kapitel I und III.

Art. 640.

Gewalt oder Drohung als Tatbestandsmerkmale oder strafschärfende Umstände einer anderen strafbaren Handlung.

Die Bestimmungen der Artikel 618, 619 und 620 finden keine Anwendung, wenn die Gewalt oder die Drohung vom Gesetz als Tatbestandsmerkmale oder strafschärfende Umstände einer anderen strafbaren Handlung angesehen werden, oder wenn der strafschärfende Umstand der Gewalt oder Drohung gemäß Ziffer 2 des Art. 62 zu berücksichtigen ist.

Art. 641.

(Art. 155, 470 Cod. Pen.)

Waffen.

Im Rahmen des Strafgesetzes werden, vorbehaltlich abweichender gesetzlicher Bestimmung, unter der Bezeichnung WAFFEN die eigentlichen und die uneigentlichen Waffen verstanden.

Eigentliche Waffen sind die Schußwaffen, Bomben oder sonstige explodierende Maschinen sowie alle anderen Waffen, deren natürliche Bestimmung der Angriff auf die Person ist.

Uneigentliche Waffen sind alle übrigen Stech- oder Schneidewerkzeuge, die geeignet sind, eine Verletzung beizubringen, Eisenkeulen, mit Eisen beschlagene oder mit einer spitzen Zwinge versehene Stöcke, Gummiknüppel und Schlagringe.

Den eigentlichen Waffen steht jedweder explodierende Gegenstand gleich.

Den uneigentlichen Waffen wird jedwede Umhüllung, die Gas von erstickender oder erblindender Wirkung enthält, gleichgeachtet.

Zwölfter Titel.

Verbrechen gegen das Eigentum.

Kapitel I.

Verbrechen gegen das Eigentum mittels Gewalt an Sachen oder Personen.

Art. 642.

(Art. 402 Abs. 1, 405 Cod. Pen.)

Diebstahl.

Wer eine fremde bewegliche Sache sich dadurch aneignet, daß er sie dem Besitzer wegnimmt, um daraus für sich oder andere Vorteil zu ziehen, wird mit Gefängnis bis zu drei Jahren und mit Geldstrafe von dreihundert bis fünftausend Lire bestraft.

Die gleiche Strafe trifft denjenigen, der elektrische Kraft einer Anlage, die er in Benutzung hat, außerhalb des Meßapparats entzieht.

Art. 643.

(Art. 404 Cod. Pen.)

Strafschärfende Umstände.

Die Strafe beträgt Gefängnis von drei bis zu acht Jahren und Geldstrafe von tausend bis zehntausend Lire:

1. wenn der Schuldige zur Begehung der Tat in ein Gebäude oder in einen anderen zum Wohnen bestimmten Ort heimlich oder mittels Gewalt an Sachen oder mit irgendeinem betrügerischen Mittel eindringt oder sich dort aufhält;
2. wenn der Schuldige Waffen oder betäubende Mittel, ohne davon Gebrauch zu machen, bei sich trägt;
3. wenn die Tat mit Verschlagenheit oder mittels Entreißen der Sache aus der Hand oder vom Körper der Person begangen ist;
4. wenn die Tat von drei oder mehr Personen oder auch nur von einer, die verkleidet ist oder die Eigenschaft eines öffentlichen Beamten oder eines mit einer öffentlichen Dienstleistung Beauftragten vortäuscht, begangen ist;
5. wenn die Tat an Gepäck der Reisenden in jeder Art Fahrzeug, auf Bahnhöfen, Bahnanlagen oder Landungsplätzen, in Gasthäusern oder in anderen Betrieben, wo Speisen oder Getränke verabfolgt werden, begangen ist;
6. wenn die Tat an einer Herde oder einer vereinigten Tierschar, oder an Rindvieh oder Pferden, wenn auch nicht zu einer Schar vereinigt, begangen ist.

Treffen zwei oder mehrere der in den vorstehenden Ziffern vorgesehenen Umstände oder einer dieser Umstände mit einem der in Artikeln 62 und 63 bezeichneten zusammen, ist Gefängnis von fünf bis zu zehn Jahren und Geldstrafe nicht höher als zwanzigtausend Lire anzuwenden.

Art. 644.

(Art. 405 Cod. Pen.)

Fälle, die nur auf Antrag verfolgt werden.

Im Fall des 1. Absatzes des Art. 642 beträgt die Strafe Gefängnis bis zu einem Jahr oder Geldstrafe bis zu zweitausend Lire, und es tritt Strafverfolgung nur auf Antrag ein:

1. wenn der Schuldige allein zu dem Zwecke gehandelt hat, zeitweise von der weggenommenen Sache Gebrauch zu machen, und die Sache zurückgegeben worden ist;
2. wenn die Tat an Sachen von geringem Wert, um einer äußersten Notlage abzuhelfen, begangen ist;
3. wenn die Tat darin besteht, daß Ähren, Heu oder Trauben auf fremden Grundstücken, die noch nicht völlig abgeerntet sind, aufgelesen werden.

Diese Bestimmungen finden keine Anwendung, wenn einer der im vorigen Artikel bezeichneten Umstände vorliegt.

Art. 645.

(Art. 402 Abs. 2 Cod. Pen.)

Wegnahme gemeinsamer Sachen.

Der Miteigentümer, Gesellschafter oder Miterbe, der, um sich oder andern einen Vorteil zu verschaffen, die gemeinsame Sache dadurch sich aneignet, daß er sie dem Besitzer wegnimmt, wird mit Gefängnis bis zu zwei Jahren oder mit Geldstrafe von tausend bis zehntausend Lire bestraft.

Straffrei ist derjenige, der die Tat an verbrauchbaren Sachen begeht, wenn deren Wert den dem Schuldigen gebührenden Anteil nicht übersteigt.

Art. 646.

(Art. 406, 408 Cod. Pen.)

Raub.

Wer, um sich oder andern einen rechtswidrigen Vorteil zu verschaffen, mittels Gewalt an der Person oder Drohung sich fremde bewegliche Sachen dadurch aneignet, daß er sie dem Besitzer wegnimmt, wird mit Gefängnis von drei bis zu zehn Jahren und mit Geldstrafe von fünftausend bis zwanzigtausend Lire bestraft.

Die gleiche Strafe trifft denjenigen, der Gewalt oder Drohung unmittelbar nach dei Wegnahme anwendet, um sich odei anderen den Besitz der weggenommenen Sache zu sichern oder sich oder anderen Straflosigkeit zu verschaffen.

Die Strafe wird erhöht:

1. wenn die Gewalt oder Drohung mit Waffen oder von einer verkleideten Person oder von mehreren Personen gemeinschaftlich begangen ist;
2. wenn die Tat zur Nachtzeit begangen ist;
3. wenn die Gewalt darin besteht, daß ein anderer in den Zustand der Willens- oder Handlungsunfähigkeit gebıacht wird.

Art. 647.

(Art. 406 Abs. 1, 407, 408, 409 Cod. Pen.)

Erpressung.

Wer mittels Gewalt oder Drohung dadurch, daß er einen andern zu einer Handlung oder Unterlassung nötigt, sich oder anderen einen rechtswidrigem Vorteil zu fremdem Schaden verschafft, wird mit Gefängnis von drei bis zu zehn Jahren und mit Geldstrafe von fünftausend bis zwanzigtausend Lire bestraft.

Die Strafe wird erhöht, wenn einer der im letzten Absatz des vorigen Artikels bezeichneten Umstände vorliegt.

Art. 648.

(Art. 410 Cod. Pen.)

Freiheitsberaubung zwecks Raub oder Erpressung.

Wer eine Person zu dem Zweck festsetzt, für sich oder andere einen rechtswidrigen Vorteil als Preis der Freilassung zu erlangen, wird mit Gefängnis von acht bis zu fünfzehn Jahren und mit Geldstrafe von zehntausend bis zwanzigtausend Lire bestraft.

Die Strafe beträgt Gefängnis von zwölf bis zu achtzehn Jahren, wenn der Schuldige die Absicht erreicht.

Art. 649.

(Art. 422 Abs. 1 Cod. Pen.)

Widerrechtliche Besitzergreifung.

Wer die Grenzzeichen eines fremden Grundstücks, um sich dieses ganz oder zum Teil anzueignen, entfernt oder verschiebt, wird mit Gefängnis bis zu drei Jahren und mit Geldstrafe von tausend bis zehntausend Lire bestraft.

Art. 650.

(Art. 422 Abs. 2 Cod. Pen.)

Ableitung von Wässern und Abänderung des örtlichen Standes.

Wer, um sich oder anderen einen rechtswidrigen Vorteil zu verschaffen, öffentliche oder private Wässer ableitet, oder den örtlichen Zustand hinsichtlich fremden unbeweglichen Eigentums verwüstet, umgestaltet oder abändert, wird mit Gefängnis bis zu drei Jahren und mit Geldstrafe von tausend bis zehntausend Lire bestraft.

Art. 651.

(Art. 137 Cod. Pen. und Art. 9 Ges. Dkr. 22. April 1920 Nr. 515.)

Eindringen in Gelände oder Gebäude.

Wer eigenmächtig in fremde, öffentliche oder private Gelände oder Gebäude eindringt, um sie in Besitz zu nehmen oder anderweit daraus Vorteil zu ziehen, wird auf Antrag mit Gefängnis bis zu zwei Jahren und mit Geldstrafe von tausend bis zehntausend Lire bestraft.

Die Strafe wird erhöht, und es tritt Verfolgung von Amts wegen ein, wenn die Tat von mehr als fünf Personen mit Waffen oder von mehr als zehn auch ohne Waffen begangen ist.

Art. 652.

(Art. 423 Cod. Pen.)

Gewaltsame Störung des Besitzes unbeweglicher Sachen.

Wer, abgesehen von den im vorigen Artikel bezeichneten Fällen, mit Gewalt oder Drohung den friedlichen Besitz anderer an unbeweglichen

Sachen stört, wird mit Gefängnis bis zu zwei Jahren und mit Geldstrafe von tausend bis dreitausend Lire bestraft.

Wenn die Tat von mehr als zehn Personen begangen ist, gilt sie darum allein als mit Gewalt oder Drohung verübt.

Art. 653.

(Art. 424 Cod. Pen.)

Sachbeschädigung.

Wer fremde bewegliche oder unbewegliche Sachen zerstört, zerstreut, verderben läßt oder ganz oder zum Teil unbrauchbar macht, wird auf Antrag mit Gefängnis bis zu einem Jahr bestraft.

Die Strafe beträgt Gefängnis von sechs Monaten bis zu vier Jahren, und es tritt Strafverfolgung von Amts wegen ein:

1. wenn die Tat an öffentlichen oder zum öffentlichen Gebrauch oder zur Ausübung einer religiösen Handlung bestimmten Gebäuden oder an einer anderen der unter Ziffer 3 des Art. 63 bezeichneten Sachen begangen ist;
2. ferner an zur Bewässerung bestimmten Werken;
3. an Pflanzungen von Weinstöcken und fruchttragenden Bäumen oder Sträuchern, an Hainen, Wäldern oder Forsten oder Anpflanzungen in Forstschulen zum Zwecke der Aufforstung;
4. an staatlichen Anpflanzungen, längs der öffentlichen Wege oder auf öffentlichen Plätzen oder Gärten;
5. wenn die Tat von Arbeitgebern bei Gelegenheit von Aussperrungen oder von Arbeitnehmern bei Gelegenheit eines Streiks oder bei Gelegenheit eines der in Art. 334, 335 und 337 vorgesehenen Verbrechen begangen ist.

Art. 654.

(Art. 426 Cod. Pen.)

Verbringen oder Belassen von Tieren auf fremdem Grundbesitz und mißbräuchliches Weiden.

Wer Tiere auf fremden Grundbesitz verbringt oder sie auf diesem beläßt, um sie dort weiden zu lassen, wird mit Gefängnis bis zu zwei Jahren oder mit Geldstrafe von zweihundert bis tausend Lire bestraft.

Erfolgt das Abweiden, oder wird infolge des Verbringens oder Belassens von Tieren der Grundbesitz beschädigt, wird der Schuldige mit Gefängnis bis zu zwei Jahren und mit Geldstrafe von fünfhundert bis fünftausend Lire bestraft.

Art. 655.

(Art. 427 Cod. Pen.)

Eigenmächtiges Betreten eines fremden Grundstücks.

Wer gegen den ausdrücklichen oder stillschweigenden Willen des Besitzers ein fremdes Grundstück, das von einem Graben, einer Hecke oder von einer andern festen Umzäunung umgeben ist, betritt, wird auf Antrag mit Geldstrafe bis zu zweitausend Lire bestraft.

Art. 656.

(Art. 428 Cod. Pen.)

Jagd auf fremdem Grundbesitz.

Wer auf fremdem Grundbesitz jagt, wird, wenn der Eigentümer dies in der gesetzlich bestimmten Art verboten hat, auf Antrag mit Geldstrafe bis zu fünftausend Lire bestraft.

Art. 657.

(Art. 429 Cod. Pen.)

Tötung oder Beschädigung von Tieren.

Wer anderen gehörende Tiere ohne Notwendigkeit tötet, unbrauchbar macht oder irgendwie verkommen läßt, wird mit Gefängnis bis zu sechs Monaten oder mit Geldstrafe bis zu fünftausend Lire bestraft.

Die Strafe beträgt Gefängnis von sechs Monaten bis zu vier Jahren, wenn die Tat an einer Herde oder einer vereinigten Tierschar, oder an Rindvieh oder Pferden, wenn auch nicht zu einer Schar vereinigt, begangen ist.

In den in Abs. 1 dieses Artikels bezeichneten Fällen tritt Strafverfolgung auf Antrag ein.

Art. 658.

(Art. 430 Cod. Pen.)

Verunstaltung und Besudelung von fremden Sachen.

Wer, abgesehen von den Fällen des Art. 653, fremde bewegliche oder unbewegliche Sachen verunstaltet oder besudelt, wird auf Antrag mit Geldstrafe bis zu tausend Lire bestraft.

Kapitel II.

Täuschungsverbrechen gegen das Eigentum.

Art. 659.

(Art. 413 Cod. Pen.)

Betrug.

Wer mit List oder Tücke durch Erregung eines Irrtums in einem anderen sich oder anderen einen rechtswidrigen Vorteil zu fremdem Schaden verschafft, wird mit Gefängnis von einem bis zu drei Jahren und mit Geldstrafe von tausend bis zehntausend Lire bestraft.

Die Strafe wird erhöht, wenn die Tat zum Schaden des Staats oder eines andern öffentlichen Verbandes oder unter dem Vorwande, einen andern vom Militärdienst zu befreien, begangen ist.

Die Strafe beträgt Gefängnis von einem bis zu fünf Jahren und Geldstrafe von dreitausend bis zehntausend Lire, wenn die List oder Tücke darauf abzielt, in dem Verletzten die Furcht vor einer eingebildeten Gefahr oder die irrtümliche Überzeugung, einen Befehl der Behörde ausführen zu müssen, hervorzurufen.

Art. 660.

Betrügerische Zahlungsunfähigkeit.

Wer unter Verbergung seines Zustandes der Zahlungsunfähigkeit eine Verbindlichkeit mit der vorgefaßten Absicht, sie nicht zu erfüllen, eingeht, wird, sofern die Verbindlichkeit nicht erfüllt wird, auf Antrag mit Gefängnis bis zu zwei Jahren oder mit Geldstrafe bis zu fünftausend Lire bestraft.

Art. 661.

(Art. 414 Cod. Pen.)

Betrügerische Zerstörung der eigenen Sache und betrügerische Verstümmelung der eigenen Person.

Wer, um für sich oder andere den Preis einer Versicherung gegen Unglücksfälle zu erlangen, Sachen seines Eigentums zerstört, zerstreut, verderben läßt oder verbirgt, wird mit Gefängnis von sechs Monaten bis zu drei Jahren und mit Geldstrafe bis zu zehntausend Lire bestraft.

Die gleiche Strafe trifft denjenigen, der zu dem in vorstehender Bestimmung bezeichneten Zweck sich selbst eine Körperverletzung beibringt.

Erreicht der Schuldige die Absicht, wird die Strafe erhöht.

Die Bestimmungen dieses Artikels finden auch auf denjenigen Anwendung, der die Tat im Auslande zum Schaden eines sein Gewerbe im Inlande ausübenden italienischen Versicherers begangen hat; doch tritt Strafverfolgung nur auf Antrag ein.

Art. 662.

(Art. 415 Cod. Pen.)

Hintergehung unfähiger Personen.

Wer, um sich oder andern einen Vorteil zu verschaffen, unter Mißbrauch der Bedürfnisse, Neigungen oder der Unerfahrenheit einer minderjährigen, entmündigten oder unter Pflegschaft stehenden Person oder unter Mißbrauch des Zustandes geistiger Minderwertigkeit einer Person diese zur Vornahme einer Handlung veranlaßt, die irgendeine ihr schädliche juristische Wirkung hervorbringt, wird mit Gefängnis von zwei bis zu sechs Jahren und mit Geldstrafe von zweitausend bis zwanzigtausend Lire bestraft.

Art. 663.

Wucher.

Wer, abgesehen von den im vorigen Artikel vorgesehenen Fällen, unter Ausnutzung des Notstandes einer Person sich von dieser in irgendwelcher Form, für sich oder andere, zum Ausgleich einer Leistung von Geld oder anderen beweglichen Sachen wucherische Zinsen oder andere Vorteile geben oder versprechen läßt, wird mit Gefängnis bis zu zwei Jahren und mit Geldstrafe von tausend bis zwanzigtausend Lire bestraft.

Die gleiche Strafe trifft denjenigen, der, abgesehen von den Fällen der Mitwirkung bei dem in vorstehender Bestimmung vorgesehenen Verbrechen, einer Person im Zustande der Not eine Geldsumme oder eine andere bewegliche Sache verschafft und dabei sich oder anderen für die Vermittlung eine wucherische Vergütung geben oder versprechen läßt.

Art. 664.

(Art. 416 Cod. Pen. und Art. 14 Ges. 13. Nov. 1919 Nr. 2205.)

Betrug bei Auswanderung.

Wer einen andern mit lügnerischen Angaben oder falschen Nachrichten zur Auswanderung verleitet oder ihn einem andern Lande als demjenigen, in das er sich begeben wollte, zuführt, und sich als Ausgleich für die Veranlassung der Auswanderung, für sich oder andere, Geld oder einen andern Vorteil zuweisen oder versprechen läßt, wird mit Gefängnis von einem bis zu fünf Jahren und mit Geldstrafe von dreitausend bis zehntausend Lire bestraft.

Die Strafe wird erhöht, wenn die Tat zum Schaden von zwei oder mehr Personen begangen ist.

Art. 665.

(Art. 417 Cod. Pen.)

Unterschlagung.

Wer, um sich oder anderen einen rechtswidrigen Vorteil zu verschaffen, fremdes Geld oder eine fremde bewegliche Sache, die er aus irgendeinem Grunde in Besitz hat, sich aneignet, wird auf Antrag mit Gefängnis bis zu drei Jahren und mit Geldstrafe bis zu zehntausend Lire bestraft.

Wird die Tat an Sachen begangen, die in Zwangsverwahrung sind, wird die Strafe erhöht.

Strafverfolgung von Amts wegen tritt ein, wenn der im vorigen Absatz bezeichnete Umstand oder einer der Umstände der Ziffer 3 des Art. 63 vorliegt.

Art. 666.

(Art. 420 Cod. Pen.)

Fundunterschlagung, Aneignung des Schatzes oder von irrtümlich oder zufällig erlangten Sachen.

Mit Gefängnis bis zu einem Jahre oder mit Geldstrafe von dreihundert bis dreitausend Lire wird auf Antrag bestraft:

1. wer sich Geld oder sonstige von andern verlorene Sachen, die er gefunden hat, aneignet, ohne die zivilrechtlichen Vorschriften über den Erwerb des Eigentums an Fundsachen zu beobachten;
2. wer sich bei einem Schatz, den er gefunden hat, den dem Eigentümer des Grundstücks gebührenden Anteil ganz oder zum Teil aneignet;
3. wer sich Sachen aneignet, in deren Besitz er infolge eines Irrtums anderer oder durch Zufall gekommen ist.

In den Fällen der Ziffern 1 und 3 beträgt, wenn der Schuldige den Eigentümer der unterschlagenen Sache kannte, die Strafe Gefängnis bis zu zwei Jahren und Geldstrafe bis zu dreitausend Lire.

Kapitel III.

Begleitverbrechen gegen das Eigentum.

Art. 667.

(Art. 421 Cod. Pen.)

Hehlerei.

Wer, abgesehen von den Fällen der Mitwirkung bei der strafbaren Handlung, um sich oder andern einen Vorteil zu verschaffen, Geld oder sonstige Sachen, die aus einem Verbrechen herrühren, erwirbt, annimmt oder verbirgt oder sich irgendwie mit dem Erwerb, der Annahme oder dem Verbergen durch andere befaßt, wird mit Gefängnis bis zu sechs Jahren und mit Geldstrafe bis zu zwanzigtausend Lire bestraft.

Die Bestimmungen dieses Artikels finden auch Anwendung, wenn der Täter des Verbrechens, aus welchem das Geld oder die Sachen herrühren, nicht zurechnungsfähig oder nicht strafbar ist.

Kapitel IV.

Gemeinsame Bestimmungen für die vorstehenden Kapitel.

Art. 668.

(Art. 433 Cod. Pen.)

Straflosigkeit oder Antrag des Verletzten bei Taten, die zum Schaden von Angehörigen begangen sind.

Straflos bleibt, wer eine der in diesem Titel vorgesehenen Taten zum Schaden begangen hat:

1. des nicht gesetzmäßig getrennten Ehegatten;
2. eines Verwandten aufsteigender oder absteigender Linie, eines Verschwägerten in gerader Linie oder des an Kindes Statt Annehmenden oder Angenommenen;
3. eines Bruders oder einer Schwester, die mit dem Täter zusammenleben.

Strafverfolgung nur auf Antrag tritt ein, wenn eine der in diesem Titel vorgesehenen Taten zum Schaden des gesetzmäßig getrennten Ehegatten, des mit dem Täter nicht zusammenlebenden Bruders oder der Schwester, oder der mit ihm zusammenlebenden Onkel, Neffen oder Verschwägerten zweiten Grades begangen ist.

Die Bestimmungen dieses Artikels finden bei den Verbrechen nach Art. 646, 647 und 648 und bei jedem anderen Verbrechen gegen das Eigentum, das mit Gewalt gegenüber Personen begangen ist, keine Anwendung; hierbei ist von Amts wegen einzuschreiten.

Drittes Buch.

Die einzelnen Übertretungen.

Erster Titel.

Polizeiübertretungen.

Kapitel I.

Sicherheitspolizeiliche Übertretungen.

1. Abschnitt.

Übertretungen betr. die öffentliche Ordnung und den öffentlichen Frieden.

§ 1.

Nichtbefolgung polizeilicher Verfügungen und aufrührerische und gefährliche Kundgebungen.

Art. 669.

(Art. 434 Cod. Pen.)

Nichtbefolgung behördlicher Verfügungen.

Wer eine gesetzmäßig von der Behörde aus Gründen der Rechtswahrung, der öffentlichen Sicherheit, der öffentlichen Ordnung oder des Gesundheitswesens erlassene Verfügung nicht befolgt, wird, sofern die Tat nicht ein schwereres Vergehen bildet, mit Haft bis zu drei Monaten oder mit Geldbuße bis zu fünftausend Lire bestraft.

Art. 670.

(Art. 436 Cod. Pen.; Art. 3 Ges. über die öffentliche Sicherheit.)

Verweigerung von Angaben über die eigene Person. Ausweisurkunden.

Wer, von einem öffentlichen Beamten bei Ausübung seiner Amtsverrichtungen dazu aufgefordert, es ablehnt, Angaben über seine Person, seinen Stand oder über andere persönliche Eigenschaften zu machen, wird mit Haft bis zu einem Monat oder mit Geldbuße bis zu zweitausend Lire bestraft.

Die Strafe wird erhöht, wenn die Verweigerung gegenüber dem Gericht oder gegenüber einem Beamten oder Vertreter der gerichtlichen Polizei erfolgt.

Haft bis zu drei Monaten oder Geldbuße bis zu fünftausend Lire trifft denjenigen, der, obwohl er dazu verpflichtet ist, es unterläßt, seine Person ausweisende Urkunden beizubringen oder, wenn er damit versehen ist, es ablehnt, sie der Behörde vorzulegen.

Art. 671.

(Art. 254 Cod. Pen.)

Bildung von bewaffneten Trupps, die nicht zur Begehung von strafbaren Handlungen ausersehen sind.

Wer ohne Ermächtigung einen bewaffneten Trupp bildet, der nicht zur Begehung von strafbaren Handlungen ausersehen ist, wird mit Haft bis zu einem Jahr bestraft.

Art. 672.

Aufrührerische Aufrufe und Kundgebungen.

Wer in einer Versammlung oder einer Zusammenkunft von Personen an öffentlichem oder der Allgemeinheit zugänglichem Ort Kundgebungen veranlaßt oder Aufrufe erläßt, die aufrührerisch oder irgendwie geeignet sind, eine Gefahr für die öffentliche Ordnung oder öffentliche Sicherheit hervorzurufen, wird, soweit die Tat nicht ein schwereres Vergehen bildet, mit Haft bis zu einem Jahr bestraft.

Art. 673.

Aufrührerische Versammlung.

Wer an einer aufrührerischen Versammlung teilnimmt, wird, allein um der Tatsache der Teilnahme, mit Haft bis zu zwei Jahren bestraft.

Ist der Teilnehmer an der Versammlung bewaffnet, beträgt die Strafe Haft nicht unter sechs Monaten.

Bei der in diesem Artikel vorgesehenen Tat bleibt straffrei, wer vor der Aufforderung der Behörde oder in Verfolg derselben sich aus der Versammlung entfernt.

Art. 674.

Falsche, übertriebene oder in bestimmter Richtung entstellte Nachrichten, die zur Störung der öffentlichen Ordnung geeignet sind.

Wer falsche, übertriebene oder in bestimmter Richtung entstellte Nachrichten, durch welche die öffentliche Ordnung gestört werden kann, veröffentlicht oder verbreitet, wird, wenn die Tat kein schwereres Vergehen bildet, mit Haft bis zu drei Monaten oder mit Geldbuße bis zu dreitausend Lire bestraft.

Art. 675.

(Art. 444 Cod. Pen.)

Ausrufe oder Nachrichten, die zur Störung des öffentlichen oder persönlichen Friedens geeignet sind.

Wer zwecks Vertriebs oder Verteilung von Drucksachen, Zeichnungen oder Handschriften an öffentlichem oder der Öffentlichkeit zugänglichem Ort Nachrichten, durch welche der öffentliche oder persönliche Frieden gestört werden kann, bekanntgibt oder ausruft, wird mit Geldbuße bis zu tausend Lire bestraft.

Art. 676.

Hervorrufung eines Alarms bei der Behörde.

Wer durch Meldung von nicht bestehenden Unglücksfällen, Unfällen oder Gefahren einen falschen Alarm bei der Behörde hervorruft, wird mit Haft bis zu drei Monaten oder mit Geldbuße von hundert bis dreitausend Lire bestraft.

Art. 677.

Kriegszeit oder öffentliche Gefahr als strafschärfender Umstand.

In den Fällen der vorigen Artikel wird die Strafe erhöht, wenn die Tat in Kriegszeiten oder Zeiten öffentlicher Gefahr oder öffentlicher Unruhen, Notstände oder Unglücksfälle begangen ist.

Art. 678.

(Art. 457 Cod. Pen.)

Störung der Arbeit oder der Ruhe von Personen.

Wer durch Lärm oder Geräusche, durch Mißbrauch von Glocken oder anderen Schallinstrumenten oder durch Ausübung geräuschvoller oder lästiger Berufe oder Gewerbe oder dadurch, daß er infolge schlechter Leitung Tiere zum Lärmen veranlaßt, die Arbeit oder Ruhe der Personen, öffentliche Schaustellungen, Versammlungen oder Unterhaltungen stört, wird mit Geldbuße bis zu tausend Lire bestraft.

Die Strafe beträgt Haft bis zu drei Monaten oder Geldbuße von hundert bis dreitausend Lire, wenn die Tat Bestürzung in der Öffentlichkeit hervorzurufen geeignet ist.

Art. 679.

(Art. 458 Cod. Pen.)

Belästigung oder Störung von Personen.

Wer an öffentlichem oder der Öffentlichkeit zugänglichem Ort aus Mutwillen oder einem andern tadelnswerten Grunde einen andern belästigt oder stört, wird mit Haft bis zu einem Monat oder mit Geldbuße bis zu dreitausend Lire bestraft.

§ 2.

Überwachung der Mittel zur Veröffentlichung.

Art. 680.

(Art. 442 Cod. Pen., Art. 111 Ges. über die öffentliche Sicherheit.)

Mißbräuchliche Ausübung der Buchdruckerkunst.

Wer ohne Erlaubnis der Behörde oder ohne Beachtung der gesetzlichen Vorschriften das Buchdruck-, Steindruck-, photographische Gewerbe oder ein anderes Gewerbe zur Vervielfältigung mit maschinellen oder chemischen Mitteln ausübt, wird mit Haft von einem bis zu sechs Monaten oder mit Geldbuße nicht unter tausend Lire bestraft.

Art. 681.

(Art. 443, 445 Cod. Pen., Art. 114 Ges. über die öffentliche Sicherheit.)

Mißbräuchlicher Verkauf, Verteilung oder Anschlag von Drucksachen, Handschriften oder Zeichnungen.

Wer an öffentlichem oder der Öffentlichkeit zugänglichem Ort Drucksachen, Handschriften, Zeichnungen oder Gravierungen absetzt oder verteilt oder irgendwie in Umlauf bringt, ohne die gesetzlich erforderliche Genehmigung erlangt zu haben, wird mit Geldbuße bis zu dreihundert Lire bestraft.

Der gleichen Strafe unterliegt, wer an öffentlichem oder der Öffentlichkeit zugänglichem oder ausgesetztem Ort ohne die Erlaubnis der Behörde oder außerhalb der von ihr bewilligten Stellen, Drucksachen, Zeichnungen oder Handschriften anschlägt oder Steininschriften anbringt.

Die Strafe beträgt Haft bis zu vier Monaten oder Geldbuße von hundert bis dreitausend Lire, wenn eine der in diesem Artikel vorgesehenen Taten gegen das Verbot der Behörde begangen ist oder wenn daraus eine Störung der öffentlichen Ordnung entsteht.

Art. 682.

(Art. 446 Cod. Pen.)

Zerstörung oder Unbrauchbarmachung von Anschlägen.

Wer Drucksachen, Zeichnungen oder Handschriften, welche die Zivil- oder die katholischen Kirchenbehörden haben anschlagen lassen, ablöst, zerreißt oder irgendwie unbrauchbar oder unleserlich macht, wird mit Geldbuße bis zu dreitausend Lire bestraft.

Wenn es sich um Drucksachen, Zeichnungen oder Handschriften handelt, welche Private an Orten oder in einer Art, die gesetzlich oder behördlich bewilligt sind, haben anschlagen lassen, beträgt die Strafe Geldbuße bis zu tausend Lire.

§ 3.

Überwachung bestimmter Gewerbe und öffentlicher Schaustellungen.

Art. 683.

(Art. 449 bis 451 Cod. Pen.; Art. 84, 116 Ges. über die öffentliche Sicherheit.)

Nichtgenehmigte oder verbotene öffentliche Geschäftsagenturen und Betriebe.

Wer ohne Erlaubnis der Behörde oder ohne zuvorige Erklärung an sie, soweit diese erforderlich sind, öffentliche Geschäftsagenturen, Niederlassungen oder Betriebe eröffnet oder führt oder gegen Entgelt Personen beherbergt oder sie in Kost oder Pflege nimmt, wird mit Haft bis zu sechs Monaten oder mit Geldbuße bis zu zehntausend Lire bestraft.

Ist die Erlaubnis abgelehnt, widerrufen oder vorläufig ausgesetzt worden, sind Haft und Geldbuße im Zusammenhang anzuwenden.

Soweit nach Erhalt der Erlaubnis die sonstigen gesetzlichen oder behördlichen Vorschriften nicht beobachtet werden, beträgt die Strafe Haft bis zu drei Monaten oder Geldbuße bis zu fünftausend Lire.

Geldbuße bis zu zweitausend Lire ist anzuwenden, wenn einer Person, die nicht mit den gesetzlich vorgeschriebenen persönlichen Ausweispapieren versehen ist, Unterkommen gewährt ist.

Art. 684.

(Art. 448 Cod. Pen.; Art. 67 bis 69 Ges. über die öffentliche Sicherheit.)

Öffentliche Schaustellungen oder Unterhaltungen.

Wer ohne die Erlaubnis der Behörde an öffentlichem oder der Öffentlichkeit zugänglichem oder ausgesetztem Ort Schaustellungen oder Unterhaltungen irgendwelcher Art darbietet oder Klubs oder Ball- oder Hörsäle eröffnet, wird mit Geldbuße von hundert bis fünftausend Lire bestraft.

Ist die Erlaubnis abgelehnt, widerrufen oder vorläufig ausgesetzt worden, wird die Strafe erhöht.

Art. 685.

(Art. 74 Ges. über die öffentliche Sicherheit.)

Handlungen, die zur Wiedergabe im Film bestimmt sind.

Wer an öffentlichem oder der Öffentlichkeit zugänglichem oder ausgesetztem Ort Handlungen vornehmen läßt, die zur Wiedergabe im Film bestimmt sind, wird, soweit er der Behörde keine vorherige Anzeige gemacht hat, mit Geldbuße von tausend bis fünftausend Lire bestraft.

Die gleiche Strafe trifft denjenigen, der Filme herstellt, im Inlande einführt, sie ausführt oder irgendwie Handel damit treibt, soweit er die zuvorige Anzeige an die Behörde unterlassen hat.

Die Strafe wird erhöht, wenn eine der in den vorstehenden Bestimmungen vorgesehenen Taten gegen das Verbot der Behörde begangen ist.

Art. 686.

(Art. 72 bis 74 Ges. über die öffentliche Sicherheit.)

Mißbräuchliche Theater- oder Filmvorstellungen.

Wer Opern, Dramen, Ballettvorstellungen oder andere Theatervorführungen darbietet oder vorträgt, ohne sie vorher der Behörde angezeigt zu haben, wird mit Haft bis zu sechs Monaten oder mit Geldbuße bis zu dreitausend Lire bestraft.

Die gleiche Strafe trifft denjenigen, der in der Öffentlichkeit Filme, die nicht einer zuvorigen behördlichen Nachprüfung unterbreitet sind, vorführen läßt.

Handelt es sich um Theater- oder Filmvorführungen, die von der Behörde ganz oder zum Teil verboten sind, sind die Vermögens- und die Freiheitsstrafe im Zusammenhang anzuwenden.

§ 4.

Überwachung der Hausiergewerbe und Vorbeugung gegen Bettelei.

Art. 687.

(Art. 122 bis 125 Ges. über die öffentliche Sicherheit.)

Hausiergewerbe.

Wer ein Hausiergewerbe ohne die Erlaubnis der Behörde, soweit diese erforderlich ist, ausübt, wird mit Haft bis zu zwei Monaten oder mit Geldbuße von fünfzig bis tausend Lire bestraft.

Die Strafe beträgt Haft von einem bis zu vier Monaten oder Geldbuße von hundert bis zweitausend Lire, wenn das Hausiergewerbe gegen gesetzliches oder behördliches Verbot ausgeübt, oder wenn die Tat von jemand begangen ist, der vorher wegen vorsätzlichen Verbrechens Verurteilung zu einer die persönliche Freiheit beschränkenden Strafe erlitten hat; in diesen Fällen kann die Stellung unter Aufsicht angeordnet werden.

Den in den vorstehenden Bestimmungen festgesetzten Strafen unterliegt auch der Vater oder Vormund, welcher in Hausiergewerben einen Minderjährigen unter achtzehn Jahren, der nicht die erforderliche polizeiliche Genehmigung erhalten hat, beschäftigt.

Die vorstehenden Bestimmungen finden auch auf denjenigen Anwendung, der den Beruf als Führer oder Dolmetscher oder das Gewerbe eines Eilboten oder Alpenträgers ausübt.

Art. 688.

Beschäftigung von Minderjährigen bei Hausiergewerben im Ausland.

Wer anderen einen Minderjährigen unter achtzehn Jahren zum Zwecke der Beschäftigung bei Wandergewerben im Ausland anvertraut oder überläßt, wird mit Haft bis zu zwei Jahren bestraft.

Der gleichen Strafe unterliegt, wer den Minderjährigen zu diesem Zwecke annimmt.

Art. 689.

(Art. 453, 454 Cod. Pen., Art. 155 Ges. über die öffentliche Sicherheit.)

Bettel.

Wer an öffentlichem oder der Öffentlichkeit zugänglichem Ort bettelt, wird mit Haft bis zu drei Monaten bestraft.

Die Strafe beträgt Haft von einem bis zu sechs Monaten, wenn die Tat in widerwärtiger oder quälender Art oder unter Vorspiegelung von Mißgestaltungen oder Krankheiten oder Anwendung anderer betrügerischer Mittel, um fremdes Mitleid wachzurufen, begangen ist.

Verübt der Schuldige gewohnheits- oder gewerbsmäßig Übertretungen, tritt neben die Strafe eine Sicherungsmaßnahme.

Art. 690.

(Art. 456 Cod. Pen.)

Beschäftigung Minderjähriger bei Bettelei.

Wer sich zum Betteln einer unter vierzehn Jahre alten oder einer nicht zurechnungsfähigen Person, die seiner Gewalt unterstellt oder seiner Aufsicht oder Überwachung anvertraut ist, bedient oder es zuläßt, daß diese Person bettelt oder ein anderer sich ihrer zum Betteln bedient, wird mit Haft von drei Monaten bis zu einem Jahre bestraft.

Ist die Tat von dem Vater oder Vormund begangen, hat die Verurteilung die Enthebung von der Ausübung der väterlichen Gewalt oder von dem Amt als Vormund zur Folge.

Verübt der Schuldige gewohnheits- oder gewerbsmäßig Übertretungen, tritt neben die Strafe eine Sicherungsmaßnahme.

2. Abschnitt.

Übertretungen betr. die öffentliche Unversehrtheit.

§ 1.

Unversehrtheit der Personen an Plätzen öffentlichen Durchgangsverkehrs oder in Wohnungen.

Art. 691.

(Art. 482 Cod. Pen., Art. 50 Kgl. Dkt. 31. Dez. 1923 Nr. 3043.)

Nichtgenehmigung des Gebrauchs von Fahrzeugen.

Wer auf Straßen oder an einem andern Ort öffentlichen Durchgangsverkehrs Fahrzeuge leitet, ohne die Befähigung dazu, soweit diese erforderlich ist, erlangt zu haben, wird mit Haft bis zu drei Monaten und mit Geldbuße von hundert bis tausend Lire bestraft.

Haft von drei Monaten bis zu einem Jahre und Geldbuße von fünfhundert bis fünftausend Lire treffen denjenigen, der, ohne mit der erforderlichen Befähigung versehen zu sein, selbsttreibende, nicht auf Schienen laufende Fahrzeuge leitet.

Die Strafe wird erhöht, wenn die Tat von einer Person begangen ist, der die Befähigung abgelehnt oder widerrufen ist.

Art. 692.

(Art. 480, 482 Cod. Pen.)

Unterlassung der Aufsicht und schlechte Leitung von Tieren.

Wer gefährliche Tiere, die er im Besitz hat, freiläßt oder nicht mit der gebotenen Vorsicht bewacht, oder deren Aufsicht einer unerfahrenen Person anvertraut, wird mit Geldbuße bis zu dreitausend Lire bestraft.

Der gleichen Strafe unterliegt:

1. wer an offenen Orten Zug-, Last- oder Renntiere sich selbst überläßt, oder sie irgendwie, auch wenn sie nicht ausgespannt sind, ohne Aufsicht läßt, oder sie in einer Art anspannt oder leitet, daß die öffentliche Unversehrtheit in Gefahr gebracht wird, oder wer sie, auch an geschlossenen Orten, einer unerfahrenen Person anvertraut;
2. wer Tiere in einer Art aufhetzt oder erschreckt, daß daraus Gefahr für die Unversehrtheit der Personen entsteht;
3. wer, im Besitz von Tieren, die der Tollwut oder einer andern Krankheit, die sie gefährlich machen kann, verdächtig sind, es unterläßt, davon der Behörde Anzeige zu machen.

Art. 693.

(Art. 3 bis 7 Kgl. Dkt. 31. Dez. 1923 Nr. 3043.)

Verhinderung des Verkehrs auf öffentlichen Straßen oder Plätzen.

Wer Fahrzeuge oder Tiere in einer Weise leitet, die den gesetzlichen Vorschriften zuwiderläuft, und dadurch den freien Verkehr oder die Sicherheit des Durchgangs auf öffentlichen Straßen oder Plätzen oder an einem andern Ort, wo Andrang von Personen besteht oder bestehen kann, verhindert, wird mit Geldbuße von hundert bis tausend Lire bestraft.

Art. 694.

(Art. 473, 474 Cod. Pen.)

Unterlassung der Aufstellung oder Entfernung von Warnungszeichen oder Schutzwehren.

Wer es unterläßt, die Warnungszeichen oder Schutzwehre aufzustellen, die gesetzlich vorgeschrieben sind, um Gefahren aus in Ausführung begriffenen Werken oder aus am Orte öffentlichen Durchgangsverkehrs zurückgelassenen Gegenständen zu verhindern, oder wer die genannten Zeichen oder Wehre entfernt oder die zur Warnung aufgestellten Laternen auslöscht, wird mit Haft bis zu drei Monaten oder mit Geldbuße bis zu fünftausend Lire bestraft.

Die gleiche Strafe trifft denjenigen, der andere als die in der vorstehenden Bestimmung bezeichneten Vorrichtungen oder Zeichen, die für einen öffentlichen oder öffentlich notwendigen Dienst bestimmt sind, entfernt oder die Laternen der öffentlichen Beleuchtung auslöscht.

Art. 695.

(Art. 475 Cod. Pen.)

Gefährlicher Abwurf von Sachen.

Wer an einem Ort öffentlichen Durchgangsverkehrs oder privatem Orte gemeinsamen oder fremden Eigentums Sachen abwirft oder ausgießt, die zur Verletzung, Beschmutzung oder Belästigung von Personen geeignet sind, oder in den gesetzlich nicht zugelassenen Fällen Gas, Dämpfe oder Rauch, die gleiche Wirkungen hervorrufen können, ausströmen läßt, wird mit Haft bis zu einem Monat oder mit Geldbuße bis zu zweitausend Lire bestraft.

Art. 696.

(Art. 476 Cod. Pen.)

Gefährliches Aufstellen von Sachen.

Wer ohne die gebotene Vorsicht an einem der im vorigen Artikel bezeichneten Orte Sachen hinstellt oder aufhängt, die im Fallen Personen verletzen, beschmutzen oder belästigen können, wird mit Geldbuße bis zu tausend Lire bestraft.

Art. 697.

(Art. 471, 472 Cod. Pen.)

Einsturz von Gebäuden und von anderen Bauwerken.

Wer bei dem Entwurf oder bei den Arbeiten zu einem Gebäude oder einem anderen Bauwerk beteiligt ist, das in der Folge durch seine Fahrlässigkeit, ohne Gefahr für Personen hervorzurufen, einstürzt, wird mit Geldbuße nicht unter tausend Lire bestraft.

§ 2.

Vorbeugung gegen Unglücksfälle in gewerblichen Unternehmungen oder bei der Aufsicht über Explosivstoffe.

Art. 698.

(Art. 62, 63 Ges. über die öffentliche Sicherheit.)

Nichtgenehmigter Betrieb von gefährlichen Unternehmungen.

Wer ohne Erlaubnis der Behörde oder ohne Beobachtung der gesetzlichen Vorschriften eine Fabrik, ein gewerbliches Unternehmen oder eine gesundheitsschädliche oder gefährliche Niederlage errichtet oder betreibt, wird mit Haft bis zu vier Monaten oder mit Geldbuße von hundert bis fünftausend Lire bestraft.

Der gleichen Strafe unterliegt, wer:

1. bei dem Betrieb von Bergwerken, Steinbrüchen oder Torfgruben die gesetzlichen Vorschriften über die Entfernung der Ausschichtungen von bewohntem Ort, von öffentlichen Wegen, Wasserleitungen oder Quellen nicht beachtet, oder die von der Behörde zum Schutz der persönlichen Sicherheit erlassenen Verfügungen nicht befolgt;
2. ohne Erlaubnis der Behörde Fahrstühle für die Beförderung von Personen oder von Sachen, die durch Personen beaufsichtigt werden, anlegt oder betreibt.

Art. 699.

Beschäftigung von unerfahrenen Personen bei gefährlichen Arbeiten.

Wer in einem Gewerbe oder einem andern gefährlichen Unternehmen Personen, denen die erforderlichen Fähigkeiten fehlen, beschäftigt, wird mit Haft bis zu zwei Monaten oder mit Geldbuße bis zu dreitausend Lire bestraft.

Wenn die Tat auch gegen besondere gesetzliche Bestimmungen verstößt, wird die Strafe erhöht.

Art. 700.

(Art. 462 Cod. Pen., Art. 46 Ges. über die öffentliche Sicherheit.)

Herstellung oder Handel mit Explosivstoffen.

Wer ohne Erlaubnis der Behörde oder ohne die vorschriftsmäßigen Vorsichtsmaßnahmen Explosivstoffe oder Gegenstände, die zu ihrer Zusammensetzung oder Herstellung bestimmt sind, herstellt, im Inlande einführt, in einer Niederlage hält, verkauft oder befördert, wird mit Haft bis zu sechs Monaten und mit Geldbuße bis zu zweitausend Lire bestraft.

Art. 701.

(Art. 37, 38 Ges. über die öffentliche Sicherheit.)

Unterlassung der Anzeige von Explosivstoffen.

Wer die Anzeige an die Behörde unterläßt, daß er Explosivstoffe irgendwelcher Art oder entzündliche Stoffe, die nach Art oder Menge gefährlich sind, in Gewahrsam oder Bewahrung hat, wird mit Haft bis zu vier Monaten oder mit Geldbuße bis zu dreitausend Lire bestraft.

Der Geldbuße bis zu zweitausend Lire unterliegt, wer in Kenntnis davon, daß an von ihm bewohntem Orte sich Explosivstoffe befinden, es unterläßt, davon der Behörde Anzeige zu machen.

Bei Übertretung der gesetzmäßig von der Behörde erlassenen Anordnung, die Explosivstoffe in vorgeschriebener Frist abzuliefern, tritt Haft von einem Monat bis zu einem Jahr oder Geldbuße von dreihundert bis fünftausend Lire ein.

Art. 702.

Strafschärfende Umstände.

Die Strafen für die Übertretungen nach den beiden vorhergehenden Artikeln werden erhöht, wenn einer der in Art. 726 bezeichneten Umstände vorliegt.

Art. 703.

(Art. 466, 467 Cod. Pen.)

Unterlassung der Aufsicht über Waffen. Schußwaffen an bewohntem Ort.

Mit Geldbuße bis zu tausend Lire wird bestraft, wer, auch im Besitz der Erlaubnis zum Tragen von Waffen:

1. eine eigentliche Waffe einer Person unter vierzehn Jahren oder einer unfähigen oder in der Handhabung der Waffe unerfahrenen Person übergibt oder das Tragen durch diese zuläßt;
2. bei Ausübung der Aufsicht über eigentliche Waffen die zweckmäßigen Vorsichtsmaßregeln vernachlässigt, um zu verhindern, daß eine der erwähnten Personen leicht in deren Besitz kommt;
3. ein geladenes Gewehr an einem Orte trägt, wo eine Versammlung oder ein Andrang von Personen besteht.

Der gleichen Strafe unterliegt, wer ohne Erlaubnis der Behörde Feuerwaffen an bewohntem Ort oder in seiner Nähe oder längs oder in Richtung eines öffentlichen Weges abschießt.

Die Strafe beträgt Haft bis zu einem Monat und Geldbuße bis zu dreitausend Lire, wenn die Tat an einem Ort begangen ist, wo eine Versammlung oder ein Andrang von Personen besteht.

Art. 704.

(Art. 467 Cod. Pen., Art. 56 Ges. über die öffentliche Sicherheit.)

Gefährliche Entzündungen und Explosionen.

Wer ohne Erlaubnis der Behörde an bewohntem Ort oder in seiner Umgebung oder längs oder in Richtung eines öffentlichen Weges Feuerwerk abbrennt, Raketen schleudert, flammende Ballons in die Luft steigen läßt oder überhaupt gefährliche Entzündungen oder Explosionen bewirkt, wird mit Geldbuße bis zu tausend Lire bestraft.

Ist die Tat an einem Ort begangen, wo eine Versammlung oder ein Andrang von Personen besteht, tritt, außer der erwähnten Strafe, Haft bis zu einem Monat ein.

Art. 705.

(Art. 447 Cod. Pen.)

Mißbräuchliche Eröffnung von Stätten öffentlicher Unterhaltung oder Schaustellung.

Wer Stätten öffentlicher Schaustellung, Unterhaltung oder geselliger Zusammenkunft eröffnet und offen hält, ohne die Vorschriften der Behörde zum Schutz der öffentlichen Unversehrtheit beachtet zu haben, wird mit Haft bis zu sechs Monaten und mit Geldbuße nicht unter tausend Lire bestraft.

3. Abschnitt.

Übertretungen betr. die Vorbeugung gegen bestimmte Arten von strafbaren Handlungen.

§ 1.

Vorbeugender Schutz der Geheimnisse.

Art. 706.

(Art. 3 letzter Absatz Ges. 21. März 1915 Nr. 273.)

Eigenmächtiges Betreten von Orten, welche für die militärische Verteidigung des Staates wichtig sind.

Wer in Orte eindringt, zu denen der Zutritt im Interesse der militärischen Verteidigung des Staates verboten ist, wird, soweit die Tat nicht ein schwereres Vergehen bildet, mit Haft von sechs Monaten bis zu einem Jahre bestraft.

Art. 707.

(Art. 10 Verordnung über die Presse.)

Veröffentlichung der geheimen Verhandlungen oder Beschlüsse einer der Kammern.

Wer, ohne Genehmigung, mittels der Presse oder mit einem anderen der in Art. 680 bezeichneten Mittel den Inhalt der geheimen Verhandlungen oder Beschlüsse des Senats oder der Abgeordnetenkammer veröffentlicht, wird, soweit die Tat nicht ein schwereres Vergehen bildet, mit Geldbuße von tausend bis fünftausend Lire bestraft.

Art. 708.

(Art. 106, 107 Cod. Proc. Pen.)

Eigenmächtige Verbreitung von Vorgängen aus einem Strafverfahren.

Wer Vorgänge oder Urkunden aus einem Strafverfahren, deren Veröffentlichung gesetzlich oder kraft Anordnung des Richters verboten ist, ganz oder zum Teil, auch in zusammengedrängter Darstellung, veröffentlicht, wird mit Geldbuße nicht unter tausend Lire bestraft.

Die gleiche Strafe trifft denjenigen, der die Namen der Richter mit Angabe der persönlichen Abstimmung, die ihnen bei den Beschlußfassungen zugeschrieben wird, veröffentlicht.

Art. 709.

Unbefugte Mitteilungen über ein im Lauf befindliches Strafverfahren.

Wer durch Schriften, Zeichnungen oder ein anderes bildliches Mittel, die in irgendeiner Form verteilt oder der Öffentlichkeit zugänglich gemacht sind, Schätzungen über die Beweise in einem im Lauf befindlichen Strafverfahren oder über den voraussichtlichen Ausgang desselben bekannt gibt, wird mit Geldbuße bis zu dreitausend Lire bestraft.

§ 2.

Vorbeugung gegen Trunksucht und gegen Verbrechen im Zustande der Trunkenheit.

Art. 710.

(Art. 105 Ges. über die öffentliche Sicherheit.)

Handel mit Stoffen, die zur Zusammensetzung alkoholischer Getränke bestimmt sind.

Wer ohne Beobachtung der behördlichen oder gesetzlichen Vorschriften Stoffe, die zur Zusammensetzung alkoholischer Getränke bestimmt sind, herstellt oder im Inlande einführt, wird mit Haft bis zu zwei Jahren oder mit Geldbuße von tausend bis zehntausend Lire bestraft.

Der gleichen Strafe unterliegt, wer gegen gesetzliches Verbot irgendwelche Spirituosen oder Drogen herstellt, im Inlande einführt, zum Verkaufe in Gewahrsam hat oder verkauft.

Art. 711.

(Art. 87 Ges. über die öffentliche Sicherheit.)

Nichtgenehmigter Verkauf alkoholischer Getränke.

Wer ohne besondere polizeiliche Genehmigung Getränke, die einen das gesetzlich bewilligte Maß übersteigenden alkoholischen Gehalt haben, in einem öffentlichen Betrieb zum Verkauf stellt, wird mit Haft von einem bis zu sechs Monaten und mit Geldbuße von tausend bis fünftausend Lire bestraft.

Art. 712.

Genuß alkoholischer Getränke in Zeiten nicht bewilligten Verkaufs.

Wer in einem öffentlichen Betrieb alkoholische Getränke außerhalb der Zeit, zu der der Verkauf zugelassen ist, erwirbt oder zu sich nimmt, wird mit Geldbuße bis zu fünfhundert Lire bestraft.

Art. 713.

(Art. 488 Cod. Pen.)

Trunkenheit.

Wer an öffentlichem oder der Öffentlichkeit zugänglichem Ort oder an einem Ort privater Zusammenkunft, zu dem die Öffentlichkeit Zutritt haben kann, im Zustande der Trunkenheit angetroffen wird, wird mit Haft bis zu sechs Monaten oder mit Geldbuße von hundert bis zweitausend Lire bestraft.

Die Strafe beträgt Haft von drei Monaten bis zu einem Jahre, wenn die Trunkenheit anwidernd oder gewohnheitsmäßig ist.

Wenn eine Person, die zuvor Verurteilung wegen eines Verbrechens gegen das Leben oder die persönliche Unversehrtheit erlitten hat, der Trunkenheit verfallen ist, tritt Haft nicht unter sechs Monaten ein.

Art. 714.

(Art. 489 Cod. Pen.; Art. 99 Ges. über die öffentliche Sicherheit.)

Herbeiführung des Zustandes der Trunkenheit in anderen.

Wer an einem der im vorigen Artikel bezeichneten Orte andere durch Verabreichung alkoholischer Getränke in Trunkenheit versetzt, wird mit Haft bis zu sechs Monaten bestraft.

Die gleiche Strafe trifft den Inhaber einer Wirtschaft oder eines anderen öffentlichen Ausschanks von Speisen oder Getränken, der an einem der besagten Orte alkoholische Getränke einem Minderjährigen unter sechzehn Jahren oder einer augenscheinlich mit Geisteskrankheit oder schwerer geistiger Erkrankung oder überhaupt geistiger Schwäche oder Erregtheit behafteten Person verabfolgt. Tritt infolge der Tat die Trunkenheit ein, wird die Strafe erhöht.

Die Strafe beträgt Haft von drei bis zu sechs Monaten, wenn die alkoholischen Getränke an eine Person im Zustande der Trunkenheit verabfolgt sind.

Art. 715.

Übertretung des Verbots zum Besuch von Wirtschaften oder Ausschänken alkoholischer Getränke: Unterlassung der Anzeige des Inhabers an die Behörde.

Der Inhaber einer Wirtschaft oder eines anderen öffentlichen Ausschanks alkoholischer Getränke, der die Anzeige an die Behörde unterläßt, daß einer der besagten Orte von einer unter eine persönliche Sicherungsmaßnahme gestellten Person besucht ist, wird mit Haft bis zu zwei Monaten oder mit Geldbuße von hundert bis dreitausend Lire bestraft.

§ 3.

Vorbeugung bei Verbrechen gegen den öffentlichen Glauben.

Art. 716.

(Art. 459 Cod. Pen.)

Mißbrauch der Volksgläubigkeit.

Wer an öffentlichem oder der Öffentlichkeit zugänglichem Ort oder auch an einem Orte privater Zusammenkunft, zu dem die Öffentlichkeit Zutritt haben kann, das Gewerbe eines Quacksalbers ausübt oder überhaupt, auch unentgeltlich, durch irgendwelches betrügerisches Vorgehen die Volksgläubigkeit zu mißbrauchen sucht, wird mit Haft bis zu drei Monaten oder mit Geldbuße bis zu zehntausend Lire bestraft.

Der gleichen Strafe unterliegt, wer die Tat mittels Anzeigen in den Zeitungen oder durch ein anderes Mittel der Veröffentlichung begeht.

Die Strafe wird erhöht, wenn durch die Tat eine Störung der öffentlichen Ordnung oder ein Nachteil für Personen entstehen kann.

Art. 717.

(Art. 498 Cod. Pen.)

Gewahrsam von ungesetzlichen Maßen und Gewichten.

Wer bei Ausübung eines Handels oder in einem der Öffentlichkeit zugänglichen Vertrieb Maße oder Gewichte in Gewahrsam hält, die von den gesetzlich bestimmten abweichen, oder Maße oder Gewichte ohne Beobachtung der gesetzlichen Vorschriften verwendet, wird mit Geldbuße von hundert bis zweitausend Lire bestraft.

Hat der Schuldige vorher eine Verurteilung wegen Verbrechens gegen das Eigentum, gegen den öffentlichen Glauben, gegen die öffentliche Wirtschaft, Gewerbe oder Handel oder wegen eines anderen Verbrechens der gleichen Art erlitten, oder verübt er gewohnheitsmäßig Übertretungen, ist stets die Stellung unter Aufsicht anzuordnen.

Art. 718.

(Art. 441 Cod. Pen.)

Zurückweisung von Geld, das gesetzlichen Kurs hat.

Wer Geld., das im Inlande gesetzlichen Kurs hat, zu seinem Wert anzunehmen verweigert, wird mit Geldbuße bis zu dreihundert Lire bestraft.

Art. 719.

(Art. 142 Ges., Neufassung, 1. April 1904 Nr. 204.)

Nachmachung von Staatsschuldpapieren ohne Fälschungszweck.

Wer, ohne den Zweck der Fälschung, italienische oder fremde Staatsschuldpapiere in einer Art nachmacht, daß sie mit echten verwechselt werden können, oder sie verkauft oder irgendwie in Umlauf setzt, wird mit Geldbuße von fünfzig bis zweitausend Lire bestraft.

Art. 720.

(Art. 440 Cod. Pen.)

Unterlassung der Ablieferung von Geld, das als nachgemacht erkannt ist.

Wer nachgemachtes oder verfälschtes Geld, das er als echt empfangen hat, der Behörde nicht innerhalb von drei Tagen, seitdem er von der Fälschung oder Verfälschung Kenntnis erhalten hat, nach Möglichkeit unter Angabe der Herkunft, abliefert, wird mit Geldbuße bis zu zweitausend Lire bestraft.

§ 4.

Vorbeugung bei Verbrechen gegen das Leben und die persönliche Unversehrtheit.

Art. 721.

(Art. 460, 461, 463 Cod. Pen.; Art. 30 Ges. über die öffentliche Sicherheit.)

Nichtgenehmigte Herstellung oder Handel von Waffen.

Wer ohne Erlaubnis der Behörde eigentliche Waffen herstellt, im Inland einführt, ausführt, feilbietet oder irgendwie in Verkauf bringt oder eine Sammlung davon zu Handels- oder gewerblichen Zwecken anlegt, wird mit Haft bis zu einem Jahre und mit Geldbuße bis zu zehntausend Lire bestraft.

Haftstrafe tritt nicht ein und die Strafe der Geldbuße wird vermindert, wenn es sich um Sammlungen von künstlerischen, seltenen oder altertümlichen Waffen handelt.

Art. 722.

(Art. 36 Ges. über die öffentliche Sicherheit.)

Hausierhandel mit Waffen.

Wer den Hausierhandel mit eigentlichen Waffen betreibt, wird mit Haft bis zu einem Jahre und mit Geldbuße bis zu zehntausend Lire bestraft.

Haftstrafe bis zu sechs Monaten und Geldbuße bis zu fünftausend Lire treffen denjenigen, der ohne Erlaubnis der Behörde den Hausierhandel mit Stech- oder Schneidewerkzeugen, die zur Verletzung geeignet sind, betreibt.

Art. 723.

(Art. 37, 38 Ges. über die öffentliche Sicherheit; Art. 8 Kgl. Dkt. 3. August 1919 Nr. 1360.)

Mißbräuchlicher Gewahrsam von Waffen.

Wer eigentliche Waffen oder Munition in Gewahrsam hält oder bewahrt, ohne davon der Behörde Anzeige gemacht zu haben, wird mit Haft bis zu sechs Monaten und mit Geldbuße bis zu fünftausend Lire bestraft.

Geldbuße bis zu dreitausend Lire trifft denjenigen, der in Kenntnis davon, daß an von ihm bewohntem Ort sich eigentliche Waffen oder Munition befinden, es unterläßt, davon der Behörde Anzeige zu machen.

Art. 724.

(Art. 39 Ges. über die öffentliche Sicherheit; Art. 8 Kgl. Dkt. 3. August 1919 Nr. 1360.)

Unterlassung der Ablieferung von Waffen.

Wer die gesetzmäßig von der Behörde erlassene Anordnung, in vorgeschriebener Frist die in seinem Gewahrsam befindlichen oder von ihm bewahrten Waffen oder Munition abzuliefern, übertritt, wird mit Haft nicht unter drei Monaten oder mit Geldbuße nicht unter tausend Lire bestraft.

Geldbuße von hundert bis fünftausend Lire tritt ein, wenn der Schuldige die Tat unter den in Abs. 2 des vorigen Artikels vorgesehenen Umständen begangen hat.

Art. 725.

(Art. 464, 465 Cod. Pen.; Art. 41 Ges. über die öffentliche Sicherheit.)

Mißbräuchliches Tragen von Waffen.

Wer ohne Erlaubnis der Behörde, soweit diese erforderlich ist, eine Waffe außerhalb der eigenen Wohnung oder der dazu gehörigen Teile trägt, wird mit Haft bis zu sechs Monaten bestraft.

Haft von sechs Monaten bis zu einem Jahr tritt ein, wenn außerhalb der eigenen Wohnung oder der dazu gehörigen Teile Waffen getragen werden, für welche die Erlaubnis nicht zulässig ist.

In jedem anderen Falle mißbräuchlichen Tragens von Waffen beträgt die Strafe Haft bis zu sechs Monaten oder Geldbuße bis zu dreitausend Lire.

Wenn eine der in den vorstehenden Bestimmungen vorgesehenen Taten an einem Orte begangen ist, an dem ein Andrang oder eine Versammlung von Personen besteht, oder bei Nacht an bewohntem Ort, werden die Strafen erhöht.

Die Bestimmungen dieses Artikels finden auf das Tragen assimilierter Waffen keine Anwendung.

Art. 726.

(Art. 465 Cod. Pen.; Art. 10, 42, 219 und 222 Ges. über die öffentliche Sicherheit.)

Strafschärfende Umstände.

In den Fällen der vorigen Artikel wird die Strafe erhöht, wenn die Tat begangen ist:

1. von einer der Personen, für welche das Gesetz die Erteilung der Erlaubnis untersagt, oder bei denen die Erlaubnis abgelehnt oder widerrufen ist;
2. in Kriegszeiten oder Zeiten öffentlicher Gefahr, öffentlicher Unruhen, Notstände oder Unglücksfälle.

Art. 727.

Sicherungsmaßnahmen.

Neben der wegen einer der Übertretungen nach diesem Kapitel auferlegten Strafe kann eine Sicherungsmaßnahme angeordnet werden. Eine solche ist immer anzuordnen, wenn es sich um eine Person, die gewohnheitsmäßig Übertretungen begeht, oder um eine der in Ziffer 1 des vorigen Artikels bezeichneten Personen handelt.

§ 5.

Vorbeugung bei Verbrechen gegen das Eigentum.

Art. 728.

(Art. 495 Cod. Pen.; Art. 128, 129 Ges. über die öffentliche Sicherheit.)

Nichtgenehmigter Handel von Wertsachen.

Wer, auch in Eigenschaft eines Agenten, Vertreters oder Geschäftsführers einer fremden Person, ohne Erlaubnis der Behörde Wertsachen herstellt oder in Handel bringt, oder Pfand- oder Vermittlergeschäfte hinsichtlich derselben vornimmt, oder irgendein Gewerbe oder Handwerk, das diese Sachen zum Gegenstande hat, betreibt, wird mit Haft bis zu drei Monaten oder mit Geldbuße von fünfhundert bis zehntausend Lire bestraft.

Die gleiche Strafe tritt ein, wenn bei Ausübung des Handels, des Handwerks oder Gewerbes die gesetzlichen Vorschriften nicht beobachtet sind.

Art. 729.

(Art. 495 Cod. Pen.; Art. 127 Ges. über die öffentliche Sicherheit.)

Heimlicher Althandel.

Wer ohne zuvorige Erklärung an die Behörde, soweit solche erforderlich ist, oder ohne Beachtung der gesetzlichen Vorschriften den Handel mit alten oder gebrauchten Sachen betreibt oder Pfandgeschäfte hinsichtlich derselben vornimmt, wird mit Geldbuße von hundert bis dreitausend Lire bestraft.

Art. 730.

(Art. 492 Cod. Pen.)

Ungerechtfertigter Besitz von falschen Schlüsseln oder Dietrichen.

Wer, nachdem er wegen Verbrechen, die durch Gewinnsucht bestimmt sind, wegen Übertretungen betr. die Vorbeugung bei Verbrechen gegen das Eigentum oder wegen Bettels bestraft oder dieserhalb verwarnt ist, im Besitz von falschen oder nachgemachten Schlüsseln oder von Werkzeugen zum Öffnen oder Erbrechen von Schlössern, deren rechtmäßige gegenwärtige Bestimmung er nicht dartut, betroffen wird, wird mit Haft von sechs Monaten bis zu zwei Jahren bestraft.

Die Strafe wird erhöht, wenn der Schuldige während der Nacht überrascht wird.

Art. 731.

(Art. 492 Cod. Pen.)

Ungerechtfertigter Besitz von Gegenständen oder Werten.

Wer, unter den im vorigen Artikel bezeichneten persönlichen Voraussetzungen, im Besitz von Geld oder Gegenständen, die mit seinem Stande nicht vereinbar sind, und deren rechtmäßige Herkunft er nicht dartut, betroffen wird, wird mit Haft von drei Monaten bis zu einem Jahre bestraft.

Art. 732.

(Art. 494 Cod. Pen.)

Unterlassung der Meldung von Sachen, die aus einem Verbrechen herrühren.

Wer Geld empfangen oder Sachen, die aus einem Verbrechen herrühren, ohne deren Herkunft zu kennen, erworben oder irgendwie erlangt hat und es unterläßt, nachdem er von der Herkunft Kenntnis hat, davon der Behörde sofort Anzeige zu machen, wird mit Haft bis zu sechs Monaten und mit Geldbuße nicht unter tausend Lire bestraft.

Art. 733.

(Art. 496 Cod. Pen.)

Verkauf oder Übergabe von Schlüsseln oder Dietrichen an einen Unbekannten.

Wer Schlüssel irgendwelcher Art auf Verlangen einer andern Person als des Eigentümers oder des Besitzers des Raumes oder Gegenstandes, für den sie bestimmt sind, oder eines von ihnen Beauftragten herstellt, oder bei Ausübung des Schmiede- oder Schlosserhandwerks oder eines anderen ähnlichen Handwerks an eine beliebige Person Dietriche oder andere Werkzeuge zum Öffnen oder Erbrechen von Schlössern übergibt oder verkauft, wird mit Haft bis zu sechs Monaten und mit Geldbuße von hundert bis tausend Lire bestraft.

Art. 734.

(Art. 497 Cod. Pen.)

Eigenmächtiges Öffnen von Räumen oder Gegenständen.

Wer mit einem der im vorigen Artikel bezeichneten Mittel einen mit einem Schloß oder einer anderen ähnlichen Vorrichtung verschlossenen Raum oder Gegenstand auf Ansuchen einer Person, die ihm nicht als Eigentümer oder Besitzer des Raumes oder des Gegenstandes, oder als ein von ihnen Beauftragter, bekannt ist, öffnet, wird mit Haft bis zu drei Monaten oder mit Geldbuße von hundert bis zweitausend Lire bestraft.

Art. 735.

(Art. 493 Cod. Pen.)

Erwerb von Sachen verdächtiger Herkunft.

Wer, ohne zuvor die rechtmäßige Herkunft festgestellt zu haben, Sachen, bei denen nach ihrer Art, nach der Stellung desjenigen, der sie anbietet, oder nach der Preislage Grund zu dem Verdacht besteht, daß sie aus einer strafbaren Handlung herrühren, erwirbt oder sich um den Erwerb durch andere bemüht, wird mit Haft bis zu sechs Monaten oder mit Geldbuße nicht unter hundert Lire bestraft.

Die gleiche Strafe trifft denjenigen, der solche Sachen, ohne deren rechtmäßige Herkunft festgestellt zu haben, annimmt oder sich um die Annahme durch andere bemüht.

Art. 736.

Stellung unter Aufsicht.

Neben der wegen einer der Übertretungen nach diesem Kapitel auferlegten Strafe kann die Stellung unter Aufsicht angeordnet werden. Solche ist stets anzuordnen, wenn es sich um eine der in Abs. 2 des Art. 726 bezeichneten Personen handelt.

§ 6.

Nichtbefolgung freiheitsentziehender Sicherungsmaßnahmen und Aufsicht über Geisteskranke.

Art. 737.

(Art. 478 Cod. Pen.; Ges. vom 14. Februar 1904 Nr. 36.)

Unterlassung oder Nichtgenehmigung der Aufsicht über Geisteskranke oder Minderjährige in Irrenanstalten oder Besserungsanstalten.

Wer ohne Genehmigung oder ohne eine Anordnung der Behörde in einer Heilanstalt eine Person, die ihm als mit Geisteskrankheit oder mit schwerer geistiger Erkrankung behaftet bezeichnet ist, oder in einer öffentlichen Besserungsanstalt einen Minderjährigen aufnimmt, wird mit Geldbuße von dreihundert bis dreitausend Lire bestraft.

Die gleiche Strafe tritt ein, wenn in Fällen, in denen die Genehmigung oder Anordnung nicht erforderlich ist, in einer Heilanstalt eine Person, die als mit Geisteskrankheit oder schwerer geistiger Erkrankung behaftet bezeichnet ist, aufgenommen ist, ohne daß davon der Behörde Anzeige gemacht wird.

Der Haft bis zu sechs Monaten oder Geldbuße von tausend bis fünftausend Lire unterliegt derjenige, der, ohne die gesetzlichen Vorschriften zu beobachten, aus einer der bezeichneten Anstalten eine Person, die sich dort rechtmäßig untergebracht befindet, entläßt.

Art. 738.

(Art. 477 Cod. Pen.)

Unterlassung oder Nichtgenehmigung privater Aufsicht über Geisteskranke oder Minderjährige.

Wer, abgesehen von dem in Abs. 2 des vorigen Artikels vorgesehenen Fall, ohne Genehmigung eine Person, die mit Geisteskrankheit oder schwerer geistiger Erkrankung behaftet ist, in Obhut nimmt, wird mit Haft bis zu drei Monaten oder mit Geldbuße von hundert bis zweitausend Lire bestraft.

Der gleichen Strafe unterliegt, wer eine der in vorstehender Bestimmung bezeichneten Personen oder einen Minderjährigen unter vierzehn Jahren, deren Aufsicht ihm irgendwie obliegt, sich selbst überläßt oder die Pflichten zur Überwachung über diese Personen nicht erfüllt.

Art. 739.

Unterlassung der Anzeige an die Behörde von dem Entweichen oder der Flucht Geisteskranker oder Minderjähriger.

Wer als Vorstand einer für die Vollstreckung von Strafen oder Sicherungsmaßnahmen bestimmten Anstalt, einer Heilanstalt oder einer öffentlichen Besserungsanstalt es unterläßt, der Behörde von dem Entweichen oder der Flucht einer dort in Gewahrsam befindlichen oder untergebrachten Person sofort Anzeige zu machen, wird mit Geldbuße von hundert bis zweitausend Lire bestraft.

Die gleiche Strafe trifft denjenigen, der kraft Gesetzes und Verfügung der Behörde eine Person zu Zwecken der Aufsicht oder Überwachung in Obhut hat.

Art. 740.

(Art. 154 Ges. über die öffentliche Sicherheit.)

Unterlassung der Meldung von gefährlichen Geisteskrankheiten oder schweren geistigen Erkrankungen.

Wer bei Ausübung eines Heilberufes einer Person, die mit Geisteskrankheit oder schwerer geistiger Erkrankung behaftet ist und sich als für sich selbst oder für andere gefährlich erweist oder dessen verdächtig zeigt, Beistand geleistet oder sie beobachtet hat und es unterläßt, davon der Behörde Anzeige zu machen, wird mit Geldbuße von dreihundert bis dreitausend Lire bestraft.

Die gleiche Bestimmung findet Anwendung, wenn die Person, der Beistand geleistet oder die beobachtet ist, mit chronischer Vergiftung durch Alkohol oder betäubende Stoffe behaftet ist.

Kapitel II.

Übertretungen betr. die soziale Verwaltungspolizei.

1. Abschnitt.

Übertretungen betr. die Sittenpolizei.

Art. 741.

(Art. 484 Cod. Pen.)

Vorbereitung oder Betrieb von Glücksspielen.

Wer an öffentlichem oder der Öffentlichkeit zugänglichem Ort ein Glücksspiel vorbereitet, einrichtet oder betreibt oder dessen Betrieb in irgendwelcher Weise erleichtert, wird mit Haft von drei Monaten bis zu einem Jahr und mit Geldstrafe nicht unter zweitausend Lire bestraft.

Verübt der Schuldige gewohnheits- oder gewerbsmäßig Übertretungen, tritt neben die Strafe die Stellung unter Aufsicht und eine Sicherheit für Wohlverhalten.

Art. 742.

Strafschärfende Umstände.

Die Strafe wegen des in dem vorigen Artikel vorgesehenen Vergehens wird verdoppelt:

1. wenn ein Spielklub eingerichtet oder gehalten ist;
2. wenn die Tat in einem öffentlichen Betrieb begangen ist;
3. wenn bei dem Spiel bedeutende Einlagen umgesetzt sind;
4. wenn unter den Teilnehmern am Spiel Minderjährige unter achtzehn Jahren sind.

Art. 743.

(Art. 485 Cod. Pen.)

Teilnahme an Glücksspielen.

Wer an öffentlichem oder der Öffentlichkeit zugänglichem Ort, ohne bei der in Art. 741 vorgesehenen Übertretung mitgewirkt zu haben, bei der Teilnahme an einem Glücksspiel überrascht wird, wird mit Haft bis zu sechs Monaten oder mit Geldbuße bis zu fünftausend Lire bestraft.

Die Strafe wird erhöht:

1. bei Überraschung in einem Spielklub oder in einem öffentlichen Betrieb;
2. wenn bei dem Spiel bedeutende Einlagen umgesetzt sind.

Ist der Schuldige eine Person, die gewohnheits- oder gewerbsmäßig Übertretungen verübt, kann in jedem Falle neben der Strafe die Stellung unter Aufsicht angeordnet werden.

Art. 744.

(Art. 487 Cod. Pen.)

Begriffsmerkmale des Glücksspiels. Spielklubs.

Im Rahmen der vorstehenden Bestimmungen:

sind Glücksspiele diejenigen, bei denen der Zweck eines Vorteils besteht und Gewinn oder Verlust ganz oder fast ganz dem Zufall überlassen ist;

sind Spielklubs die, auch privaten, Stätten der Zusammenkunft, wo die Spieler heimlich oder unter Verschleierung des Spielzwecks, in irgendeiner Form, Zutritt haben.

Art. 745.

(Art. 486 Cod. Pen.)

Nebenstrafen und Sicherungsmaßnahmen.

Die Verurteilung wegen einer der in den vorigen Artikeln vorgesehenen Übertretungen hat die besondere Veröffentlichung des Urteils zur Folge. In jedem Falle ist auf Einziehung des bei dem Spiel eingesetzten

Geldes und der dafür verwandten oder bestimmten Geräte oder Gegenstände zu erkennen.

Ist eine der in den genannten Artikeln vorgesehenen Taten in einem öffentlichen Betrieb begangen, so ordnet der Richter, wenn Rückfall bei der Übertretung vorliegt, die Schließung des Betriebs an. Die Schließung kann auch während des Strafverfahrens angeordnet werden, wenn der Angeschuldigte zuvor wegen einer anderen Übertretung der gleichen Art verurteilt gewesen ist.

Art. 746.

(Art. 108 Ges. über die öffentliche Sicherheit.)

Mißbräuchliche Vorbereitung oder Betrieb eines Nichtglücksspiels.

Wer gegen behördliches Verbot in Spiel- oder Billardsälen ein Spiel, das nicht zu den Glücksspielen zählt, vorbereitet oder betreibt, wird mit Geldbuße von fünfzig bis tausend Lire bestraft.

In den Fällen der Ziffern 3 und 4 des Art. 742 tritt Haft bis zu drei Monaten oder Geldbuße von fünfhundert bis fünftausend Lire ein.

Für denjenigen, der bei der Teilnahme am Spiel überrascht wird, beträgt die Strafe Geldbuße bis zu fünfhundert Lire und, im Falle der Ziffer 2 des Art. 742, Geldbuße bis zu tausend Lire.

Art. 747.

(Art. 232 Ges. über die öffentliche Sicherheit.)

Gotteslästerung und beschimpfende Schmähung gegenüber dem Andenken Verstorbener.

Wer öffentlich mit Schmähreden oder beschimpfenden Worten gegen die Göttlichkeit oder die in der offiziellen Staatsreligion verehrten Personen oder Symbole lästert, wird mit Geldbuße von hundert bis dreitausend Lire bestraft.

Die gleiche Strafe tritt bei irgendeiner öffentlichen Kundgebung beschimpfender Schmähung gegenüber dem Andenken Verstorbener ein.

Die Strafe wird erhöht, wenn die Tat von einer Person begangen ist, die zum religiösen oder Begräbnisdienst gehört oder der Erziehung Minderjähriger zugeteilt ist.

Art. 748.

(Art. 112 Ges. über die öffentliche Sicherheit.)

Handel mit Drucksachen, Zeichnungen oder anderen Gegenständen, die den öffentlichen Anstand verletzen.

Wer Drucksachen, Handschriften, Gravierungen, Zeichnungen oder irgendeinen anderen bildlichen Gegenstand, welcher den öffentlichen Anstand verletzt, zu öffentlicher Sicht stellt, oder an öffentlichem oder der Öffentlichkeit zugänglichem Ort zum Verkauf anbietet oder verteilt, wird mit Geldbuße von hundert bis zehntausend Lire bestraft.

Art. 749.

(Art. 490 Cod. Pen.)

Handlungen gegen den öffentlichen Anstand. Unziemliche Reden.

Wer an öffentlichem oder der Öffentlichkeit zugänglichem oder ausgesetztem Ort sich schamlos entblößt oder Handlungen entgegen dem öffentlichen Anstand vornimmt, wird mit Haft bis zu einem Monat oder mit Geldbuße von hundert bis zu zweitausend Lire bestraft.

Geldbuße bis zu zweitausend Lire tritt bei unziemlichen Reden an öffentlichem oder der Öffentlichkeit zugänglichem Orte ein.

Art. 750.

(Art. 74 Ges. über die öffentliche Sicherheit.)

Beschäftigung Minderjähriger bei Theater- oder Filmvorstellungen.

Wer Kinder unter fünfzehn Jahren bei öffentlichen Varietevorführungen, in Pferdezirkussen oder bei irgendeiner anderen öffentlichen Schaustellung, mit Ausnahme der Aufführungen lyrischer oder dramatischer Werke, beschäftigt, wird mit Haft bis zu drei Monaten und mit Geldbuße von hundert bis fünftausend Lire bestraft.

Die gleiche Strafe trifft denjenigen, der ohne die gesetzlich vorgeschriebene Genehmigung Kinder unter fünfzehn Jahren als Schauspieler oder in irgend anderer Weise bei der Vorbereitung öffentlicher Filmvorführungen, mit Ausnahme derjenigen, die erziehlichen Zweck haben, beschäftigt.

Art. 751.

(Art. 491 Cod. Pen.; Art. 69 Ges. über die öffentliche Sicherheit und Art. 9 Ges. vom 12. Juni 1913 Nr. 611.)

Tierquälerei.

Wer gegen Tiere Grausamkeiten begeht oder sie ohne Not übermäßigen Anstrengungen oder Qualen aussetzt, ihre Ernährung vernachlässigt oder sie bei Arbeiten verwendet, zu denen sie infolge Krankheit oder Alters nicht geeignet sind, wird mit Geldbuße von hundert bis dreitausend Lire bestraft.

Die gleiche Strafe trifft denjenigen, der, auch zu einem wissenschaftlichen oder Lehrzweck, ohne die erforderliche Erlaubnis der Behörde oder außerhalb der zu dem Zweck bestimmten Orte mit lebenden Tieren Versuche anstellt, welche Abscheu erregen können.

Die Strafe wird erhöht, wenn Tiere bei öffentlichen Spielen oder Schaustellungen, die Mißhandlung oder Grausamkeiten mit sich bringen, verwendet werden.

Im Falle des ersten Absatzes dieses Artikels hat die Verurteilung, wenn der Schuldige Fuhrmann oder ein anderer an Erlaubnis gebundener Tierlenker ist, die Enthebung von der Ausübung des Gewerbes zur Folge, soweit es sich um gewohnheitsmäßige Übertretungen handelt.

2. Abschnitt.

Übertretungen betr. die Gesundheitspolizei.

Art. 752.

(Art. 62 Ges. über das öffentliche Gesundheitswesen.)

Verkauf von Giften entgegen den gesetzlichen Vorschriften.

Wer, bei Ausübung eines Heilberufes, zu therapeutischem Zweck Gifte an eine unbekannte Person oder ohne Beobachtung der gesetzlichen Vorschriften verkauft, wird mit Geldbuße von tausend bis zehntausend Lire bestraft.

Art. 753.

(Art. 36 Kgl. Dkt. vom 9. November 1923 Nr. 2534.)

Handel oder Verkauf von betäubenden Stoffen: Unterlassung von Eintragungen.

Wer im Handel oder bei Verkauf von betäubenden Stoffen oder der daraus gewonnenen oder zusammengesetzten Verbindungen die gesetzlichen Vorschriften über die Verpflichtung zu Eintragungen über den Erwerb oder den Verkauf nicht beobachtet, wird mit Geldbuße von tausend bis fünftausend Lire bestraft.

Art. 754.

Behandlung zur Unterdrückung des Bewußtseins oder des Willens anderer.

Wer, auch nur zu einem wissenschaftlichen Versuch, einen anderen mit dessen Zustimmung in den Zustand der Betäubung oder Hypnose versetzt oder an ihm eine Behandlung durchführt, die sein Bewußtsein oder seinen Willen unterdrückt, wird, wenn durch die Tat Gefahr für die Unversehrtheit der Person entsteht, mit Haft von einem bis zu sechs Monaten oder mit Geldbuße von dreihundert bis fünftausend Lire bestraft.

Diese Bestimmung findet keine Anwendung, wenn die Tat zu therapeutischem Zweck von einer Person, die einen Heilberuf ausübt, begangen ist, unbeschadet der Verantwortlichkeit für die Verbrechen nach Artikeln 591 und 593, wenn der Heilkundige aus Fahrlässigkeit den Tod oder eine Körperverletzung verursacht.

Art. 755.

Mißbrauch von betäubenden Stoffen.

Wer an öffentlichem oder der Öffentlichkeit zugänglichem Ort oder an einem Orte privater Zusammenkunft, zu dem die Öffentlichkeit Zutritt haben kann, im Zustande schwerer geistiger Erregtheit infolge Mißbrauchs betäubender Stoffe betroffen wird, wird mit Haft bis zu sechs Monaten oder mit Geldbuße von hundert bis zweitausend Lire bestraft.

Art. 756.

(Art. 123 Ges. über das öffentliche Gesundheitswesen.)

Unterlassung der Meldung von Krankheiten, bei denen Verpflichtung zur Anzeige an die Behörde besteht.

Wer bei Ausübung eines Heilberufes eine Person beobachtet hat, die mit einer Krankheit behaftet ist, für welche Verpflichtung zur Meldung besteht, und davon der Behörde nicht sofort Anzeige macht, wird mit Haft bis zu sechs Monaten oder mit Geldbuße von dreihundert bis fünftausend Lire bestraft.

Haft von einem Monat bis zu einem Jahre oder Geldbuße von tausend bis zehntausend Lire ist gegen die einen Heilberuf ausübende Person anzuwenden, die eine von der Behörde zwecks Verhinderung des Einschleppens oder der Verbreitung einer Krankheit erlassene Verfügung nicht beobachtet.

Art. 757.

(Art. 114 Ges. über das Gesundheitswesen.)

Verkauf von schädlichen Nahrungsmitteln.

Wer für den Nahrungsmittelverbrauch verdorbene, in Fäulnis übergegangene, verfälschte oder irgendwie schädliche Stoffe, wenn diese Eigenschaften der Person, die sie erwirbt oder annimmt, bekannt sind, verkauft oder verteilt, wird mit Geldbuße von dreihundert bis zweitausend Lire bestraft.

Art. 758.

Lieferung von giftigen oder schädlichen Stoffen an Minderjährige.

Wer, zum Verkauf oder zum Handel von Arzneimitteln ermächtigt, einem Minderjährigen unter sechzehn Jahren giftige oder betäubende Stoffe, auch nach ärztlicher Vorschrift, übergibt, wird mit Geldbuße bis zu fünftausend Lire bestraft.

Geldbuße bis zu tausend Lire trifft denjenigen, der Tabak einem Minderjährigen unter sechzehn Jahren verkauft oder liefert.

Art. 759.

(Art. 197, Neufass., Ges. über das öffentliche Gesundheitswesen; Ges. vom 11. Juli 1922 Nr. 880.)

Nichtbefolgen der Vorschriften über die Bestattung oder die Ausgrabung von Leichen.

Wer es unterläßt, einen Leichnam zu beerdigen oder ihn an einem Orte, wo die Beerdigung untersagt ist, bestattet, wird mit Geldbuße von hundert bis dreitausend Lire bestraft.

Der gleichen Strafe unterliegt, wer ohne Genehmigung einen Leichnam beerdigt oder ausgräbt oder ihn verbrennen läßt.

3. Abschnitt.

Übertretungen betr. die Arbeits-, Jagd- und Fischereipolizei.

Art. 760.

(Art. 4 Ges., Neufass. 10. Nov. 1907 Nr. 818; Art. 36 Regl. 6. Aug. 1916 Nr. 1136 und Kgl. Dkt. 22. Aug. 1925 Nr. 1563.)

Mißbräuchliche Beschäftigung von Frauen oder Minderjährigen bei der Arbeit.

Wer eine Person, die noch nicht das gesetzlich erforderte Alter hat, bei Arbeiten beschäftigt, oder dabei die Vorschriften für die Arbeit Minderjähriger nicht beachtet, wird mit Geldbuße bis zu tausend Lire bestraft.

Der gleichen Strafe unterliegt, wer bei Arbeiten eine Frau, ohne die gesetzlichen Vorschriften über die Frauenarbeit zu beobachten, beschäftigt.

Haftstrafe bis zu drei Monaten tritt ein, wenn es sich um gefährliche Arbeiten oder Arbeiten, bei denen die Beschäftigung Minderjähriger oder Frauen untersagt ist, handelt.

Art. 761.

(Ges., Neufass., 24. Juni 1923 Nr. 1511.)

Mißbrauch bei Jagd und Vogelfang.

Wer die Jagd oder den Vogelfang ohne behördliche Erlaubnis oder an Stätten, die als Gehege für Zuflucht oder Aufzucht des Wildes angewiesen sind, ausübt, wird mit Geldbuße von fünfhundert bis fünftausend Lire bestraft.

Die Strafe beträgt Geldbuße von tausend bis zehntausend Lire, wenn die Jagd oder der Vogelfang mit gesetzlich verbotenen Mitteln oder an Tieren, deren Tötung oder Fang verboten ist, oder zu Zeiten des Jagd- oder Vogelfangverbots ausgeübt ist.

Die Strafen werden erhöht, wenn eine der in den vorstehenden Bestimmungen vorgesehenen Taten von einer Person begangen ist, die den Handel mit Wild betreibt.

Bei Rückfall oder bei gewohnheits- oder gewerbsmäßigem Handeln tritt, außer der Geldbuße, auch Haft bis zu sechs Monaten ein.

Art. 762.

Sondereinziehung.

Bei Verurteilung wegen einer der im vorigen Artikel vorgesehenen Übertretungen ist immer die Einziehung der Hilfsmittel für die Jagd oder den Vogelfang und des Etrages daraus anzuordnen.

Art. 763.

(Ges. vom 24. März 1921 Nr. 312.)

Mißbräuchliche Fischerei.

Wer die Fischerei ohne Erlaubnis, soweit solche erforderlich ist, ausübt, wird mit Haft von dreihundert bis tausend Lire bestraft.

Art. 764.

(Ges. vom 24. März 1921 w. o.)

Fischerei mit verbotenen Mitteln.

Wer bei der Fischerei gesetzlich verbotene Mittel anwendet, wird mit Geldbuße bis zu zweitausend Lire bestraft.

Die gleiche Strafe trifft denjenigen, der in Zeiten des Fischereiverbots Fische tötet oder fängt.

Wenn eine der in den vorstehenden Bestimmungen vorgesehenen Taten von einer Person begangen ist, die das Fischereigewerbe oder den Handel mit Fischen oder anderen Wassererzeugnissen betreibt, beträgt die Strafe Geldbuße von tausend bis zehntausend Lire.

Der gleichen Strafe unterliegt der Gewerbetreibende oder Kaufmann, der Fische, die mit den erwähnten Mitteln getötet oder gefangen sind, oder zu Zeiten des Fischereiverbots verkauft.

Art. 765.

Sondereinziehung.

Bei Verurteilung wegen einer der in den beiden vorstehenden Artikeln vorgesehenen Übertretungen ist immer die Einziehung der Erträge aus der Fischerei, der Netze und der Fischergeräte, deren Gebrauch verboten ist, und wenn es sich um Fischfang mit Explosiv- oder vergifteten Stoffen handelt, auch des Bootes anzuordnen.

Zweiter Titel.

Übertretungen betr. die soziale Tätigkeit der öffentlichen Verwaltung.

Art. 766.

(Art. 166 bis 169 und 180 Kgl. Dkt. 22. Januar 1925 Nr. 432.)

Elementarunterricht Minderjähriger.

Wer, mit der Gewalt über einen Minderjährigen bekleidet oder mit dessen Leitung oder Überwachung betraut, es ohne berechtigten Grund unterläßt, dem Minderjährigen den Elementarunterricht zu erteilen oder zuteil werden zu lassen, wird mit Geldbuße bis zu dreihundert Lire bestraft.

Art. 767.

Anleitung Minderjähriger zur Arbeit.

Wer, unter den im vorigen Artikel bezeichneten Voraussetzungen, es ohne berechtigten Grund unterläßt, den über zwölf Jahre alten Minderjährigen, sofern dieser aus der Arbeit seinen Unterhalt ziehen muß, zur Arbeit anzuleiten, wird mit Geldbuße bis zu dreihundert Lire bestraft.

Art. 768.

(Art. 2, 5 und 6 Ges. 11. Juni 1922 Nr. 778.)

Verwüstung oder Verunstaltung von Naturschönheiten.

Wer durch bauliche Anlagen, Niederreißung von solchen oder in irgendwelcher anderen Art die Naturschönheiten der Orte, welche dem besonderen Schutz der Behörde unterworfen sind, verwüstet oder entstellt, wird mit Geldbuße von fünfhundert bis dreitausend Lire bestraft.

Anhang.

Nachweis von Gesetzen.

Auswanderung (Emigrazione).

Legge sull' Emigrazione, testo unico (Neufassung) nach Kgl. Gesetzesdekret vom 13. Nov. 1919 Nr. 2205, in Gazetta Ufficiale (Amtlicher Anzeiger) vom 11. Dez. 1919, s. Raccolta Lex (Sammlung Lex) 1919 S. 1668.

Öffentliches Gesundheitswesen (Sanità Pubblica).

Testo unico delle leggi sanitarie, approvato con Regio Decreto 1° agosto 1907 Nr. 636 (Neufassung der Gesundheitsgesetze nach Kgl. Dkr. vom 1. August 1907 Nr. 636), s. Leggi Usuali (in Ausgabe Hoepli) II, 3442.

Öffentliche Sicherheit (Pubblica Sicurezza).

Legge sulla pubblica sicurezza, ursprüngliche Fassung vom 30. Juni 1889, Änderungen durch Gesetze vom 19. Juli 1894 Nr. 331, 8. Juli 1897 Nr. 266 und später. Neufassung nach Kgl. Dekret vom 6. Nov. 1926 Nr. 1848, publiziert in Gazetta Ufficiale vom 8. Nov. 1926, s. Raccolta Lex 1926 S. 2152 ff.

Premier-Minister (Primo Ministro).

Attribuzioni e prerogative del capo del governo, primo ministro segretario di Stato, Ges. vom 24. Dez. 1925 Nr. 2263, in Gazzetta Ufficiale vom 29. Dez. 1925, s. Raccolta Lex 1925 S. 1912.

Presse (Stampa).

Regio Editto sulla stampa vom 26. März 1848 Nr. 695, s. Leggi Usuali (Hoepli) II, 3566.

Ges. vom 19. Juli 1894 Nr. 315 sull' istigazione a delinquere e sull'apologia dei reati commessi per mezzo della stampa, s. Leggi Usuali (Hoepli) II, 3573.

Norme sulla gerenza e vigilanza dei giornali e delle pubblicazioni periodiche, Ges. Dkr., später (lt. Ges. vom 31. 12. 25 Nr. 2309) Ges. vom 15. Juli 1923 Nr. 3288, in Gazetta Ufficiale vom 8. Juli 1924, s. Raccolta Lex 1924 S. 1219. Vgl. auch disposizioni sulla stampa periodica, Ges. vom 31. Dez. 1925 Nr. 2307, in Gazzetta Ufficiale vom 5. Jan. 1926, s. Raccolta Lex 1926 S. 10. Ferner Regolamento contenente disposizioni sulla stampa periodica, Kgl. Dkr. vom 4. März 1926 Nr. 371, in Gazzetta Ufficiale vom 11. März 1926, s. Raccolta Lex 1926 S. 686.

Syndikate (Sindacati).

Disciplina giuridica dei rapporti collettivi del lavoro, Ges. vom 3. April 1926 Nr. 563, in Gazzetta Ufficiale vom 14. April 1926, s. Raccolta Lex 1926 S. 906.

Dazu Ausführungsbestimmungen nach Kgl. Dkr. vom 1. Juli 1926 Nr. 1130, in Gazzetta Ufficiale vom 7. Juli 1926, s. Raccolta Lex 1926 S. 1523.

Verteidigung des Staates (Difesa dello Stato).

Provvedimenti per la difesa dello Stato, Ges. vom 25. Nov. 1926 Nr. 2008, in Gazzetta Ufficiale vom 6. Dez. 1926, s. Raccolta Lex 1926 S. 2287.

Dazu Ausführungsvorschriften nach Kgl. Dkr. vom 12. Dez. 1926 Nr. 2062, in Gazzetta Ufficiale vom 15. Dez. 1926, s. Raccolta Lex 1926 S. 2336; und nach Kgl. Dekret vom 13. März 1927 Nr. 313, in Gazzetta Ufficiale vom 19. März 1927, s. Raccolta Lex 1927 S. 402.

Kolibri 360 GmbH
Ferdinand-Jühlke-Straße 7
99095 Erfurt, Deutschland
produktsicherheit@kolibri360.de